# Das Leben

**Deutsch als Fremdsprache**

Kurs- und Übungsbuch

**B1.2**

Christina Kuhn
Hermann Funk
Rita von Eggeling
Gunther Weimann

 Alle **Zusatzmaterialien** online verfügbar unter cornelsen.de/webcodes    **Code: xajudu**

 Dieses Buch als E-Book nutzen:
Use this book as an e-book:
**mein.cornelsen.de**
((individueller Code))  ec3n-gn-kfjv

**Cornelsen**

## IMPRESSUM

# Das Leben

Deutsch als Fremdsprache
Kurs- und Übungsbuch B1.2

**Herausgegeben von** Hermann Funk und Christina Kuhn
**Im Auftrag des Verlages erarbeitet von** Christina Kuhn, Rita von Eggeling, Gunther Weimann sowie Laura Nielsen

**Übungen:** Marie-Luise Funk, Theresa-Cecilia Krinke, Miriam Tornero Pérez, Rita von Eggeling, Gunther Weimann
**Interaktive Übungen:** Rita von Eggeling
**Grammatik im Überblick:** Hermann Funk

**Beratende Mitwirkung:** Alvaro Camú, Goethe-Institut Chile; Geraldo Carvalho und das Team des Werther-Instituts, Brasilien; Nicole Hawner, Goethe-Institut Nancy; Anja Häusler, Ruhr-Universität Bochum; Wai Meng Chan, National University of Singapore; Cihan Yavuzyilmaz, Goethe-Institut Istanbul

**In Zusammenarbeit mit der Redaktion:** Dagmar Garve, Meike Wilken, Karin Wagenblatt, Alessandra Frattin
**Bildredaktion:** Katharina Hoppe-Brill
**Redaktionsleitung:** Gertrud Deutz

**Umschlaggestaltung:** Rosendahl Berlin, Agentur für Markendesign
**Umschlagfoto:** Daniel Meyer, Hamburg

**Layoutkonzept:** Rosendahl Berlin, Agentur für Markendesign
**Technische Umsetzung:** Klein & Halm Grafikdesign, Berlin
**Illustrationen:** Christoph Grundmann

**Audios:** Clarity Studio, Berlin
**Videos:** Gunnar Rossow Cinematography, Berlin

Soweit in diesem Lehrwerk Personen fotografisch abgebildet sind und ihnen von der Redaktion fiktive Namen, Berufe, Dialoge und Ähnliches zugeordnet oder diese Personen in bestimmte Kontexte gesetzt werden, dienen diese Zuordnungen und Darstellungen ausschließlich der Veranschaulichung und dem besseren Verständnis des Inhalts.

www.cornelsen.de

Die Webseiten Dritter, deren Internetadressen in diesem Lehrwerk angegeben sind, wurden teilweise von Cornelsen mit fiktiven Inhalten zur Veranschaulichung und/oder Illustration von Aufgabenstellungen und Inhalten erstellt. Alle anderen Webseiten wurden vor Drucklegung sorgfältig geprüft. Der Verlag übernimmt keine Gewähr für die Aktualität und den Inhalt dieser Seiten oder solcher, die mit ihnen verlinkt sind.

1. Auflage, 1. Druck 2022

© 2022 Cornelsen Verlag GmbH, Berlin
Das Werk und seine Teile sind urheberrechtlich geschützt. Jede Nutzung in anderen als den gesetzlich zugelassenen Fällen bedarf der vorherigen schriftlichen Einwilligung des Verlages. Hinweis zu §§ 60 a, 60 b UrhG: Weder das Werk noch seine Teile dürfen ohne eine solche Einwilligung an Schulen oder in Unterrichts- und Lehrmedien (§ 60 b Abs. 3 UrhG) vervielfältigt, insbesondere kopiert oder eingescannt, verbreitet oder in ein Netzwerk eingestellt oder sonst öffentlich zugänglich gemacht oder wiedergegeben werden. Dies gilt auch für Intranets von Schulen.

Druck: Druck: AZ Druck und Datentechnik GmbH, Kempten

ISBN: 978-3-06-121971-0 (Kurs- und Übungsbuch)
ISBN: 978-3-06-121977-2 (E-Book)

PEFC zertifiziert
Dieses Produkt stammt aus nachhaltig bewirtschafteten Wäldern und kontrollierten Quellen.
www.pefc.de
PEFC/04-31-2260

# VORWORT

# Das Leben

**Die selbstverständliche Art, Deutsch zu lernen**

Liebe Deutschlernende, liebe Deutschlehrende,

das Lehrwerk **Das Leben** richtet sich an Erwachsene, die im In- und Ausland ohne Vorkenntnisse Deutsch lernen. Es führt in drei Gesamtbänden bzw. sechs Teilbänden zur Niveaustufe B1 und setzt die Anforderungen des erweiterten Gemeinsamen europäischen Referenzrahmens um.

**Das Leben** verbindet das Kurs- und Übungsbuch mit dem multimedialen Lehr- und Lernangebot in der PagePlayer-App. Alle Audios und Videos sowie die zusätzlichen Texte, erweiterten Aufgaben und interaktiven Übungen lassen sich auf dem Smartphone oder Tablet direkt abrufen.

Das Kurs- und Übungsbuch enthält 12 Einheiten und vier Plateaus. Jede Einheit besteht aus sechs Seiten für gemeinsames Lernen im Kurs und acht Seiten Übungen zum Wiederholen und Festigen – im Kurs oder zuhause. Zusätzliche interaktive Übungen über die PagePlayer App ermöglichen eine weitere Vertiefung des Gelernten.

Auf jede dritte Einheit folgt ein Plateau, das optional bearbeitet werden kann. Zu Beginn wird das Gelernte spielerisch wiederholt und erweitert. Eine zweite Doppelseite führt die Lernenden behutsam an Literatur heran. Darauf folgt die erfolgreiche Video-Novela „Nicos Weg" der Deutschen Welle, die die Lernenden mit abwechslungsreichen Aufgaben und Übungen begleitet.
Abschließend bereitet das Prüfungstraining auf das Goethe-Zertifikat B1 vor.

Der Wortschatz von **Das Leben** bezieht die Frequenzliste des DUDEN-Korpus mit ein und trainiert gezielt die häufigsten Wörter der deutschen Sprache.

Mit seinem großen Aufgaben- und Übungsangebot bereitet **Das Leben** optimal auf alle B1-Prüfungen vor.

Wir wünschen Ihnen viel Spaß und Erfolg beim Lernen und Lehren mit **Das Leben**!

Ihr Autor*innenteam

# Blick ins Buch

### Die Magazinseite

Im Kursbuch beginnt jede Einheit mit einer Magazinseite. Das Layout der Magazinseiten orientiert sich an den alltäglichen Sehgewohnheiten. Wiederkehrende Elemente ermöglichen einen klaren Überblick. Texte und Abbildungen geben einen authentischen Einblick in die Themen der Einheiten, motivieren zum entdeckenden Lernen und führen in Wortschatz und Strukturen ein. Audios 🔊 , Videos ▶ und weitere Inhalte der PagePlayer-App ⇥ sind mit Symbolen gekennzeichnet (s. Übersicht unten). Die Inhalte können im Kursraum projiziert und/oder von den Lernenden auf Smartphones oder Tablets jederzeit abgerufen werden.

Lernziele
Titel der Einheit
Nummer der Einheit
Aufgaben und Übungen

### Das Kursbuch

In den Einheiten des Kursbuchs sind alle Aufgaben und Übungen in Sequenzen angeordnet. Sie bereiten die Lernenden Schritt für Schritt auf die Zielaufgaben 🚩 vor. Übungen zur Automatisierung 🏋 und Phonetik trainieren sprachliche Flüssigkeit und Aussprache. Neu sind Aufgaben, die mit Hilfe der PagePlayer-App ⇥ erweitert werden. Sie unterstützen die Kursrauminteraktion oder ermöglichen Partnerarbeit. Die **ODER**-Aufgaben dienen der Differenzierung und bieten den Lernenden individuelle Wahlmöglichkeiten. Die Videoclips ▶ bieten einen authentischen Einblick in alltägliche Situationen. Die landeskundlichen Informationen sowie die Übungen zur Sprachmittlung und Mehrsprachigkeit regen zum Sprach- und Kulturvergleich an und aktivieren sinnvoll die Kenntnisse der Lernenden in allen vorgelernten Sprachen.

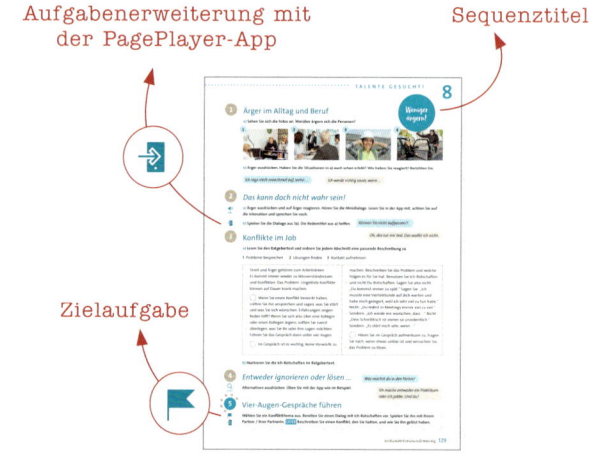

Aufgabenerweiterung mit der PagePlayer-App
Sequenztitel
Zielaufgabe

### Das Übungsbuch

Der Übungsteil folgt in Inhalt und Aufbau den Sequenzen aus dem Kursbuch. Das Übungsangebot dient der selbstständigen Wiederholung und Vertiefung von Wortschatz und Strukturen. Hier steht den Lernenden analog und digital über die PagePlayer-App ein reichhaltiges Übungsangebot zur Verfügung. Neben Übungen zum Leseverstehen, zum angeleiteten Schreiben, zur Aussprache und zum Hörverstehen 🔊 trainieren die Lernenden im Videokaraoke ▶ das flüssige Sprechen als Teilnehmende an echten Dialogsituationen.

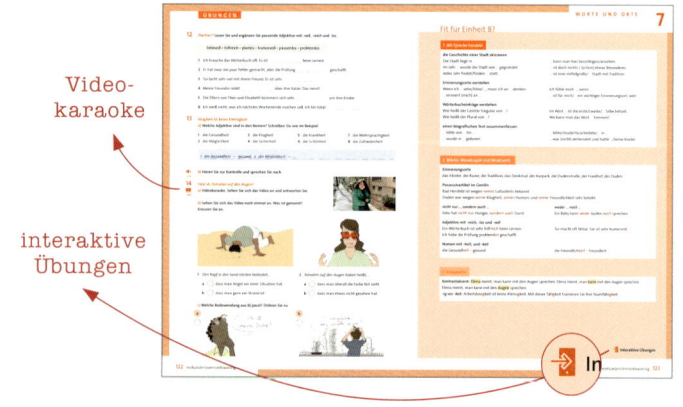

Videokaraoke
interaktive Übungen

### Wiederkehrende Symbole

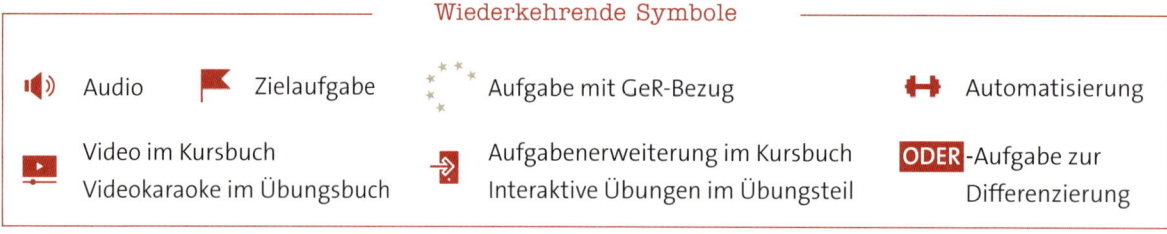

🔊 Audio  🚩 Zielaufgabe  ⭐ Aufgabe mit GeR-Bezug  🏋 Automatisierung

▶ Video im Kursbuch / Videokaraoke im Übungsbuch  ⇥ Aufgabenerweiterung im Kursbuch / Interaktive Übungen im Übungsteil  **ODER**-Aufgabe zur Differenzierung

## Die Plateaus

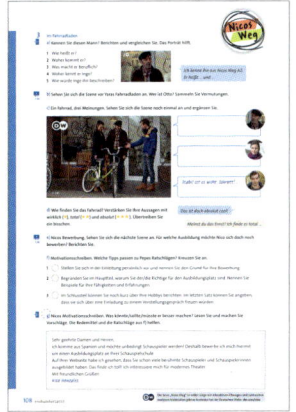 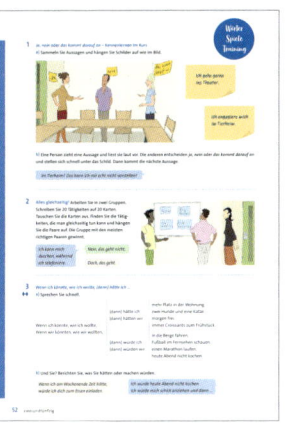  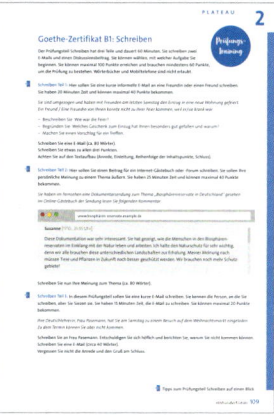

Video-Novela „Nicos Weg"   Wörter-Spiele-Training   Literatur   Prüfungstraining

Die vier Plateaus halten ein abwechslungsreiches Lernangebot bereit. Auf jeweils einer Doppelseite laden Aufgaben und Übungen zu „Nicos Weg", der Video-Novela zum Deutschlernen der Deutschen Welle, vertiefende Übungen und Spiele, literarische Texte sowie ein Prüfungstraining Goethe-Zertifikat B1 zum Ausprobieren der deutschen Sprache, zum Wiederholen und Weiterlernen ein.

## Das Videokonzept

Video im Kursbuch   Videokaraoke im Übungsbuch   Video-Novela „Nicos Weg"

Videos im Kursbuch und Videokaraoke in allen Übungsbucheinheiten motivieren mit lebensnahen Situationen und visueller Unterstützung zum Deutschlernen. Die Begegnung mit Nico und seinen Freunden und Freundinnen in der Video-Novela „Nicos Weg" der Deutschen Welle bietet spannende Einblicke in den Alltag. Die Aufgaben und Übungen der Video-Doppelseite laden zum Mitmachen ein.

Mit der PagePlayer-App, die Sie kostenlos in Ihrem App-Store herunterladen können, haben Sie die Möglichkeit, alle Audios, Videos und weitere Zusatzmaterialien auf Ihr Smartphone oder Tablet zu laden. So sind alle Inhalte überall und jederzeit offline griffbereit.

Alternativ finden Sie diese als Stream und/oder Download im Webcodeportal unter **www.cornelsen.de/codes**

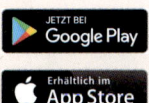

die PagePlayer-App

fünf **5**

# Inhalt

*Teilband B1.1*

## Bildung (er)leben  S. 10

Sprachhandlungen: über Erasmus+ sprechen; Informationen zusammenfassen; um Hilfe/Rat bitten; jemanden beraten; höfliches Sprechen; Gespräche beginnen und in Gang halten

Themen und Texte: Magazinartikel; Erasmus+; Länder-Texte; Studien- und Berufsberatung; interkulturelle Unterschiede; Partygespräche; E-Mail/Brief

Wortfelder: Leben und Lernen in Europa; im Ausland arbeiten oder studieren; Studium und Universität

Grammatik: Konjunktiv II der Modalverben (*können*, *müssen*, *sollen*); graduierende Adverbien *sehr*, *ziemlich*, *besonders*; *irgendwo/-was/-wann/-wer*

Strategie: Notizen machen; Informationen zusammenfassen

Aussprache: höfliches Sprechen (Fragen, Bitten, Vorschläge)

## Vorhang auf!  S. 24

Sprachhandlungen: über Theaterberufe sprechen; sagen, wozu man (keine) Lust hat; Bedeutungen aushandeln; Regieanweisungen verstehen; erstaunt nachfragen; eine Szene aus „Tschick" spielen

Themen und Texte: Theatermagazin; Theaterberufe; Interview mit einer Dramaturgin; Romanauszug; Theaterstück

Wortfelder: Berufe am Theater; Kleidung und Verhalten im Theater; Bühnenbild

Grammatik: Infinitiv mit *zu*, Nebensätze mit *während*

Aussprache: Satzakzent und Satzmelodie

## Miteinander – Füreinander  S. 38

Sprachhandlungen: über Engagement und Ehrenamt sprechen; einen (Sport-)Verein vorstellen; Bedingungen und Wünsche nennen; eine Diskussion führen

Themen und Texte: Magazinartikel; Ehrenamt; Porträts; Fußballvereine; Bürgerinitiativen; Zeitungsartikel; Diskussion

Wortfelder: ehrenamtliche Tätigkeiten; Ehrungen; Sport; Bürgerinitiativen

Grammatik: Konjunktiv II (Präsens): *Wenn …, dann …*; Gründe nennen mit *deshalb*, *darum* und *deswegen*

Strategie: Texte knacken

Aussprache: Wortakzent in Komposita

### Plateau 1  S. 52

### 4 Natur erleben   S. 60

Sprachhandlungen: einen Reisebericht verstehen; eine Landschaft beschreiben; über Reisen sprechen; einen Text zusammenfassen, Unterkünfte bewerten

Themen und Texte: Magazinartikel; Porträt einer Landschaft; Urlaubsplanung; Anzeigen für Reiseunterkünfte; Bildbeschreibung

Wortfelder: Landschaften und Natur; Hotels und Unterkünfte; (nachhaltiges) Reisen

Grammatik: eingeschobene Relativsätze; Nebensätze mit *obwohl*

Strategien: Bewertungen schreiben

Aussprache: Konsonantenhäufungen

### 5 Hin und weg!   S. 74

Sprachhandlungen: über Auswanderung und Leben im Ausland sprechen; zwischen Sprachen vermitteln; etwas mit Beispielen klarer machen; sagen, wo oder was Heimat ist

Themen und Texte: Magazinartikel; Briefe aus Amerika; Familiengeschichte(n); Ausstellungstipp; Lied „Heimat"

Wortfelder: Familie; Herkunft; Auswanderung; Geschichte; Heimat

Grammatik: nach Personen und Sachen fragen (*woran / an wen*); *während*, *wegen* und *trotz* + Genitiv; Adjektivendung im Genitiv Singular und Plural; *wo* und *was* als Relativpronomen

Strategie: zwischen mehreren Sprachen mitteln

Aussprache: Wörter mit *-tz*, *-ts*, *-s*

### 6 Weihnachten   S. 88

Sprachhandlungen: über Weihnachten sprechen; eine Reihenfolge aushandeln; um Bestätigung bitten; Aussagen verstärken und abschwächen; Gegensätze ausdrücken; einen Kommentar schreiben

Themen und Texte: Magazinartikel; Weihnachtsmärkte, Weihnachtsvorbereitung, Statistik Weihnachtsgeschenke; Zeitungskommentar „Kunst oder Kitsch"; Festtagslieder interkulturell

Wortfelder: Weihnachten; Gegensätze; Kunst und Kitsch

Grammatik: eine Reihenfolge aushandeln mit *bevor ...*; *erst ..., dann ...*; Verben mit Dativ- und Akkusativergänzung; Diminutive

Aussprache: *-chen* und *-lein*

Strategie: einen Kommentar schreiben

### Plateau 2   S. 102

## Worte und Orte  S.110

Sprachhandlungen: die Geschichte einer Stadt skizzieren; Erinnerungsorte vorstellen; Wörterbucheinträge verstehen; einen biografischen Text zusammenfassen; Bedeutung durch Kontrastakzente unterscheiden; mit Sprache spielen

Themen und Texte: Magazinartikel; Stadtführung; Wörterbucheinträge; Rechtschreibung früher und heute; Biografie; Umfrage; Ausstellungsbesuch; Konkrete Poesie

Wortfelder: Stadtgeschichte; Sehenswürdigkeiten; biografische Angaben; Museum und Ausstellung

Grammatik: Possessivartikel und unbestimmter Artikel im Genitiv; Doppelkonjunktionen *weder ... noch*; *nicht nur ..., sondern auch*; Adjektive mit *-reich, -los, -voll*; Nomen mit *-keit* und *-heit*

Aussprache: Kontrastakzent; das *h*; das *-ig* vor *-keit*

## Talente gesucht!  S.124

Sprachhandlungen: über Erwartungen an eine Arbeitsstelle sprechen; Stellenanzeigen verstehen; ein Bewerbungsgespräch führen; ein Protokoll schreiben; Konflikte lösen

Themen und Texte: Berufsporträts; Interview; Stellenanzeigen; Bewerbungsgespräch; Teamsitzung; Ergebnisprotokoll; Ratgeber „Konflikte im Job"

Wortfelder: Berufe; Arbeitsmarkt; Stellenanzeigen; Bewerbung

Grammatik: Plusquamperfekt; Alternativen ausdrücken mit *entweder ... oder ...*

Strategie: ein Ergebnisprotokoll schreiben

Aussprache: emotionales Sprechen

## Geht nicht? Gibt's nicht!  S.138

Sprachhandlungen: über Inklusion sprechen; Konsequenzen nennen; Hilfe anbieten, annehmen oder ablehnen; Vorgänge beschreiben

Themen und Texte: Magazinartikel; Infotext; Inklusion; Zeitungsartikel; Radiobeitrag; Schulpodcast; Grafik; Präsentation; Experimente

Wortfelder: Inklusion; paralympische Disziplinen; Barrierefreiheit; Projekttage; Hören

Grammatik: Nebensätze mit *sodass*; Handlungen und Konsequenzen mit *je ..., desto ...*; Adjektive mit *-los* und *-frei*; unpersönliches Pronomen *man*

Aussprache: Wortakzent in Komposita

Plateau 3  S.152

# INHALT

**10** Wir lieben Kaffee! S. 160

Sprachhandlungen: über Kaffee und Cafés sprechen; über Nachhaltigkeit diskutieren; Wichtigkeit ausdrücken; etwas beschreiben; Umfragen und Interviews machen

Themen und Texte: Magazinartikel; Kaffee und Kaffeetrends; Umfrage; Blogartikel; Radiobeitrag; Zeitungsartikel

Wortfelder: Kaffee; Umwelt/Nachhaltigkeit; Selbstständigkeit im Beruf

Grammatik: Partizip II als Adjektiv; Relativpronomen im Genitiv; Gegensätze mit *trotzdem* ausdrücken

Strategien: Hörverstehen

Aussprache: das *g* und *k*

**11** Einfach genial! S. 174

Sprachhandlungen: über (Zufalls-)Erfindungen sprechen; Lifehacks verstehen und beschreiben; sagen, was man nicht/nur zu tun braucht; Produkte präsentieren und nachfragen

Themen und Texte: Magazinartikel; Erfinder*innen und ihre Erfindungen; Lifehacks; Präsentationen

Wortfelder: Pleiten, Pech und Pannen; Lifehacks; Präsentationen; Tipps; Eisbrecher

Grammatik: *brauchen + zu + Infinitiv*; Partizip I als Adjektiv

Strategie: erfolgreich präsentieren

Aussprache: *-end-*

**12** Gestern – heute – morgen S. 188

Sprachhandlungen: Visionen für die Zukunft beschreiben; Prognosen kommentieren; über Zeit und Zeitreisen sprechen; auf Nachfragen reagieren; Prognosen machen

Themen und Texte: Magazinartikel; Prognosen und Visionen; Zeitgefühl; Grafik; Forschungsprojekt; Fragebogen; Zeitkapsel; Blog; Zukunft

Wortfelder: Stadt der Zukunft; Zeit; Krimskrams

Grammatik: Nebensätze mit *da* und *weil*; *worin* – *darin*; Futur I

Aussprache: Zungenbrecher mit *z-*

**Plateau 4** S. 202

## Anhang

Modelltest ............................. S. 216–227
Grammatik ........................... S. 228–242
Unregelmäßige Verben ....... S. 244–247
Verben mit Präpositionen ... S. 248–249
Phonetik ............................... S. 250–251
Hörtexte ............................... S. 252–265
Videotexte ........................... S. 266–271
Alphabetische Wortliste ..... S. 272–285
Bild- und Textquellen .......... S. 286–287

# WORTE UND ORTE

**HIER LERNEN SIE:**
- die Geschichte einer Stadt skizzieren
- Erinnerungsorte vorstellen
- Wörterbucheinträge verstehen
- einen biografischen Text zusammenfassen

○ Das Kurhaus im Kurpark

○ Wegen ihrer Atmosphäre besonders beliebt – die Festspiele in der Stiftsruine

○ Bad Hersfeld

○ Kein echter Mönch – der Stadtführer „Bruder Heiko"

○ Der Lullusbrunnen vor dem Rathaus

○ Cafés und Geschäfte auf dem Linggplatz

○ Das Duden-Denkmal an der Stiftsruine

# Unterwegs in ... Bad Hersfeld

Weder groß noch klein und fast in der Mitte von Deutschland – das ist Bad Hersfeld, eine mittelgroße Stadt in Hessen mit etwas über 30.000 Einwohnerinnen und Einwohnern und
5 einer langen, erfolgreichen Geschichte.

Sie beginnt mit dem Mönch Sturmius, der 736 in *Haerulfisfelt* die ersten Häuser baute. 769 gründete der Bischof Lullus hier ein Kloster. Das Kloster ist zwar heute eine Ruine,
10 aber es ist die größte romanische Kirchenruine der Welt. Sie wird Stiftsruine genannt und ist auch wegen ihres Glockenturms mit der Lullusglocke bekannt. Die Glocke aus dem 11. Jahrhundert ist die älteste Glocke Deutsch-
15 lands. In der Stiftsruine finden seit 1951 jedes Jahr von Juni bis August die Festspiele statt (www.bad-hersfelder-festspiele.de), die wegen ihrer Atmosphäre bei den Besucherinnen und Besuchern sehr beliebt sind. Shakespeare
20 und moderne Stücke gehören zum Programm. *Der Club der toten Dichter* und das Musical *Goethe!* waren sehr erfolgreich.
Nach Bad Hersfeld kommt man aber auch wegen seiner Gesundheit. Das „Bad" im Namen
25 sagt es: Es gibt Wasser, das gut für den Magen und den Darm, die Leber und die Galle ist. Seit 1963 kann man hier eine Kur zur Erholung machen, das Wasser im Kurhaus trinken und Spaziergänge im Kurpark machen, um wieder
30 fit zu werden.
Und wer kein Wasser trinken möchte, kommt einfach zum Lullusfest. Mit dem Fest erinnert die Stadt seit 852 an den Todestag ihres Gründers am 16. Oktober 786. Man ahnt es schon:
35 Das Lullusfest ist das älteste Heimatfest Deutschlands. Als einziges Fest beginnt es immer montags mit dem Anzünden des Lullusfeuers, das bei den „Herschfellern" das „Fierche" heißt. Den Ruf „enner, zwoon, dräi –
40 Bruder Lolls" hört man nicht nur in der Festwoche, sondern immer dann, wenn sich Menschen aus Bad Hersfeld irgendwo in der Welt treffen. Auf www.lullusfest.de kann man das Fest miterleben.
45 Tradition, Kultur und Gesundheit – eine mittelgroße Stadt kann viel bieten! Und vielleicht steht mit dem Duden sogar ein Stückchen Bad Hersfeld in Ihrem Bücherregal? Doch das ist eine andere Geschichte ...

### 1 Der erste Eindruck
Die Stadt Bad Hersfeld. Was gibt es hier, was kann man hier machen? Sehen Sie sich die Fotos an, berichten und kommentieren Sie. Die Redemittel helfen.

### 2 Geschichte und Gegenwart
a) Lesen Sie den Magazinartikel. Sammeln Sie Informationen zu den Jahreszahlen, erstellen Sie eine Zeitleiste von 736 bis heute und vergleichen Sie.
b) Das Lullusfest heute. Wie wird das Fest gefeiert? Recherchieren und berichten Sie.
c) Welche Heimatfeste mit Tradition kennen Sie? Warum und wie werden sie gefeiert? Berichten Sie.

### 3 Erinnerungsorte
a) Lesen Sie die Definition. Nennen Sie Beispiele für persönliche Erinnerungen und für Erinnerungsorte.

b) Sammeln Sie Erinnerungsorte in Bad Hersfeld und vergleichen Sie.
- 🟠 ... ist ein Erinnerungsort.
- ⚪ An wen oder woran erinnert ...?
- 🔵 ... erinnert an ...

### 4 *Herschfeller Platt* – Dialekt verstehen
Sammeln Sie Ausdrücke im Text und übersetzen Sie sie.

### 5 Die Stadtführung
a) Hören Sie die Begrüßung des Stadtführers „Bruder Heiko". Nummerieren Sie die Stationen seiner Führung durch die Stadt und vergleichen Sie.
b) Bad Hersfeld an einem Tag. Was würden Sie (nicht) gerne machen? Machen Sie einen Plan und berichten Sie.

**Mein Name ist Duden**

## 1 Von A bis Z

a) Wo sehen Sie nach, wenn Sie ein Wort nicht kennen? Vergleichen Sie.

b) Was steht wo im Duden? Lesen Sie die Einträge und fragen Sie wie im Beispiel.

*Wie heißt der Genitiv Singular von Party?*   *Was ist eine …?*   *Welche Silbe ist in … betont?*

*Wo kann man das Wort Adresse trennen?*   *Wie heißt der Plural von …?*

*Welcher Buchstabe in … ist lang/kurz?*

Adress|an|ga|be
Ad|res|sat, der; -en, -en (Empfänger; [bei Wechseln:] Bezogener); Ad|res|sa|tin; Ad|ress|buch
Ad|res|se, die; -, -n (Abk. Adr.); Ad|res|sen|ver|zeich|nis; ad|res|sie|ren; Ad|ress|ver|zeich|nis

**Af|ter-Work-Par|ty**, Af|ter|work|par|ty, die; -, -s ⟨engl.⟩ […(ˈ)vœːɐ̯k…] (Party, die [unmittelbar] nach Arbeitsende beginnt)

🔊 3.03 c) Der neue Duden. *Pandemie, Corona, …* Hören Sie den Radiobericht, notieren Sie interessante Informationen und vergleichen Sie.

d) Wie sieht der neue Duden aus? Was findet man (nicht) im Duden? Welche neuen Wörter gibt es, welche gibt es nicht mehr? Hören Sie noch einmal. Ergänzen Sie Ihre Notizen und berichten Sie.

*Man findet weder alle Wörter, noch wie sie sich entwickelt haben.*

*148.000 Wörter – das ist echt eine Menge!*

*Stimmt, im Duden sind nicht alle Wörter, aber …*

## 2 Rechtschreibung früher und heute

a) Was hat sich verändert? Lesen und vergleichen Sie.

Thal, das; –[e]s, Thäler; das Thälchen; thal[ab]wärts
Thaler, der; –s, –; das Thä-

That, die; –, –en; die Großthat
thatenlos; (der) thatenloseste
Thäter, der; –s, –
thätig; Thätigkeit, die; –

Centimeter, der u. das; –s, –; vgl. Centi-..
Centner¹, der; –s, – (v. lat. centenarius); 100 Pfund centnerschwer f. Centner
central¹ (lat.); im Mittelpunkt befindlich; mittelständig

*Früher wurden Tal und Tat mit th geschrieben, heute …*

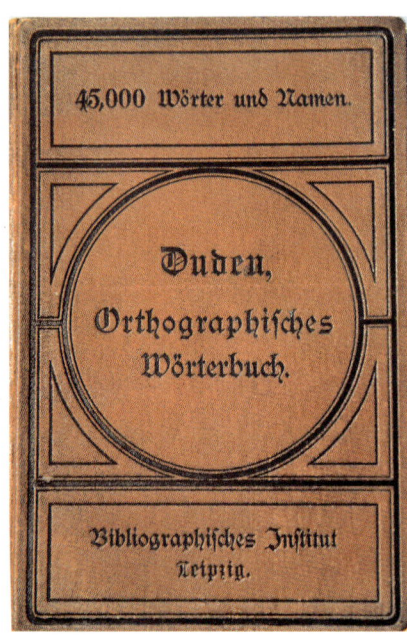

b) Veränderungen in Ihren Sprachen. Berichten Sie.

## 3 Gestatten, Duden – Konrad Duden

a) Welches Problem hat Konrad Duden erfolgreich gelöst? Lesen Sie die Biografie bis Zeile 13 und berichten Sie.

**Konrad Duden** (1829–1911) studierte Latein, Griechisch, Geschichte und Deutsch an der Universität in Bonn. Er arbeitete als Hauslehrer und machte 1854 sein Examen. Danach war er Lehrer am Gymnasium in Soest in Westfalen. 1869 wurde er Schuldirektor in Schleiz in Thüringen. Duden war wegen seiner Klugheit, seines Humors und seiner Freundlichkeit sehr beliebt. Ein Problem seiner Schüler war aber, dass jeder Lehrer Wörter anders schrieb. Die Rechtschreibung eines Schülers war bei dem einen Lehrer richtig, bei dem anderen falsch. Deshalb beschloss Duden, sie zu reformieren.
1876 wechselte er ans Gymnasium in Hersfeld. Er veröffentlichte 1880 sein *Vollständiges Orthographisches Wörterbuch der deutschen Sprache*. Es machte eine einheitliche Rechtschreibung möglich. Das Aussehen und der Inhalt seines Buchs änderten sich zwar im Laufe der Zeit, aber es ist bis heute ein Bestseller. Seit 1915 trägt es den Namen seines Autors: Duden. Der Vater der deutschen Rechtschreibung starb 1911.
In Bad Hersfeld begegnet man Duden oft. Die Konrad-Duden-Schule trägt den Namen ihres Direktors. In seinem Wohnhaus neben der Schule ist das Duden-Museum und viele Gäste der Stadt besuchen Dudens Grab auf dem Friedhof. Sein Denkmal vor der Stiftsruine ist ein beliebtes Fotomotiv und auch mit der Dudenstraße erinnert die Stadt an das Leben ihres berühmten Schuldirektors.

b) Lesen Sie die Biografie bis zum Ende und markieren Sie wichtige Stationen seines Lebens.

c) Erstellen Sie einen Zeitstrahl von 1829 bis 1915. Stellen Sie Konrad Duden vor. Die Redemittel helfen.

## 4 Ein Problem seiner Schüler war …

a) Fragen Sie. Ihr Partner / Ihre Partnerin antwortet.

b) Possessivartikel und unbestimmte Artikel im Genitiv. Sammeln Sie auf S. 110–113 und vergleichen Sie mit dem Minimemo.

**Minimemo**

| Nom. | Gen. | |
|---|---|---|
| der/das/die | des/des | der/der (Pl.) |
| die (Pl.) | | |
| | + es | + er |
| (m)ein(e) | (m)eines | (m)einer |

## 5 Stimmen zum Duden-Museum

a) Was sagen die Besucherinnen und Besucher? Hören Sie die Interviews und kreuzen Sie an. (3.04)

1 ○ Das Museum war langweilig. Die Führung dauerte zu lange.
2 ○ Man konnte kein Interview mit Duden anhören. Es gab keine Farbfotos von Konrad Duden.
3 ○ Ich habe gelernt, dass Duden Single und kinderlos war.
4 ○ Duden ist der Vater der deutschen Rechtschreibung. Er war auch Vater von sechs Kindern.

b) *weder … noch …* oder *nicht nur…, sondern auch …* Verbinden Sie die Sätze aus a).

c) Sprechen Sie über sich. Die Satzanfänge helfen.

## 6 Orte, Menschen, Erinnerungen

Sprechen Sie in einer gemeinsamen Sprache über Erinnerungsorte. Wählen Sie einen Ort, einen Straßennamen, ein Denkmal, … aus. Sammeln Sie Informationen und Bilder. Präsentieren Sie auf Deutsch. ODER Wählen Sie eine historische Persönlichkeit. Recherchieren Sie. Schreiben Sie eine Biografie und präsentieren Sie.

 **W wie wortreich**

## 1 Die Welt der Sprache in einer Ausstellung

a) Was kann man hier machen? Lesen Sie den Ausstellungstipp und berichten Sie.

**Erlebnisreich und humorvoll – Sprache entdecken im *wortreich***

Theater, Gesang und Tanz bei den Festspielen oder Konrad Duden und sein Wörterbuch – in Bad Hersfeld begegnet man Sprache und Kommunikation auf Schritt und Tritt. Das *wortreich* ist eine weitere Besonderheit der Stadt. Besucherinnen und Besucher der Ausstellung machen hier in elf Stationen eine spannende Reise durch die Welt der Kommunikation und zahlreiche Mitmach-Aktionen laden zum Entdecken und Ausprobieren von Sprache(n) ein. Besonders das Theaterkaraoke, bei dem man sich verkleidet und verschiedene Rollen spielt, löst immer große Heiterkeit aus. „Wegen des Mund-Nasenschutzes war es nicht leicht zu erkennen, ob der andere lächelt oder böse guckt. Die Möglichkeit, mit den Augen zu kommunizieren, ist mir hier erst so richtig klar geworden.", sagt Elena Haddad, die die aktionsreiche Ausstellung besucht hat. Und sie hat nicht nur die Wirkung, sondern auch die Schönheit der Sprache(n) kennengelernt: „Auf Deutsch sagt man *Ich habe Schmetterlinge im Bauch*, wenn man verliebt ist. Das finde ich wundervoll."

Mehr Informationen unter www.wortreich-badhersfeld.de.

*Aktiv Sprache erleben*

b) Traurig, glücklich, sorgenvoll, ... Mit den Augen kommunizieren.
Nehmen Sie einen Mund-Nasenschutz und probieren Sie es aus. Die anderen raten.

c) Das finde ich interessant. Recherchieren Sie Stationen und Themen von Ausstellungen auf der wortreich-Webseite. Berichten Sie, was Sie erleben und ausprobieren möchten.

d) *Das wortreich*. Erklären Sie den Namen.

Frau mit FFP2-Maske

## 2 Ohne Kinder und mit viel Humor

a) Sammeln Sie Adjektive mit *-reich, -los* und *-voll* auf S. 111–114. Erklären Sie die Adjektive und machen Sie ein Lernplakat.

b) Sagen Sie es anders.   ... *ist eine Wiese mit vielen Blumen.*

## 3 Mit Bildern sprechen

*Schmetterlinge im Bauch haben.* Wie drücken Sie Verliebtheit in Ihren Sprachen aus? Vergleichen Sie.

## 4 Elena *meint* oder *Elena* meint?

a) Hören Sie und markieren Sie den Kontrastakzent in jedem Satz. Ordnen Sie dann die Erklärung zu.

1 **Elena** meint, man kann mit den Augen sprechen.
2 Elena meint, man kann mit den Augen sprechen.
3 Elena meint, man kann mit den Augen sprechen.
4 Elena meint, man kann mit den Augen sprechen.
5 Elena meint, man kann mit den Augen sprechen.

a Das geht, das funktioniert gut.
b Mit den Augen, nicht nur mit dem Mund.
c Das ist Elenas Meinung, nicht Amandas.
d Das meint sie.
e Nicht nur sehen, sondern auch kommunizieren.

b) Sprechen Sie den Satz aus a) zweimal mit einem anderen Kontrastakzent. Ihr Partner / Ihre Partnerin erklärt die Bedeutung.

c) *... geht mit ... ins Musical.* Formulieren Sie einen Satz, in dem zwei Personen etwas gemeinsam machen. Schreiben Sie Erklärungen wie in a). Tauschen Sie die Sätze und lesen Sie laut mit Kontrastakzent. Ihr Partner / Ihre Partnerin ordnet zu.

WORTE UND ORTE

# 5  Freundlichkeit ist gut für die Gesundheit!

a) Sammeln Sie Nomen mit *-heit* und *-keit* auf S.111–114, analysieren Sie und vergleichen Sie mit der Regel.

**Regel:** 1. Nomen mit *-heit* und *-keit* haben immer den Artikel *die*.
2. In Nomen mit *-heit* und *-keit* steckt immer ein Adjektiv.

b) Das *h* in *Gesundheit*. Hören Sie und sprechen Sie nach. Übertreiben Sie ein bisschen.

Gesundheit • Krankheit • Schönheit • Vergangenheit • Klugheit

c) *-ig* vor *-keit* wie *-ich* oder *-ig*? Hören Sie und lesen Sie mit. Sprechen Sie nach.

Arbeitslosigkeit ist keine Kleinigkeit. Mit dieser Tätigkeit trainieren Sie Ihre Teamfähigkeit.

# 6  Das Museum hat angerufen

Ihr Freund / Ihre Freundin hat online eine Führung gebucht, aber es gibt ein Problem. Hören Sie die Nachricht und machen Sie Notizen. Fassen Sie die Informationen auf Deutsch oder in Ihrer Sprache zusammen.

# 7  Mit Sprache spielen – Unser *Wortreich*

a) Anagramme. Aus einer *Ampel* wird durch Schütteln eine *Palme* und ... Finden Sie das Wort? Welche Wörter stecken in *Leben, Tor, Ferien*? Kombinieren Sie die Buchstaben und vergleichen Sie.

b) Konkrete Poesie. Was wird hier dargestellt? Sehen Sie sich die Beispiele an und berichten Sie.

```
                    oben
              rauf      runter
           rauf            runter
        rauf                  runter
    unten                        unten
```

c) Recherchieren Sie weitere Beispiele und erklären Sie, was Konkrete Poesie ist.

# 8  Vorhang auf!

a) Wer ist hier genervt? Hören Sie den Dialog und lesen Sie mit. Achten Sie auf die Betonung.

b) Üben Sie den Dialog aus a) zu zweit. Achten Sie auf Betonung, Mimik und Gestik. Spielen Sie den Dialog vor.

# 9  Eine Sprach-Ausstellung zum Mitmachen

a) Wählen Sie Texte, Wendungen und Wörter. Gestalten Sie Beispiele zur Konkreten Poesie.

b) Stellen Sie Ihre Ergebnisse im Kursraum aus. Vergleichen und kommentieren Sie.

*Das ist wundervoll! So kann man ... gut darstellen.*

*Findest du? Passt das wirklich?*

*Wie hättest du es denn gemacht?*

## ÜBUNGEN

**1** Bad Hersfeld

a) Sammeln Sie auf S. 110–111 Stichpunkte zu den Themen.

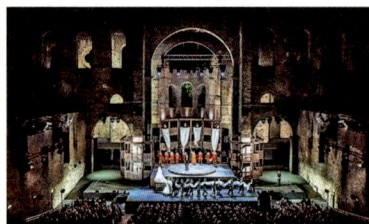
**1** Kultur

**2** Tradition

**3** Gesundheit

*1 Kultur: die Festspiele, ...*

b) Lesen Sie den Magazinartikel auf S. 111 noch einmal. Ergänzen Sie die Informationen.

1 Bad Hersfeld liegt im Bundesland _____.

2 Der Mönch Sturmius baute im Jahr _____ die ersten Häuser.

3 Jedes Jahr finden die _____ und das _____ statt.

4 Das Bad im Namen der Stadt steht für _____.

5 *Enner, zwoon, dräi – Bruder Lolls* rufen die Leute nicht nur in der _____.

c) Verbinden Sie die Zahlen und Informationen. Vergleichen Sie mit dem Magazinartikel auf S. 111.

1 Im Jahr 769  
2 Im 11. Jahrhundert  
3 Seit 1951  
4 Seit 1963  
5 Am 16. Oktober 786  

a finden die Festspiele statt.  
b ist der Todestag des Bischofs Lullus.  
c wurde das Kloster gegründet.  
d wurde die älteste Glocke Deutschlands gegossen.  
e kann man hier eine Kur zur Erholung machen.

**2** Jedes Jahr feiern wir! Lesen Sie die Fragen. Recherchieren Sie auf der Internetseite www.lullusfest.de und notieren Sie Informationen.

1 Wann findet das nächste Lullusfest statt?
2 Was passiert am Lollsmontag um 12:00 Uhr?
3 Was kann man auf dem Fest sehen und erleben?

**3** Eine Tour durch Bad Hersfeld

a) Hören Sie die Stadtführung mit Schwester Anke. Was sehen sich die Besucherinnen und Besucher an? Nummerieren Sie die acht Stationen auf der Karte.

3.10

### Stadtplan Bad Hersfeld

a ◯ wortreich  
b ◯ Stadtkirche  
c ◯ Rathaus mit Lullusbrunnen  
d ◯ Marktplatz  
e ◯ Linggplatz  
f ◯ Stiftruine  
g ◯ Stadtmuseum  
h ◯ Konrad-Duden-Museum  
i ◯ Kurpark

# WORTE UND ORTE 7

**b)** Hören Sie die Stadtführung noch einmal und notieren Sie die Tour. Die Textbausteine helfen.

Die Stadtführung
Dann
Zuerst
Zum Schluss
Danach

beginnen
gehen
ansehen
anschauen
besichtigen
Pause machen

a  zum Duden-Museum
b  in den schönen Kurpark
c  die Stadtkirche
d  zum Linggplatz
e  zum Stadtmuseum
f  im Stadtzentrum am Rathaus mit dem Lullusbrunnen
g  zum *wortreich*
h  zur Stiftsruine

*Die Stadtführung beginnt ... Zuerst gehen die Besucherinnen und Besucher ...*

**c)** Ergänzen Sie die Nomen-Verb-Verbindungen. Vergleichen Sie dann mit dem Magazinartikel auf S. 111.

1  ein Haus _____
2  zum Programm _____
3  gut für den Magen _____
4  im Kurpark _____

5  ein Feuer _____
6  an den Todestag _____
7  eine Kur _____
8  im Bücherregal _____

## 4 Im Wörterbuch

**a)** Was ist was? Ordnen Sie zu.

1  der Duden
2  etwas nachschlagen
3  die Auflage
4  der Verlag

a ○ eine Firma, die Bücher druckt und verkauft
b ○ die Version des Buches aus dem Jahr ...
c ○ das bekannteste deutsche Wörterbuch
d ○ ein Wort im Wörterbuch suchen

**b)** In welchen Wörterbucheinträgen finden Sie die Angaben?

**1**
**Pilot(in** *f*) *m*,
**-en, -en** pilot.

**2**
ˈ**statt|fin|den,** starkes Verb (es findet statt, es hat stattgefunden, stattzufinden): *Die Aufführung findet heute in der Aula statt.*

**3**
**be|liebt** (Adj.) 1. *häufig verwendet, [weit] verbreitet:* eine beliebte Redewendung; 2. *sympathisch, gern gesehen:* eine beliebte Lehrerin

**4**
**Au|to,** n (-s, -s), (*kurz für* Automobil; Fahrzeug); Auto fahren, ich bin Auto gefahren

a  die Wortart: *4*
b  die Bedeutung: _____
c  die Herkunft: _____
d  der Plural: _____
e  die Aussprache: _____
f  der Genitiv: _____

**Com|pu|ter** [...ˈpju:...], der; -s. - <engl.> (elektronische Rechenanlage; Rechner)

c → e
f → h
→ b

g  die weibliche Form: _____
h  der Artikel: _____

## ÜBUNGEN

**5** Konrad Duden und seine Geschichte. Welches Wort passt? Ergänzen Sie die Biografie. Kontrollieren Sie mit der Biografie auf S. 113.

**Konrad Alexander Friedrich Duden** (1829–1911) _____[1] Latein, Griechisch, Geschichte und Deutsch an der Universität in Bonn. Er _____[2] als Hauslehrer und machte 1854 sein Examen. Dann _____[3] er Lehrer am Gymnasium in Soest in Westfalen. (...) 1876 _____[4] er ans Gymnasium in Hersfeld. Er _____[5] 1880 sein *Vollständiges Orthographisches Wörterbuch der deutschen Sprache*. Seit 1915 trägt es den Namen seines Autors: Duden. Der Vater der deutschen Rechtschreibung _____[6] 1911.

| | 1 | 2 | 3 | 4 | 5 | 6 |
|---|---|---|---|---|---|---|
| a | studierte | führte | war | tauschte | sprach | lebte |
| b | übte | ging | ist | wechselte | veröffentlichte | endete |
| c | hörte | arbeitete | sein | lief | kaufte | starb |

**6** Damals wie heute

a) Ausbildung, Beruf und Freizeit. Lesen Sie die Biografie von Yeliz Simsek und notieren Sie wichtige Informationen zu den drei Themen.

Yeliz Simsek, Schauspielerin

**Yeliz Simsek** ist eine bekannte deutsche Schauspielerin. Sie wurde am 8. November 1990 in Köln geboren. Nach der Schule begann sie ein Studium, das sie kurze Zeit später abbrach, um Schauspielerin zu werden. Von 2011 bis 2013 besuchte sie die *Film Acting School Cologne*. Danach spielte sie in
5   Theaterstücken, Kurzfilmen und Fernsehshows mit. 2013 hatte sie eine Rolle im Kinofilm *Der letzte Mensch*. 2014 folgte der Film *Macho Man*. Yeliz Simsek ist auch aus mehreren Folgen der beliebten Krimi-Serie *Tatort* bekannt. 2017 spielte sie in *Nicos Weg*, einer Produktion der Deutschen Welle, die Rolle der Selma. Wegen ihrer Rolle wurde sie auch bei Deutschlernenden
10   weltweit bekannt. Neben ihren Muttersprachen Deutsch und Türkisch spricht sie auch Englisch. Ihre Hobbys sind Hip Hop Musik und Boxen. Bis heute wohnt sie in ihrer Heimatstadt Köln.

b) Wichtige Stationen im Leben von Yeliz Simsek. Ordnen Sie zu.

Kindheit — (e) 1990 — ○ — ○ 2010 — ○ — ○ — ○ — ○ 2020 — Erwachsenenalter

- **a** studierte kurz
- **b** spielte in zwei Filmen mit
- **c** lebt heute in Köln
- **d** besuchte eine Schauspielschule in Köln
- **e** wurde geboren
- **f** spielte Selma in *Nicos Weg*

c) Schreiben Sie die Biografie von Yeliz Simsek mit Hilfe der Redemittel um.

ist ... von Beruf • lebt seit ihrer Kindheit in ... • brach ... ab • ging von ... bis ... • spielte schon in/im ... • ist bekannt aus ... • in ihrer Freizeit ...

# WORTE UND ORTE 7

**7** Wegen seiner Klugheit und seines Humors

a) Wiederholung. Ergänzen Sie die Genitivformen.

1 der Turm: die Glocke _des_ Turm_s_

2 das Kloster: die Gründung _____ Kloster_

3 die Kirche: die Ruine _____ Kirche

4 die Traditionen: die Bedeutung _____ Traditionen

b) Wie heißen die Possessivartikel im Nominativ? Lesen Sie die E-Mail, markieren Sie wie im Beispiel und ergänzen Sie die Tabelle.

---

Hey Adrian,

wie war **dein** Wochenende? Wie geht es Mark? Ist seine Erkältung besser geworden?
Mein Wochenende war großartig! Ich habe einen Freund in Bad Hersfeld besucht. Er lebt mit einer Frau in einer WG. Ihre Wohnung liegt in der Stadtmitte und ist sehr gemütlich. Ich habe mich sofort wohl gefühlt. Seine Mitbewohnerin arbeitet im Duden-Museum, deshalb haben wir günstige Tickets bekommen. Unser Selfie vor dem Museum ist echt lustig, oder?
Ich muss euch endlich mal besuchen! Eure Stadt ist bestimmt auch cool.

Viele Grüße

Dein Jonas

---

| ich | du | er/es/sie | wir | ihr | sie/Sie |
|---|---|---|---|---|---|
| ____ | _dein / deine_ | ____ | ____ | ____ | ____ |

c) Markieren Sie die Possessivartikel im Genitiv wie im Beispiel.

1 Die Stiftsruine in Bad Hersfeld ist wegen **ihres** Glockenturm**s** bekannt.

2 Die Festspiele sind wegen ihrer Atmosphäre bei den Besucherinnen und Besuchern beliebt.

3 Nach Bad Hersfeld kommt man auch wegen seiner Gesundheit.

4 Seit 1915 trägt der Duden den Namen seines Autors.

d) Worauf bezieht sich der Possessivartikel? Markieren Sie wie in c).

**8** Selbsttest. Ergänzen Sie die Possessivartikel im Genitiv.

1 Duden war wegen _____ Klugheit, _____ Humors und _____ Freundlichkeit sehr beliebt.

2 Ein großes Problem _____ Schüler war aber, dass jeder Lehrer Wörter unterschiedlich schrieb.

3 Der Inhalt _____ Buchs änderte sich im Laufe der Zeit, aber es ist bis heute ein Bestseller.

4 Seit 1915 trägt es den Namen _____ Autors: Duden.

5 Die Konrad-Duden-Schule trägt den Namen _____ Direktors.

6 Die Stadt erinnert an das Leben _____ berühmten Schuldirektors.

## ÜBUNGEN

**9** *Weder* kochen *noch* bestellen

a) Was ist gemeint? Lesen Sie den Dialog. Achten Sie auf *weder … noch …* und *nicht nur …, sondern auch …* Kreuzen Sie an.

|  | beide Alternativen | keine von beiden |
|---|---|---|
| 1 **Felix:** Hey Luisa, mein Tag war heute *nicht nur* lang, *sondern auch* sehr anstrengend. Wollen wir zusammen etwas Leckeres kochen? | a ○ | b ○ |
| 2 **Luisa:** Ach nee, ich will *weder* kochen *noch* etwas bestellen. Ich möchte lieber in ein Restaurant gehen. | a ○ | b ○ |
| 3 **Felix:** Wie wäre die Pizzeria am Marktplatz? Dort ist das Essen *nicht nur* lecker, *sondern auch* günstig. | a ○ | b ○ |
| 4 **Luisa:** Einverstanden! Aber heute fahren wir *weder* mit dem Auto *noch* mit dem Bus. Wir fahren mit dem Fahrrad! | a ○ | b ○ |

b) *Nicht nur …, sondern auch …* oder *weder … noch …* Verbinden Sie die Sätze.

1 Ich musste gestern früh aufstehen. Ich musste heute auch früh aufstehen.
2 Anna schmeckt Fisch nicht. Sie mag auch kein Fleisch.
3 Sebastian liebt den Sommer und den Winter.
4 Das Baby kann noch nicht laufen. Es kann auch noch nicht sprechen.
5 Ich mag keine Rockmusik und Jazz mag ich auch nicht.

c) Hören Sie und kontrollieren Sie Ihre Sätze in b).
3.11

d) Hören Sie noch einmal und sprechen Sie nach.

**10** Ein Ort zum Erinnern

a) Warum ist der Mauerpark für Michael ein wichtiger Erinnerungsort? Lesen Sie den Blogeintrag und kreuzen Sie die richtigen Aussagen an.

In Berlin gibt es viele Parks. Sehr bekannt ist der **Mauerpark** – und er heißt nicht ohne Grund so. Der Name erinnert an die Berliner Mauer, die von 1961 bis 1989 hier stand. Sie teilte Deutschland in zwei Teile. Die Grenze ging auch durch Berlin und trennte die Stadt in Ost und West.

Wenn ich mich heute im Mauerpark entspanne, auf den Flohmarkt gehe oder die Künstler*innen beobachte, denke ich oft an früher. Es ist wichtig, dass wir uns an die Geschichte erinnern. Schön, dass wir heute in *einem* Berlin und in *einem* Deutschland leben!

*Michael, 38*

1 ○ Der Mauerpark erinnert an die Berliner Mauer.
2 ○ Wenn Michael im Mauerpark ist, muss er oft an die Grenze denken, die es hier früher gab.
3 ○ Michael findet es nicht wichtig, sich an früher zu erinnern.
4 ○ Michael findet es schön, dass sich so viel verändert hat.
5 ○ Michael lebt gerne im getrennten Deutschland.

# WORTE UND ORTE 7

**b) Lesen Sie die Kommentare zu Michaels Blogeintrag und beantworten Sie die Fragen.**

> Antwort von Kathi_123:
> Ach so?! Ich wusste gar nicht, dass der Mauerpark wegen DER Berliner Mauer so heißt. Interessant, wieder etwas gelernt!

> Antwort von Dennis Hehmann:
> Toller Eintrag! Ich habe auch so einen Erinnerungsort: Ich arbeite in der Mozartstraße. Deshalb muss ich jeden Morgen an Mozarts Musik denken!

1  Wie finden Kathi und Dennis Michaels Blogeintrag? _____

2  Worüber ist Kathi erstaunt? _____

3  Welchen Erinnerungsort hat Dennis? Woran erinnert er ihn? _____

**c) Beschreiben Sie einen Erinnerungsort. Die Redemittel helfen.**

... erinnert (mich) an ... • Wenn ich ... sehe/höre/rieche/schmecke, muss ich an ... denken. • Ich fühle mich ... • ... ist wichtig, weil ...

## 11 Kommunikation ist der Schlüssel

**a) Hören Sie das Interview mit einer Besucherin der Ausstellung *wortreich*. Was ist richtig? Kreuzen Sie an und korrigieren Sie die falschen Aussagen.**
3.12

1  ◯ Elena Haddad möchte die Ausstellung *wortreich* besuchen.

2  ◯ Ihr hat die Ausstellung gefallen.

3  ◯ Am besten hat ihr das Theaterkaraoke gefallen.

4  ◯ An dieser Station muss man die Augen schließen.

5  ◯ *Mit den Augen kommunizieren* bedeutet, dass man nicht nur mit Worten sprechen kann.

Das wortreich im Schilde-Park in Bad Hersfeld

**b) Was bedeutet das Zitat von Paul Watzlawick? Kreuzen Sie an.**

*„Man kann nicht nicht kommunizieren."* – Paul Watzlawick (1921-2007), Philosoph

1  ◯ Es bedeutet, dass man immer kommuniziert, auch wenn man nicht spricht. Man benutzt dann die Mimik und Gestik.

2  ◯ Es bedeutet, dass man nichts sagt. Denn wer still ist, kommuniziert nicht.

**c) Mimik und Gestik. Ordnen Sie zu.**

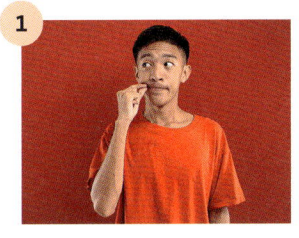   

a ◯ Was für eine Überraschung!

b ◯ Ich verrate nichts, versprochen!

c ◯ Ach Mann, das nervt!

d ◯ Ich habe keine Ahnung.

## ÜBUNGEN

**12** Planlos?! Lesen Sie und ergänzen Sie passende Adjektive mit *-voll*, *-reich* und *-los*.

liebevoll • hilfreich • planlos • humorvoll • pausenlos • problemlos

1 Ich brauche das Wörterbuch oft. Es ist _____ beim Lernen.

2 Er hat zwar ein paar Fehler gemacht, aber die Prüfung _____ geschafft.

3 Tui lacht sehr viel mit ihrem Freund. Er ist sehr _____ .

4 Meine Freundin redet _____ über ihre Katze. Das nervt!

5 Die Eltern von Theo und Elisabeth kümmern sich sehr _____ um ihre Kinder.

6 Ich weiß nicht, was ich nächstes Wochenende machen soll. Ich bin total _____ .

**13** Klugheit ist keine Kleinigkeit

a) Welche Adjektive sind in den Nomen? Schreiben Sie wie im Beispiel.

1 die Gesundheit   3 die Klugheit   5 die Krankheit   7 die Mehrsprachigkeit
2 die Möglichkeit   4 die Sicherheit   6 die Schönheit   8 die Zufriedenheit

*1 die Gesundheit – gesund, 2 die Möglichkeit – …*

b) Hören Sie zur Kontrolle und sprechen Sie nach.

**14** *Hast du Tomaten auf den Augen?*

a) Videokaraoke. Sehen Sie sich das Video an und antworten Sie.

b) Sehen Sie sich das Video noch einmal an. Was ist gemeint? Kreuzen Sie an.

1 *Den Kopf in den Sand stecken* bedeutet, …

a ◯ dass man Angst vor einer Situation hat.

b ◯ dass man gern am Strand ist.

2 *Tomaten auf den Augen haben* heißt, …

a ◯ dass man überall die Farbe Rot sieht.

b ◯ dass man etwas nicht gesehen hat.

c) Welche Redewendung aus b) passt? Ordnen Sie zu.

a

b

# Fit für Einheit 8?

WORTE UND ORTE — 7

### 1 Mit Sprache handeln

**die Geschichte einer Stadt skizzieren**

Die Stadt liegt in ...
Im Jahr ... wurde die Stadt von ... gegründet.
Jedes Jahr findet/finden ... statt.

... kann man hier besichtigen/ansehen.
... ist doch nichts / (schon) etwas Besonderes.
... ist eine mittelgroße/... Stadt mit Tradition.

**Erinnerungsorte vorstellen**

Wenn ich ... sehe/höre/..., muss ich an ... denken.
... erinnert (mich) an ...

Ich fühle mich ..., wenn ...
... ist für mich/... ein wichtiger Erinnerungsort, weil ...

**Wörterbucheinträge verstehen**

Wie heißt der Genitiv Singular von ...?
Wie heißt der Plural von ...?

Im Wort ... ist die erste/zweite/... Silbe betont.
Wo kann man das Wort ... trennen?

**einen biografischen Text zusammenfassen**

... lebte von ... bis ...
... wurde in ... geboren.

... lebte/studierte/arbeitete/... in ...
... war (nicht) verheiratet und hatte .../keine Kinder.

### 2 Wörter, Wendungen und Strukturen

**Erinnerungsorte**

das Kloster, die Ruine, die Tradition, das Denkmal, der Kurpark, die Dudenstraße, der Friedhof, der Duden

**Possessivartikel im Genitiv**

Bad Hersfeld ist wegen seines Lullusfests bekannt.
Duden war wegen seiner Klugheit, seines Humors und seiner Freundlichkeit sehr beliebt.

*nicht nur..., sondern auch ...*
Felix hat nicht nur Hunger, sondern auch Durst.

*weder ... noch ...*
Ein Baby kann weder laufen noch sprechen.

**Adjektive mit -reich, -los und -voll**

Ein Wörterbuch ist sehr hilfreich beim Lernen.
Ich habe die Prüfung problemlos geschafft.

Tui macht oft Witze. Sie ist sehr humorvoll.

**Nomen mit -heit, und -keit**

die Gesundheit – gesund

die Freundlichkeit – freundlich

### 3 Aussprache

**Kontrastakzent:** Elena meint, man kann mit den Augen sprechen. Elena meint, man kann mit den Augen sprechen. Elena meint, man kann mit den Augen sprechen.

*-ig vor -keit:* Arbeitslosigkeit ist keine Kleinigkeit. Mit dieser Tätigkeit trainieren Sie Ihre Teamfähigkeit.

→ Interaktive Übungen

# TALENTE GESUCHT!

**HIER LERNEN SIE:**
- über Erwartungen an eine Arbeitsstelle sprechen
- Stellenanzeigen verstehen
- ein Bewerbungsgespräch führen
- ein Protokoll schreiben
- Konflikte lösen

Parvati Singh (24)

» Nachdem ich meinen Masterabschluss an der Technischen Universität in München gemacht hatte, habe ich mich bei mehreren Firmen beworben. Ich konnte dann zwischen drei Jobangeboten wählen. Für die Stelle bei Volkswagen DIGITAL:LAB in Berlin habe ich mich entschieden, weil Frauen hier echte Karrierechancen haben und auch gefördert werden. Wir sind ein super nettes und motiviertes Team und treffen uns auch manchmal privat nach der Arbeit. «

Christoph Trauner (26)

» Nach meiner Berufsausbildung bei der Faustmann Möbelmanufaktur in St. Johann hat mir mein Chef einen unbefristeten Vertrag mit einem guten Gehalt angeboten. Den habe ich sofort unterschrieben, denn ich hatte mich in dem Familienunternehmen vom ersten Tag an sehr wohl gefühlt. Hier habe ich einen sicheren Arbeitsplatz, nette Kollegen und interessante Aufgaben. Und noch ein Plus: Ich kann zu Fuß zur Arbeit gehen. «

» Ich hatte schon im Studium als Werkstudentin in der Personalabteilung von Stadler Rail in Winterthur in der Schweiz gearbeitet. Dort habe ich erste Berufserfahrungen gesammelt. Stadler war schon immer mein Traumunternehmen. Deshalb habe ich mich nach meinem Studium um eine Stelle als Personalmanagerin beworben. Hier kann ich mich weiterentwickeln und es gibt viele tolle Vorteile, wie z.B. Homeoffice und günstige Handy-Firmenabos für alle Mitarbeiterinnen und Mitarbeiter. «

Merle Sutter (27)

Jan Frankowski (28)

» Nachdem ich mein Studium der Elektrotechnik abgeschlossen hatte, wollte ich in einem internationalen Unternehmen in der Forschung und Entwicklung von E-Mobilität arbeiten. Das ist ein echtes Zukunftsthema. Bei Bosch werden Technologien entwickelt, die das Leben der Menschen verbessern. Deshalb war Bosch für mich der richtige Arbeitgeber. Hier kann ich Ideen entwickeln und neue Dinge ausprobieren. Das gefällt mir. «

# Der Kampf um Talente

## In Deutschland steigt seit einigen Jahren der Bedarf an Fachkräften

**Was Unternehmen bieten müssen, um junge Talente für sich zu gewinnen, erfahren Sie in dem Interview mit dem Arbeitsmarktexperten und Talent Manager Raimund Nagl.**

*Herr Nagl, Sie suchen für Ihr Unternehmen Personal. In den Medien wird immer wieder über zu wenig gut ausgebildete Mitarbeiterinnen und Mitarbeiter, also zu wenig Fachkräfte, berichtet. Ist das wirklich so?*

Ja, in bestimmten Branchen gibt es tatsächlich mehr Jobs als Bewerberinnen und Bewerber. Fachkräfte mit einer Berufsausbildung oder einem Hochschulabschluss fehlen vor allem im Handwerk und in den Bereichen Gesundheit und Pflege sowie Mathematik, Informatik, Naturwissenschaften und Technik.

*Was heißt das für qualifizierte Berufseinsteiger und Berufseinsteigerinnen?*

Sie haben heute häufig die Wahl zwischen mehreren Jobangeboten. Deshalb können sie sich für den interessantesten Arbeitgeber entscheiden. Also müssen Unternehmen attraktiv sein, um junge Talente zu gewinnen.

*Ich höre oft, dass junge Menschen, die jetzt auf den Arbeitsmarkt kommen, andere Erwartungen haben als die früheren Generationen.*

Das stimmt. Die Generation Z, also die jungen Menschen, die ab 1995 geboren wurden, wünscht sich eine offene Kommunikation im Team sowie nette Kolleginnen und Kollegen. Sie möchten ihre Arbeitszeit selbst einteilen, wollen aber nicht so gern Überstunden machen. Sie erwarten flexible Arbeitszeiten und Homeoffice, damit sie Beruf und Familie problemlos verbinden können. Und sie erwarten, dass die Arbeit ihnen Spaß macht.

*Und wie wichtig ist der Generation Z das Gehalt?*

Nicht ganz so wichtig wie den früheren Generationen. Aber die Höhe des Einkommens spielt schon eine Rolle bei der Wahl eines Unternehmens.

*Wie können Arbeitgeber diese jungen Menschen für ihr Unternehmen gewinnen?*

Sie müssen auf jeden Fall kreativer werden. Die Generation Z ist hauptsächlich mit ihrem Smartphone online. Deshalb ist es wichtig, nicht nur attraktive Karriereseiten im Internet zu haben, sondern Bewerberinnen und Bewerber auch in den sozialen Netzwerken aktiv anzusprechen.

**Hörtipp aus der Redaktion**
Die Generation Z: Wer ist sie und was will sie?

---

1 *Hier arbeite ich gern!*
a) Wählen Sie eine Person aus. Berichten Sie, warum sie sich für das Unternehmen entschieden hat.
b) Arbeitsbedingungen, Arbeitszeiten, ... Was möchten Sie von der Person aus a) noch wissen? Sammeln Sie Fragen und vergleichen Sie.

2 *Die besten Arbeitgeber in ...*
Welche Unternehmen sind besonders beliebt? Warum? Begründen Sie.
💬 *Zu den besten Unternehmen gehört ..., weil ...*

3 *Der Kampf um Talente*
a) Lesen Sie die Zeilen 1–23 im Interview und erklären Sie, warum es einen *Kampf um Talente* gibt.
b) Wer ist die Generation Z und was will sie beruflich? Lesen Sie weiter, sammeln und vergleichen Sie.
c) Wer? Wen? Was? Warum? Fassen Sie den Magazinartikel zusammen.

4 *Die Generation Z*
🔊 a) Typisch Generation Z! Hören Sie den ersten Teil des Interviews mit Prof. Mao und sammeln Sie.
3.14
🔊 b) Was ist der Generation im Beruf wichtig? Hören Sie den zweiten Teil des Interviews. Ergänzen Sie die Informationen aus 3b). Vergleichen Sie.
3.15
➡ c) Was hat Sie (nicht) überrascht? Warum? Die Redemittel helfen.

5 *Eine (neue) Arbeitsstelle*
a) Sammeln Sie Erwartungen.
💬 *Ich glaube, den meisten ist eine interessante Tätigkeit ziemlich wichtig.*
b) Unsere Top 5 der Erwartungen. Machen Sie eine Hitliste.

 Einen Job finden

## 1 Jobs und Stellenangebote

a) Wo haben Sie schon gearbeitet? Wie und wo haben Sie die Stelle(n) gefunden? Berichten Sie.

*In den letzten Semesterferien habe ich ein Praktikum bei … gemacht.*
*Die Anzeige habe ich auf einer Karriereseite gesehen.*

b) Wählen Sie eine Stellenanzeige und notieren Sie Informationen.

- Unternehmen: Wo, was?
- Qualifikationen / Kenntnisse
- Aufgaben
- Leistungen der Firma

**Landeskunde**

Die Abkürzung m/w/d in Stellenanzeigen bedeutet *männlich, weiblich, divers*. Die Angabe *divers* bedeutet ein anderes Geschlecht.

---

Die **Alfred Rug-Gruppe** ist ein großes Medienunternehmen mit weltweit mehr als 9.000 Angestellten. Unsere Mitarbeiter*innen sind der Schlüssel zu unserem Erfolg.

**Wir suchen unbefristet in Vollzeit:**
IT-Systemadministrator/in (m/w/d)
für unser IT-Team in Frankfurt a. M.

**Das erwartet dich:**
– Betreuung und Pflege der IT-Systeme
– Mitarbeit bei der Entwicklung von IT-Lösungen
– Planung von IT-Projekten
– Dokumentation der IT-Infrastruktur

**Was du mitbringen solltest:**
– Studium der Informatik
– Mind. 3 Jahre Berufserfahrung
– Kommunikations- und Teamfähigkeit
– Flexibilität
– Gute Deutsch- und Englischkenntnisse

**Was wir für dich tun:**
– Moderner Arbeitsplatz in einem tollen Team
– Flexible Arbeitszeiten
– Vielfältige Trainings- und Weiterbildungsangebote
– Deutschkurse für internationale Mitarbeiter*innen
– JobTicket RheinMain

Bring deine Erfahrungen und Talente bei uns ein!
Wir freuen uns auf deine Bewerbung an
Jens Schulz:
bewerbung@rug-gruppe.example.de

---

**Franz Kägi** stellt seit mehr als 100 Jahren Schokolade in höchster Qualität für die ganze Welt her. Fast 5.000 Beschäftigte arbeiten im In- und Ausland mit großer Begeisterung für die Marke Kägi.

Für unser Marketing-Team in Basel suchen wir eine/n **Junior Produktmanager/in (m/w/d)** in Vollzeit.

**Ihre Aufgaben:**
– Planung und Entwicklung neuer Marketingaktivitäten
– Weiterentwicklung unserer Schokoladenmarken
– Beobachtung und Analyse von Markttrends

**Ihre Qualifikationen:**
– Master in Wirtschaftswissenschaften
– Kreativität und hohe Flexibilität
– Spaß an der Arbeit in interkulturellen Teams
– Sehr gute Englischkenntnisse

**Wir bieten Ihnen:**
– Spannende Aufgaben mit viel Verantwortung
– Flexible Arbeitszeiten mit Homeoffice
– Attraktives Gehalt
– Kostenloses Fitnessstudio

Haben wir Ihr Interesse geweckt?
Francesca Colombo (+41) 0172 9980752
freut sich über Ihre Online-Bewerbung.

---

c) Berichten Sie Ihrem Partner / Ihrer Partnerin über die Stellenanzeige. Die Notizen helfen.

*Das Unternehmen … sucht …*  *Zu den Aufgaben gehören …*
*Für die Stelle braucht man …*  *… bietet …*  *… erwartet von den Bewerberinnen und Bewerbern, dass …*

## 2 Wir bieten …

Welche Leistungen der Unternehmen in 1b) finden Sie interessant? Welche vermissen Sie? Diskutieren Sie.

TALENTE GESUCHT! **8**

### 3 Das Bewerbungsgespräch

a) Was möchten Unternehmen wissen? Wofür interessieren sich Bewerber*innen? Sammeln Sie.

| Fragen von Unternehmen | Fragen von Bewerber*innen |
|---|---|
| *Warum haben Sie sich für die Stelle beworben?* | *Muss man am Wochenende arbeiten?* |

b) Welche Fragen stellen Frau Colombo und Dora Fischer? Hören Sie und markieren Sie in der App.

c) Begrüßung, Vorstellung, … Ordnen Sie Ihre Fragen aus a) den Teilen 1–4 eines Bewerbungsgesprächs in b) zu.

d) Hören Sie das Bewerbungsgespräch noch einmal.
Notieren Sie Informationen über Dora Fischer und vergleichen Sie.

– Studium:
   Was? Wo? Wie lange?
– berufliche Erfahrungen:
   Was? Wo? Wie lange?
– Qualifikationen:
   Welche?

Dora Fischer und Frau Colombo im Bewerbungsgespräch

### 4 Dora hatte …

a) Dora Fischers Jobsuche. Ordnen Sie zu und vergleichen Sie.

*Nachdem Dora ihren Abschluss gemacht hatte, …*   *…, hat sie eine Stelle gesucht.*

b) *Zuerst – danach.* Sammeln Sie Sätze im Plusquamperfekt auf S. 124 und markieren Sie die Verben wie im Beispiel.
Lesen Sie die Regel und kreuzen Sie an.

Nachdem ich die Anzeige **gelesen hatte**, **habe** ich mich dort **beworben**.
Ich **hatte** im Studium bei Stadler **gearbeitet**. Deshalb **habe** ich eine Bewerbung **geschrieben**.

**Regel:** Handlungen in der Vergangenheit: Das Plusquamperfekt sagt, was zuerst war. Man bildet es mit *haben* oder *sein* im ◯ Präsens / ◯ Präteritum und mit dem Partizip II.

c) Wie geht es weiter? Schreiben Sie wie im Beispiel. Falten Sie den Zettel und geben Sie ihn weiter. Lesen Sie vor.

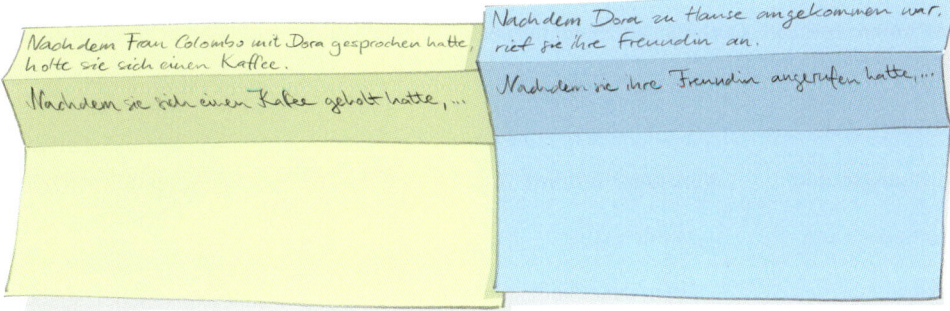

### 5 Für ein Bewerbungsgespräch trainieren

Machen Sie ein Bewerbungsvideo. Stellen Sie sich vor (Ausbildung, Erfahrungen, …). Die Redemittel helfen. Zeigen Sie das Video, die anderen kommentieren. **ODER** Bringen Sie eine Stellenanzeige auf Deutsch oder in Ihren Sprachen mit und sagen Sie, warum Sie für die Stelle qualifiziert sind.

*Ich habe mich schon immer für … interessiert.*

*Deshalb habe ich nach der Schule … studiert.*

*Erste Erfahrungen hatte ich … gesammelt, dann …*

## 1 Besprechungen

a) Sehen Sie sich das Bild an und beschreiben Sie die Situation. Kennen Sie das auch? Berichten Sie.

*Das ist wahrscheinlich eine Besprechung in ...*

*Vielleicht geht es um ...*

*Ich glaube, die Frau im grauen Hosenanzug ...*

*Mist! Ich habe die Dokumente auf meinem Schreibtisch vergessen.*

b) Was denken die Mitarbeiter*innen in a)? Schreiben Sie vier oder fünf Denkblasen. Vergleichen Sie.

## 2 Eine Teamsitzung

a) Worüber wird gesprochen? Hören Sie die Teamsitzung in der Marketingabteilung von Reto Egli. Berichten Sie.

b) Hören Sie noch einmal und ergänzen Sie das Ergebnisprotokoll.

### Ergebnisprotokoll Teamsitzung Marketing

**Ort:** Raum 302     **Datum:** 15.10.23     **Uhrzeit:** 10:30 – ____ Uhr

**Sitzungsleitung:** Reto Egli     **Protokoll:** Marlon Müller

**Teilnehmer*innen:** Reto Egli, Dora Fischer, Yusuf Cömert, Natalie Pena, Julia Capolino, Marlon Müller

**Abwesend:** *Clara Graber*

| Nr. | Tagesordnungspunkt | Wer? Was? Termin? |
|---|---|---|
| 1 | Begrüßung von Dora | Dora unterstützt _____ |
| 2 | Plakataktion | – Team beschließt _____ |
|   |   | – Yusuf _____ |
| 3 | Influencerin Jana | – Natalie _____ |
|   |   | – _____ |
| 4 | Weihnachtsfeier | _____ |

### Strategie

1 Notieren Sie Ort, Datum, Uhrzeit, Teilnehmer*innen und wer abwesend ist.
2 Notieren Sie die wichtigsten Ergebnisse: Wer soll was bis wann machen? Schreiben Sie so wenig wie möglich, aber so viel wie nötig.
3 Wenn Sie etwas nicht verstanden haben, fragen Sie nach.
4 Ergebnisprotokolle werden meistens im Präsens geschrieben.
5 Zum Schluss ergänzen Sie das Datum und schicken es an die Teilnehmer*innen.

c) Clara Graber ist wieder da. Informieren Sie sie über die Teamsitzung. **ODER** Berichten Sie einem Freund / einer Freundin in Ihrer Sprache über die Teamsitzung.

TALENTE GESUCHT!

# 8

## 1 Ärger im Alltag und Beruf

a) Sehen Sie sich die Fotos an. Worüber ärgern sich die Personen?

b) Ärger ausdrücken. Haben Sie die Situationen in a) auch schon erlebt? Wie haben Sie reagiert? Berichten Sie.

*Ich rege mich manchmal auf, wenn ...*   *Ich werde richtig sauer, wenn ...*

## 2 *Das kann doch nicht wahr sein!*

a) Ärger ausdrücken und auf Ärger reagieren. Hören Sie die Minidialoge. Lesen Sie in der App mit, achten Sie auf die Intonation und sprechen Sie nach.

b) Spielen Sie die Dialoge aus 1a). Die Redemittel aus a) helfen.   *Können Sie nicht aufpassen?!*

*Oh, das tut mir leid. Das wollte ich nicht.*

## 3 Konflikte im Job

a) Lesen Sie den Ratgebertext und ordnen Sie jedem Abschnitt eine passende Beschreibung zu.

**1** Probleme besprechen   **2** Lösungen finden   **3** Kontakt aufnehmen

Streit und Ärger gehören zum Arbeitsleben. Es kommt immer wieder zu Missverständnissen und Konflikten. Das Problem: Ungelöste Konflikte können auf Dauer krank machen.

⟳ Wenn Sie einen Konflikt bemerkt haben, sollten Sie ihn ansprechen und sagen, was Sie stört und was Sie sich wünschen. Erfahrungen zeigen: Reden hilft! Wenn Sie sich also über eine Kollegin oder einen Kollegen ärgern, sollten Sie zuerst überlegen, was Sie ihr oder ihm sagen möchten. Führen Sie das Gespräch dann unter vier Augen.

⟳ Im Gespräch ist es wichtig, keine Vorwürfe zu machen. Beschreiben Sie das Problem und welche Folgen es für Sie hat. Benutzen Sie Ich-Botschaften und nicht Du-Botschaften. Sagen Sie also nicht: „Du kommst immer zu spät." Sagen Sie: „Ich musste eine Viertelstunde auf dich warten und habe mich geärgert, weil ich sehr viel zu tun habe." Nicht: „Du redest in Meetings immer viel zu viel." Sondern: „Ich würde mir wünschen, dass ..." Nicht: „Dein Schreibtisch ist immer so unordentlich." Sondern: „Es stört mich sehr, wenn ..."

⟳ Hören Sie im Gespräch aufmerksam zu, fragen Sie nach, wenn etwas unklar ist und versuchen Sie, das Problem zu lösen.

b) Markieren Sie die Ich-Botschaften im Ratgebertext.

## 4 Entweder ignorieren oder lösen ...

*Was machst du in den Ferien?*

Alternativen ausdrücken. Üben Sie mit der App wie im Beispiel.

*Ich mache entweder ein Praktikum oder ich jobbe. Und du?*

## 5 Vier-Augen-Gespräche führen

Wählen Sie ein Konfliktthema aus. Bereiten Sie einen Dialog mit Ich-Botschaften vor. Spielen Sie ihn mit Ihrem Partner / Ihrer Partnerin. **ODER** Beschreiben Sie einen Konflikt, den Sie hatten, und wie Sie ihn gelöst haben.

## ÜBUNGEN

**1** Unsere Arbeitswelt

a) Ordnen Sie passende Wörter aus den Porträts und dem Magazinartikel auf S. 124–125 zu.

1 Personen in der Arbeitswelt: *der/die Arbeitnehmer\*in*, ...

2 Arbeitsorte: _____

3 Qualifikationen: _____

4 In diesen Bereichen kann man arbeiten: *das Handwerk*, ...

5 Wichtige Faktoren: *offene Kommunikation*, ...

b) Ergänzen Sie weitere Wörter in a). Die Fotos helfen.

c) Nomen-Verb-Verbindungen. Ordnen Sie zu und kontrollieren Sie auf S. 124–125. Manchmal gibt es mehrere Möglichkeiten.

1 ein Jobangebot _____

2 zur Arbeit _____

3 eine Ausbildung / ein Studium _____

4 Erwartungen _____

5 Berufserfahrungen _____

6 einen (un)befristeten Arbeitsvertrag _____

7 Überstunden _____

8 junge Talente/Fachkräfte _____

*gewinnen, gehen, machen, sammeln, auswählen, anbieten, abschließen, unterschreiben, haben, machen*

**2** Selbsttest. Ergänzen Sie die Präpositionen und vergleichen Sie mit den Porträts und dem Magazinartikel auf S. 124–125.

Parvati Singh

Christoph Trauner

Merle Sutter

Jan Frankowski

1 Parvati Singh hat sich *für* eine Stelle ____ Volkswagen DIGITAL:LAB entschieden.

2 Jeden Tag geht Christoph Trauner zu Fuß ____ Arbeit.

3 Viele Unternehmen müssen ____ die vielen jungen Talente kämpfen.

4 Merle Sutter hat sich ____ eine Stelle ____ ihrem Traumunternehmen beworben.

5 Die Arbeit ____ einem internationalen Unternehmen gefällt Jan Frankowski sehr.

6 ____ einigen Branchen fehlen viele Fachkräfte, z. B. ____ Handwerk.

# TALENTE GESUCHT! 8

**3** Der Kampf um Talente. Lesen Sie den Magazinartikel auf S. 125 noch einmal und kreuzen Sie an.

|   | richtig | falsch | nicht im Text |
|---|---|---|---|
| 1 Raimund Nagl berichtet von einer steigenden Anzahl an Fachkräften in vielen Unternehmen. | ○ | X | ○ |
| 2 Für sein Unternehmen sucht Raimund Nagl nach jungen Talenten. | ○ | ○ | ○ |
| 3 Im Handwerk und in der Pflege bewerben sich im Schnitt 4,9 Prozent weniger Menschen als vor fünf Jahren. | ○ | ○ | ○ |
| 4 Berufseinsteiger*innen kämpfen heute mit vielen anderen Talenten um einen Job. | ○ | ○ | ○ |
| 5 Es gibt nicht genug gut ausgebildete Erzieher*innen. | ○ | ○ | ○ |
| 6 Ein hohes Einkommen steht für viele an erster Stelle. | ○ | ○ | ○ |
| 7 Soziale Netzwerke können Unternehmen bei der aktiven Ansprache junger Bewerber*innen unterstützen. | ○ | ○ | ○ |

**4** Die Generation Z ist immer online

a) ... *oder* ...? Was ist Ihnen bei der Arbeit wichtiger? Kreuzen Sie an.

1 ○ <mark>eine gute Stimmung im Team</mark> **oder** ○ ein hohes Gehalt
2 ○ dauernd erreichbar sein **oder** ○ eine gute Gesundheit
3 ○ eine erfolgreiche Karriere **oder** ○ viel Zeit mit der Familie und Freunden
4 ○ interessante Arbeitsinhalte **oder** ○ ein teures Auto

b) Hören Sie das Interview mit Prof. Mao aus Aufgabe 4a) und b) auf S. 125 noch einmal. Was ist der Generation Z wichtiger? Markieren Sie in a).

**5** *Bildung ist alles*

a) Lesen Sie den Instagram-Beitrag des Vereins *Bildung ist alles*. Was ist das Thema? Kreuzen Sie an.

1 ○ ein Praktikumsbericht    2 ○ ein neues Bildungsprojekt    3 ○ ein Stellenangebot

*„Ich liebe meinen Job! Jeden Tag stehe ich mit einem guten Gefühl auf und freue mich, dass ich mit meinen Projekten etwas wirklich Gutes tun kann."*
Almina Renninger (29), Mitarbeiterin im Bereich Jugendprojekte.

**Hast du auch Lust, dabei zu sein? Dann bewirb dich jetzt für einen Job mit Zukunft!**

Dich erwartet ein junges und engagiertes Team! Uns ist der direkte Austausch sehr wichtig, deshalb arbeiten wir alle im Büro und nicht im Homeoffice. Wir treffen uns immer in den Mittagspausen. Du hast Lust auf spannende Themen in deinen Projekten? Dann bist du bei uns genau richtig! Zu deinen Aufgaben gehört die Betreuung von Projekten in den Bereichen gesunde Ernährung und Nachhaltigkeit. Die abwechslungsreichen Inhalte unserer Projekte begeistern dich bestimmt genauso wie unsere flexiblen Arbeitszeiten. Wir achten auf eine gute Balance zwischen Job und Freizeit, denn: Pausen und Zeit mit der Familie sind einfach wichtig! Wir bieten dir einen befristeten Arbeitsvertrag für zwei Jahre und hoffen, dass du danach einen unbefristeten Vertrag bekommen kannst.

b) Ein interessantes Stellenangebot für die Generation Z? Lesen Sie den Beitrag noch einmal und sammeln Sie Argumente pro (+) und kontra (–).

## ÜBUNGEN

**6** **Ich suche einen neuen Job!** Lesen Sie die Situationen und die Anzeigen. Wählen Sie: Welche Anzeige passt zu welcher Situation? Für eine Situation gibt es keine passende Anzeige (0).

1 Leon hat gerade sein Abitur gemacht. Im nächsten Jahr möchte er vielleicht eine Ausbildung zum Altenpfleger beginnen, ist sich aber nicht sicher. Er hat noch keine Pläne für die nächsten Monate.

2 Lana hat vor ein paar Wochen ihren Master in Informatik abgeschlossen. Jetzt sucht sie nach einer interessanten Stelle in einem tollen Team.

3 Tobi hat schon als Kind gern und viel fotografiert. Letzten Monat hat er erfolgreich die Schule abgeschlossen. Jetzt sucht er nach einem Ausbildungsplatz in einer Agentur oder in einem Fotostudio.

4 Mona hat Bäckerin gelernt. Ihre Ausbildung hat sie in einem großen Betrieb gemacht. Jetzt sucht sie nach einer kleinen, traditionellen Bäckerei, in der sie neue Erfahrungen sammeln kann.

**a**
**Aus Liebe zum Handwerk –
kleiner Familienbetrieb sucht Fachkräfte (m/w/d)**

Brötchen, Brot und Kuchen sind deine Leidenschaft.
Du hast eine abgeschlossene Berufsausbildung.
Du bringst Begeisterung für deinen Beruf mit.

**Dann melde dich bei uns:**
Familie Hauk – 0162/2089465

**b**
**Menschen Zeit schenken & Erfahrungen sammeln
Praktikant (m/w/d) gesucht!**

Für unsere neue Einrichtung haben wir ab Mai wieder einen Praktikumsplatz für sechs Monate zu vergeben – bewirb dich jetzt!

**Kontakt: hauspflegeglueck@example.com**

**c**
**Gutes Design heißt SANA**

Wachsende Design-Agentur in Münster sucht
Programmierer (m/w/d) mit Berufserfahrung

– Zahlen und Daten sind IHRE Leidenschaft?
– SIE sind auf der Suche nach einer neuen Herausforderung?

Wir bieten IHNEN eine kreative Arbeitsatmosphäre, ein familiäres Team, flexible Arbeitszeiten und …

Erfahren Sie mehr unter www.SANA-Agentur.example.de und bewerben Sie sich **JETZT**!

**7** Stellenanzeigen vergleichen

**a)** Aus Nomen Verben machen. Ergänzen Sie. Kontrollieren Sie mit dem Wörterbuch.

1 die Bewerbung – (sich) _bewerben_
2 die Weiterentwicklung – (sich) _____
3 die Betreuung – _____
4 die Planung – _____
5 das Training – _____
6 das Studium – _____
7 die Analyse – _____
8 das Programm – _____

**b)** Lesen Sie die Stellenanzeigen auf S. 126 noch einmal und sammeln Sie Informationen.

| | Stelle | Banche | Voraussetzung(en) | Arbeitsinhalte | Vorteile |
|---|---|---|---|---|---|
| Alfred Rug-Gruppe | | Medien | | | |
| Franz Kägi | | | | | |

## TALENTE GESUCHT! 8

**8 Ein Praktikum in Trier**

a) Ergänzen Sie die Verbformen im Plusquamperfekt.

| Perfekt | Plusquamperfekt |
|---|---|
| ich habe mich entschieden | ich hatte mich entschieden |
| ihr seid angekommen | ihr wart ... |
| er hat unterschrieben | |
| es ist passiert | |
| du bist geblieben | |
| sie ist umgezogen | |
| wir haben geheiratet | |
| sie sind weggefahren | |

b) Plusquamperfekt. Welche Aussagen sind richtig? Vergleichen Sie mit den Beispielsätzen und kreuzen Sie an.

> Nachdem ich mich für ein Praktikum in Trier entschieden hatte, suchte ich nach einer Wohnung.
> Er unterschrieb seinen Arbeitsvertrag, nachdem er die Zusage bekommen hatte.

1 ◯ Das Plusquamperfekt wird immer mit *sein* gebildet.

2 ◯ Plusquamperfekt: Präteritum von *haben/sein* + Partizip II.

3 ◯ Das Plusquamperfekt beschreibt Handlungen, die jetzt passieren.

4 ◯ Man benutzt das Plusquamperfekt nur zusammen mit einem anderen Satz in der Vergangenheit.

5 ◯ Das Plusquamperfekt beschreibt eine Handlung, die vor einer anderen Handlung passiert ist.

**9 Von der Jobsuche bis zum Bewerbungsgespräch**

a) Was passiert zuerst (1), was danach (2)? Ergänzen Sie.

1 ◯ Dora erzählt Finn von der Jobmesse am Wochenende. ◯*1* Dora und Finn treffen sich in der Mensa.

2 ◯ Alicia träumt schon von einem Besuch in Basel. ◯ Dora zeigt Alicia die Stellenanzeige von Franz Kägi.

3 ◯ Dora zeigt Alicia ihre Bewerbung. ◯ Alicia gibt Dora Tipps für ihre Bewerbung.

4 ◯ Dora sagt den Termin zu. ◯ Frau Colombo lädt Dora zu einem Bewerbungsgespräch nach Basel ein.

5 ◯ Dora meldet sich am Empfang der Firma. ◯ Frau Colombo wird benachrichtigt, dass Dora am Empfang wartet.

🔊 3.19 b) Hören Sie und kontrollieren Sie Ihre Angaben in a).

c) *Nachdem* ... Formulieren Sie die Sätze aus a) um und markieren Sie wie im Beispiel.

*1 Nachdem Dora und Finn sich in der Mensa getroffen hatten, erzählte ...*

## ÜBUNGEN

**10** Vor dem Bewerbungsgespräch

a) Welche drei Tipps finden Sie am besten? Kreuzen Sie an.

Starke Nervosität oder Angst vor einem Vorstellungsgespräch – wer kennt das nicht? In dieser Situation fragen sich viele: Schaffe ich das?
Natürlich schaffen Sie das! Mit ein paar einfachen Tipps und Tricks können Sie sich gut vorbereiten und gehen mit einem sicheren Gefühl in das Gespräch.

Hier sind meine Tipps für Sie:

Dr. Vera Laßner

1 ◯ Informieren Sie sich vor dem Gespräch über das Unternehmen.
2 ◯ Entspannungsübungen können Ihnen helfen, ruhig zu bleiben.
3 ◯ Üben Sie das Bewerbungsgespräch vorher ein paar Mal mit einem Freund oder einer Freundin.
4 ◯ Planen Sie genug Zeit für die Anreise ein, um pünktlich zu Ihrem Termin zu kommen.
5 ◯ Überlegen Sie sich Fragen, die Sie im Gespräch stellen möchten.
6 ◯ Begegnen Sie Ihren Gesprächspartner*innen mit einem netten Lächeln.
7 ◯ Ziehen Sie ein Outfit an, in dem Sie sich wohlfühlen.
8 ◯ Überlegen Sie, wie Sie sich im Gespräch vorstellen möchten.

3.20

b) Welche Tipps gibt Alicia? Hören Sie das Telefonat zwischen Dora und Alicia und markieren Sie in a).

**11** Das Bewerbungsgespräch

a) Hören Sie das Bewerbungsgespräch aus Aufgabe 3b) auf S. 127 noch einmal und beantworten Sie die Fragen.

1 Was verbindet Dora Fischer mit der Marke Franz Kägi?
2 Welche persönlichen Stärken nennt Dora?
3 Welche Berufserfahrungen bringt Dora mit?
4 Was erfährt Dora über das Marketingteam der Firma?
5 Wie geht es nach Doras Bewerbungsgespräch weiter?

b) Nach dem Gespräch. Lesen Sie die E-Mail. Worum geht es? Ergänzen Sie die Betreffzeile.

1 Kurze Rückfrage    2 Zusage für ein zweites Gespräch    3 Vielen Dank für das Gespräch vom 23.09.

---

Betreff:

Sehr geehrte Frau Colombo,

ich möchte mich bei Ihnen für das tolle Gespräch in Ihrem Unternehmen bedanken. Ich habe mich bei Ihnen sehr wohl gefühlt und kann mir eine Zukunft bei Franz Kägi gut vorstellen. An der Entwicklung neuer Marketingkonzepte würde ich sehr gerne mitarbeiten.

Über eine Einladung zu einem zweiten Gespräch würde ich mich deshalb sehr freuen.

Mit freundlichen Grüßen
Dora Fischer

## TALENTE GESUCHT! 8

**12** Gute Vorbereitung ist alles

2.02

a) **Videokaraoke. Sehen Sie sich das Video an und antworten Sie.**

b) **Sehen Sie sich das Video noch einmal an und beenden Sie die Sätze.**

1 Nach ihrem Master möchte Emma …
2 Sie hat sich bei …
3 Die Anzeige hat sie …
4 Sie hat das Gespräch …
5 Das Bewerbungsgespräch war …

c) **Was ist Emma besonders wichtig? Sehen Sie noch einmal und kreuzen Sie an.**

1 ◯ Möglichkeit zur Arbeit im Homeoffice   4 ◯ flexible Arbeitszeiten
2 ◯ ein Jobticket                          5 ◯ ein nettes Team
3 ◯ ein eigenes Büro                       6 ◯ ein gutes Gehalt

**13** Eine Teamsitzung bei Franz Kägi

a) **Was ist richtig? Hören Sie das Teamgespräch aus Aufgabe 2a) auf S. 128 noch einmal und kreuzen Sie an. Es gibt mehrere Möglichkeiten.**

1 Das Ergebnisprotokoll …
  a ◯ schreibt immer eine andere Person.
  b ◯ ist heute Marlons Aufgabe.
  c ◯ soll Julia heute schreiben.

3 Die Plakate für die neue vegane Schokolade …
  a ◯ werden im November aufgehängt.
  b ◯ gefallen dem Team nicht.
  c ◯ gibt es an Flughäfen und Bahnhöfen.

2 Dora Fischer …
  a ◯ kontaktiert Influencerin Jana.
  b ◯ unterstützt Yusuf bei der Marketingplanung.
  c ◯ leitet das Team.

4 Das Team wartet noch auf …
  a ◯ den Vertrag von Influencerin Jana.
  b ◯ eine Liste für die Plakataktion.
  c ◯ Clara Graber.

b) **Worum kümmern sich Yusuf und Natalie? Hören Sie noch einmal und notieren Sie wie im Beispiel.**

| Yusuf | Natalie |
|---|---|
| 1 mit Team Plakate auswählen | 1 Jana kontaktieren |
| 2 … | |

**14** **Wer schreibt heute das Protokoll?** Welches Verb passt nicht? Streichen Sie durch.

1 ein Protokoll      schreiben – schneiden – unterschreiben – ergänzen
2 ein Gespräch       machen – hören – führen – vorbereiten
3 ein Projekt        entwickeln – planen – einladen – beenden
4 einen Konflikt     lösen – bemerken – bezahlen – ansprechen
5 einen Termin       vereinbaren – haben – notieren – lernen
6 ein Plakat         aufhängen – drucken – entwerfen – programmieren
7 eine Teamsitzung   besuchen – stattfinden – absagen – leiten
8 Ergebnisse         notieren – zusammenfassen – gefallen – diskutieren

einhundertfünfunddreißig 135

## ÜBUNGEN

**15** Ich bin echt sauer!

a) Was passt zusammen? Verbinden Sie.

1 das Missverständnis
2 die Meinung
3 der Konflikt
4 der Ärger

a Man ist unzufrieden mit einer Situation und ist sauer.
b Man versteht eine andere Person falsch.
c Die Meinungen sind verschieden. Man beginnt zu streiten.
d Man hat eine bestimmte Auffassung von einer Sache.

3.21

b) Echt ärgerlich! Hören Sie und achten Sie auf die Emotionen.

1 Gleich nach dem Urlaub geht der Stress wieder los. Das nervt!
2 Ich bin total sauer. Mein Chef hört mir nie zu.
3 Kannst du nicht aufpassen? Ich habe gerade die Küche sauber gemacht …
4 Das kann doch nicht wahr sein! Heute funktioniert wirklich nichts!

c) Hören Sie noch einmal und sprechen Sie nach.

**16** *Entweder … oder …* Ergänzen Sie die Sätze.

> essen gehen • ein Kleid anziehen • länger arbeiten • ~~den Dom besichtigen~~ •
> um Hilfe bitten • etwas kochen • einen Hosenanzug anziehen • ins Museum gehen

1 Wir haben jetzt zwei Möglichkeiten. *Entweder wir besichtigen den Dom oder …*
2 Wenn du zu viel zu tun hast, kannst du _____
3 Ich habe Hunger. Du auch? _____
4 Zum Bewerbungsgespräch _____ Dora _____ an.

**17** Konflikte ansprechen und lösen

a) Welche Tipps stehen auch im Ratgebertext in Aufgabe 3a) auf S. 129? Kreuzen Sie an.

1 ○ Ignorieren Sie Konflikte, um eine gute Stimmung im Team zu behalten.
2 ○ Sprechen Sie Konflikte direkt an.
3 ○ Überlegen Sie sich vorher, was Sie der Person sagen möchten.
4 ○ Machen Sie Vorwürfe, damit die andere Person Ihren Ärger versteht.
5 ○ Ich-Botschaften können Ihnen bei der Lösung des Konflikts helfen.

3.22

b) Ein Konflikt im Büro. Hören Sie das Gespräch und markieren Sie die Redemittel.

1 Hast du mal kurz Zeit? Ich habe ein Problem mit …
2 So schlimm ist das doch nicht.
3 Ach, das ist doch kein Problem.
4 Es nervt mich total, dass/wenn …
5 Ich bin (wirklich/echt) sauer, weil …
6 Das tut mir (echt) leid.
7 Vielleicht hast du recht.
8 Verzeihung. Das wollte ich nicht.

# TALENTE GESUCHT! 8

## Fit für Einheit 9?

### 1 Mit Sprache handeln

**über Erwartungen an eine Arbeitsstelle sprechen**
Für mich sind eine offene Kommunikation im Team und nette Kolleg*innen sehr wichtig.
Ich erwarte flexible Arbeitszeiten, damit ich Beruf und Familie problemlos verbinden kann.
Die Höhe des Einkommens spielt für mich eine wichtige Rolle.

**Stellenanzeigen verstehen**

| | |
|---|---|
| Das Unternehmen … sucht … | Zu den Aufgaben gehören … |
| Für die Stelle braucht man … | … erwartet von den Bewerber*innen, dass … |

**ein Vorstellungsgespräch führen**

Begrüßung und Small Talk

| | |
|---|---|
| Wie geht es Ihnen? | Möchten Sie etwas trinken? |

Kennenlernen und Selbstpräsentation

| | |
|---|---|
| Nachdem ich meinen Abschluss gemacht hatte, habe ich … | Ich habe bereits als … gearbeitet. |
| Ich habe (erste) Erfahrungen im Bereich … gesammelt. | Ich bin (sehr) kreativ/flexibel/… |

Fragen des Unternehmens

| | |
|---|---|
| Welche Kenntnisse bringen Sie für den Job mit? | Warum haben Sie sich bei uns beworben? |

Fragen der Bewerberin / des Bewerbers

| | |
|---|---|
| Wie groß ist das Team, in dem ich arbeiten würde? | Warum ist die Stelle frei? |

**Konflikte lösen: Ich-Botschaften**

| | |
|---|---|
| (–) *Du* kommst schon wieder zu spät, das nervt! | (+) *Ich* warte schon … auf dich. Mich stört, dass … |
| (–) *Du* redest immer so viel. | (+) *Ich* würde mir wünschen, dass du weniger … |

### 2 Wörter, Wendungen und Strukturen

**ein Protokoll schreiben**
Ort, Datum, Sitzungsleitung, Teilnehmer*innen, abwesend, Tagesordnungspunkt, Termin

**Plusquamperfekt**
Nachdem er seinen Abschluss gemacht hatte, hat er sich einen Job in einer Firma gesucht.
Natalie ging direkt ins Hotel, nachdem sie in Berlin angekommen war.

**Alternativen ausdrücken**

| | |
|---|---|
| Was machst du heute Abend? | Ich gehe entweder ins Kino oder ich bleibe zuhause |
| Was kochst du am Wochenende? | Ich koche entweder eine Suppe oder Nudeln. |

### 3 Aussprache

**Mit Emotionen sprechen: Ärger ausdrücken und auf Ärger reagieren**

| | |
|---|---|
| Das finde ich unmöglich! | Entschuldigung. Das wollte ich nicht. |
| Das kann doch nicht wahr sein! | Wir bitten um Ihr Verständnis. |

→ Interaktive Übungen

## GEHT NICHT? GIBT'S NICHT!

### Einfach machen!
# Das Leben geht weiter

Die erste eigene Wohnung mieten, eine Ausbildung machen, abends noch für die Berufsschule lernen, mit Freundinnen ins Fitnessstudio oder zum Shoppen in die Stadt und am Wochenende ausgehen. Wie für viele 19-Jährige war das auch für Alma Siebert ganz normaler Alltag. Bis zum 27. August vor sechs Jahren. An diesem Mittwoch wollte sie sich vor der Arbeit nur noch schnell einen Kaffee holen.

Als Alma am 2. September im Krankenhaus aufwachte, konnte sie ihre Beine nicht mehr bewegen. Eine Ärztin sprach vorsichtig von einem schweren Verkehrsunfall. Alma erfuhr, dass sie ab jetzt einen Rollstuhl brauchte. Das war ein großer Schock und es dauerte lange, bis sie die neue Situation akzeptieren konnte.

Für Alma war Aufgeben aber keine Alternative. Heute arbeitet die Hörakustikerin in dem Betrieb, in dem sie ihre Ausbildung

*Alma Siebert:*
*„Mein großes Vorbild ist Annika Zeyen. Mit ihrem Handbike hat sie bei den Paralympischen Spielen in Tokio eine Gold- und eine Silbermedaille gewonnen!"*

gemacht hat. Sie ist in eine barrierefreie Wohnung umgezogen, sodass sie ihren Alltag problemlos alleine bewältigen kann.

Ihre Familie und ihre Freunde haben sie immer unterstützt. „Ohne den Sport", so sagt sie, „hätte ich das alles nicht geschafft. Ich trainiere fast täglich mit meinem Handbike. Das gehört für mich dazu!"

**Lea Reinert**

### Was ist Inklusion?

Wenn alle Menschen dabei sein können, ist es normal verschieden zu sein. Und alle haben etwas davon: Wenn es zum Beispiel weniger Treppen gibt, können Menschen mit Kinderwagen, ältere Menschen und Menschen mit Behinderung viel besser dabei sein. In einer inklusiven Welt sind alle Menschen offen für andere Ideen. Wenn du etwas nicht kennst, ist das nicht besser oder schlechter. Es ist normal! Jeder Mensch soll so akzeptiert werden, wie er oder sie ist.

### Das Wir gewinnt!

Nur wenn viele Menschen mitmachen, kann Inklusion funktionieren. Jeder kann dabei helfen: Zum Beispiel in der Schule, im Sportverein, im Job, in der Freizeit, in der Familie. Je mehr wir über Inklusion wissen, desto weniger Angst haben wir davor. Keiner sagt dann mehr: Das geht nicht. Mehr Informationen finden Sie unter aktion-mensch.de.

### Beliebte paralympische Disziplinen

# 9

**HIER LERNEN SIE:**
- über Inklusion sprechen
- Konsequenzen nennen
- Hilfe anbieten, annehmen oder ablehnen
- Vorgänge beschreiben

Bis an die Grenzen der Kraft: Training mit dem Handbike

1 **Wir lieben Sport!**
Wählen Sie eine Sportart aus. Stellen Sie sie mit typischen Bewegungen ohne Worte vor. Die anderen raten.

2 *Aufgeben ist keine Alternative!*
a) In welcher Situation hätten Sie am liebsten aufgegeben und haben es dann doch geschafft? Berichten Sie.
💬 *Ich hatte in der Schule Probleme in Mathe. Aber dann habe ich geübt und geübt und den Test geschafft!*
b) In welchem Moment hat Alma nicht aufgegeben? Überfliegen Sie die ersten beiden Abschnitte im Magazinartikel und beschreiben Sie die Situation.
c) Lesen Sie weiter und vergleichen Sie Almas altes und neues Leben.

3 **Paralympische Spiele**
a) Wählen Sie eine Person aus, lesen Sie den Steckbrief und stellen Sie die Person vor.
b) Recherchieren Sie eine Sportlerin oder einen Sportler. Schreiben Sie einen Steckbrief und präsentieren Sie.

4 **Mein Vorbild**
a) Was ist ein Vorbild? Lesen Sie die Definition und diskutieren Sie.
b) Wer ist Ihr Vorbild und warum? Berichten Sie.

5 *Was ist Inklusion?*
a) Lesen Sie und vergleichen Sie mit den Abbildungen. Welche zeigt Inklusion? Begründen Sie.
b) *Das Wir gewinnt!* Sammeln Sie Beispiele aus Ihrem Alltag.

einhundertneununddreißig 139

## 1 Almas Wohnung ist barrierefrei

**a)** Verbinden Sie die Sätze und vergleichen Sie.

1 Im Haus gibt es einen Aufzug,
2 Alle Zimmertüren sind breit genug,
3 Die Dusche ist barrierefrei,
4 In der Küche ist alles gut erreichbar,
5 Die Schränke und Regale sind niedriger,

a sodass sie im Bad keine Hilfe braucht.
b sodass sie selbst Sachen herausnehmen kann.
c sodass sie jeden Raum problemlos erreicht.
d sodass sie im dritten Stock wohnen kann.
e sodass sie selbst kochen kann.

**b)** Was bedeutet *barrierefrei*? Lesen Sie die Angaben in a) noch einmal und berichten Sie.

> Um barrierefrei zu sein, muss es im Haus …

> Die Türen müssen …, damit Alma …

## 2 Kennen Sie das auch?

**a)** Lesen Sie den Titel des Zeitungsartikels und sehen Sie sich die Fotos an. Um welche Alltagsprobleme könnte es gehen? Sammeln Sie Vermutungen und kommentieren Sie.

### Barrierefreiheit für alle!
Tobias Yorck

Alltagsprobleme: Das schafft nicht jede/r!

> Das Problem kenne ich. Weil die Autos auf dem Gehweg parken, haben Eltern mit Kinderwagen Probleme.

> Ich vermute, dass …

**b)** Lesen Sie den Zeitungsartikel. Was kritisiert der Autor und was fordert er? Berichten Sie.

Stellen Sie sich das mal vor: Keine Autos parken auf den Gehwegen, sodass man auch mit einem Kinderwagen sicher unterwegs ist. Große Eingangstüren öffnen sich automatisch, sodass man nicht mehr an
5 den schweren Türen ziehen muss. In allen Bahnhöfen gibt es Aufzüge zu den Gleisen, sodass auch Pendler mit ihrem Fahrrad keine Rolltreppen nehmen müssen. Und in den Aufzügen sind die Tasten für alle gut erreichbar, sodass z. B. Kinder oder Menschen im Rollstuhl andere nicht um Hilfe bitten 10 müssen. Das wäre doch schön, oder?
Tatsächlich gibt es das alles auch schon, aber (noch) nicht überall. Viele Menschen können ihren Alltag deshalb nicht problemlos bewältigen oder nicht so leben, wie sie gerne möchten. Je schneller wir das 15 ändern, desto mehr Lebensqualität haben wir. Alle!

**c)** Ziele oder Konsequenzen? Markieren Sie die Nebensätze mit *sodass* auf S. 138 und 140 und ergänzen Sie.

**Regel:** Nebensätze mit *sodass* stehen immer hinter dem Hauptsatz und drücken _____ aus.

## 3 Je …, desto …

Kettenübung. Sprechen Sie wie im Beispiel weiter.

> Je entspannter ich bin, desto besser lerne ich.

> Je länger ich schlafe, desto entspannter bin ich.

> Je besser ich lerne, desto …

GEHT NICHT? GIBT'S NICHT!

## 4 Anders?!

a) Ein Podcast von Schüler*innen der Friedberg-Sekundarschule in Göttingen. Welche Fragen werden beantwortet? Hören Sie und wählen Sie aus.

1 ◯ Was sind Projekttage? _____
2 ◯ Wer hatte die Idee? _____
3 ◯ Wo fanden die Projekttage statt? _____
4 ◯ Welche Projekte wurden angeboten? *Sitzvolleyball,* _____
5 ◯ Welche Projektziele gab es? _____

b) Hören Sie den Podcast noch einmal, notieren Sie Antworten zu den Fragen aus a) und vergleichen Sie.

c) Welchen Aussagen würden die Schüler*innen (nicht) zustimmen? Kommentieren Sie.

## 5 Kann ich Ihnen helfen?

a) Sehen Sie sich die Illustrationen an und beschreiben Sie die Situationen.

Situation 1   Situation 2   Situation 3   Situation 4

   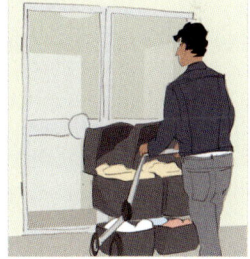

b) Spielen Sie die Situationen aus a) vor und bieten Sie Hilfe an. Die Redemittel helfen.

## 6 Problemlos barrierefrei

a) Welche Bedeutung haben *-los* und *-frei*? Sammeln Sie Beispiele auf S. 138–140 und erklären Sie.

b) *Was ist eigentlich …?* Wählen Sie Rolle A oder Rolle B. Fragen und antworten Sie wie im Beispiel.

> *Was ist eigentlich ein arbeitsfreier Tag?*   *Das ist ein Tag ohne Arbeit.*

## 7 (K)ein Problem?!

a) Ohne Hilfe mit dem Rollstuhl oder Kinderwagen von der Straße bis in Ihre Wohnung, Ihren Kursraum, … Wie geht das? Fotografieren Sie den Weg und beschreiben Sie die Fotos auf einem Poster. **ODER** Barrierefreiheit in meiner Stadt. Machen Sie mit Ihrem Handy ein Video und beschreiben Sie die Beispiele.

*Naja, zum Glück gibt es links neben der Treppe vor dem Gebäude eine Rampe. Das sind zwar nur vier Stufen, aber …*

*Ich hätte nicht gedacht, dass eine Stufe so ein großes Problem sein kann!*

b) Präsentieren Sie die Poster und Videos. Die anderen kommentieren.

einhunderteinundvierzig 141

## 1 Von Beruf Hörakustikerin

 a) Hören Sie den Radiobeitrag mit Alma und ergänzen Sie die Zahlen.

1 _____ Stunden arbeitet sie täglich.
2 _____ Mio. Menschen leben in Deutschland.
3 Ab _____ nimmt die Schwerhörigkeit zu.
4 _____ hat Alma ihre Ausbildung beendet.
5 _____ % der Bevölkerung sind schwerhörig.
6 Im Team arbeiten _____ Kolleg*innen.

b) Worüber spricht Alma im Interview? Kreuzen Sie an und vergleichen Sie.

1 ◯ die Ausbildung zum/zur Hörakustiker/in
2 ◯ berufliche Tätigkeiten
3 ◯ Weiterbildungsmöglichkeiten
4 ◯ Ursachen für Hörprobleme
5 ◯ Gründe für ihre Berufswahl
6 ◯ Schwerhörigkeit bei Jugendlichen

Bei der Arbeit: Alma Siebert macht einen Hörtest mit einer Kundin.

## 2 Ein Hörtest

a) Verstehen Sie das? Setzen Sie Ihre Kopfhörer auf, hören Sie und machen Sie den Test.

b) Hören Sie noch einmal und sammeln Sie Gründe für Probleme beim Hören.

> *Die Durchsage auf dem Bahnhof konnte man (fast/gar) nicht verstehen, weil ...*

> *Ich hatte (keine) Probleme mit ..., weil/obwohl ...*

## 3 Hörprobleme früh erkennen

a) Kennen Sie das von sich oder anderen auch? Lesen Sie die Checkliste und kommentieren Sie.

1 In Gesprächen, in denen mehrere Personen gleichzeitig sprechen, muss man oft nachfragen.
2 Man bemerkt irgendwann, dass man leise Geräusche wie das Ticken einer Uhr nicht mehr hört.
3 Tiefe Männerstimmen hört man viel besser als hohe Frauen- oder Kinderstimmen.
4 Im Bus oder auf dem Bahnhof versteht man die Durchsagen nicht.
5 Andere sagen, dass man viel zu laut fernsieht oder Radio hört.
6 Man hat oft das Gefühl, dass andere undeutlich sprechen.

> *Ich habe auch manchmal das Gefühl, dass andere undeutlich sprechen.*

b) *Man* oder *ich*? Ergänzen und vergleichen Sie.

1 Aussagen mit _____ sind nicht so persönlich wie Aussagen mit _____.
2 Mit _____ können eine oder mehrere Personen gemeint sein.
3 In Aussagen mit _____ steht das konjugierte Verb immer in der 3. Person Singular.
4 Viele nutzen das unpersönliche _____, wenn sie über eigene Probleme sprechen.

## 4 Das sagt man so!

Unpersönliche Aussagen. Nennen Sie Beispiele aus anderen Sprachen und vergleichen Sie.

> *Auf Englisch benutze ich oft „you", wenn ich „man" meine. Ich sage dann zum Beispiel: Maybe it rains tomorrow. You never know.*

## GEHT NICHT? GIBT'S NICHT! 9

### 5 Hören

a) 60 Sekunden Stille. Was haben Sie gehört? Berichten und vergleichen Sie.

b) Das Ohr. Sehen Sie sich die Grafik an. Welche Begriffe können Sie zuordnen?

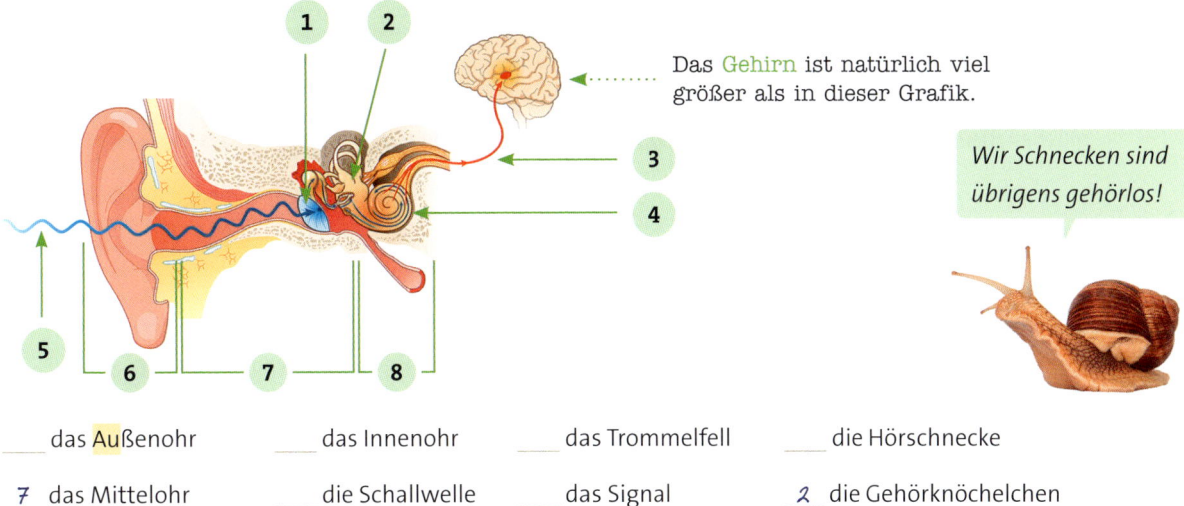

Das Gehirn ist natürlich viel größer als in dieser Grafik.

*Wir Schnecken sind übrigens gehörlos!*

___ das Außenohr   ___ das Innenohr   ___ das Trommelfell   ___ die Hörschnecke

_7_ das Mittelohr   ___ die Schallwelle   ___ das Signal   _2_ die Gehörknöchelchen

c) *Wie wir hören.* Sehen Sie sich die Präsentation an, kontrollieren Sie Ihre Angaben in b) und ergänzen Sie.

d) *Die Schallwellen werden von der Luft transportiert.* Bringen Sie die Angaben aus dem Vortrag in die richtige Reihenfolge und vergleichen Sie. Die Grafik in b) hilft.

### 6 Hören Sie gut zu!

Auf welcher Silbe werden die Wörter betont? Hören Sie, sprechen Sie nach und markieren Sie wie im Beispiel in 5b).

### 7 Experimente mit Schallwellen

a) Führen Sie das erste Experiment durch. Was passiert und warum? Berichten und erklären Sie.

**Experiment 1:** Person A hält sich das rechte oder linke Ohr zu. Person B steht in circa zwei Meter Entfernung hinter Person A, sodass sie nicht von ihr gesehen wird und klatscht in die Hände. Kann Person A hören, ob Person B links, rechts oder in der Mitte hinter ihr steht?

b) War Ihre Erklärung aus a) richtig? Lesen und vergleichen Sie.

c) Wählen Sie ein Experiment und probieren Sie es aus. Was passiert und warum? Beschreiben Sie den Vorgang und das Ergebnis wie in a) und b).

 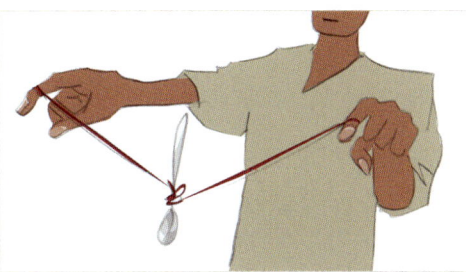

## ÜBUNGEN

**1** Endlich wieder ein ganz normaler Alltag!

**a)** Nomen-Verb-Verbindungen. Ein Nomen passt nicht zum Verb. Streichen Sie es durch.

| | | |
|---|---|---|
| 1 | am Wochenende / abends / mit Freund*innen / in die Berufsschule | ausgehen |
| 2 | mit dem Bus / nach Hause / ins Fitnessstudio / zum Shoppen in die Stadt | gehen |
| 3 | eine Wohnung / ein Auto / ein Treppenhaus / einen Garagenplatz | mieten |
| 4 | am Esstisch / im Rollstuhl / im Wartezimmer / im Herbst | sitzen |
| 5 | einen Unfall / Bewerbungen / eine Versicherung / Angst | haben |

**b)** Lesen Sie die Aussagen von Alma Siebert und ergänzen Sie passende Verben aus a).

1 Zum Glück _____ ich eine gute Versicherung und viele nette Menschen, die mich unterstützen.

2 In dem Haus, in dem ich jetzt lebe, kann man sogar eine barrierefreie Garage _____ .

3 Ich bin ein sportlicher Typ und _____ nicht gerne lange am Schreibtisch.

4 Ich fahre jetzt Handbike und _____ wieder mit meinen Freundinnen zum Training.

5 Es dauerte fast ein Jahr, bis ich nach dem Unfall endlich wieder _____ konnte.

**c)** Vergleichen Sie die Aussagen in b) mit dem Magazinartikel auf S. 138 und markieren Sie neue Informationen wie im Beispiel.

**2** *Ich gebe nicht auf!*

🔊 3.27 **a)** Alma Siebert hat sich immer wieder selbst motiviert. Das können Sie auch! Hören Sie, lesen Sie mit und sprechen Sie nach.

1 Ich bin toll!
2 Ich mache so lange weiter, bis ich das kann.
3 Ich höre erst auf, wenn ich das geschafft habe.
4 Ich gebe nicht auf!
5 Ich kann das!
6 Ich schaffe das!

**b)** Hören Sie noch einmal und markieren Sie den Satzakzent in a).

**3** Vorbilder

🔊 3.28 **a)** Typisch Vorbild! Hören Sie den Dialog zwischen Vater und Tochter und notieren Sie Adjektive, die den Charakter eines Vorbilds beschreiben.

1 _____  2 _____  3 _____

**b)** Das ist ein Vorbild! Hören Sie den Dialog noch einmal und kreuzen Sie richtige Aussagen an.

1 Vorbilder sind z. B. Personen, die ...
    a ◯ in ihrem Leben etwas erreicht haben.
    b ◯ alles besser können als alle anderen.
    c ◯ keine Angst vor Problemen haben.

2 Wegen ihres Charakters oder ihrer persönlichen Leistungen sind sie ...
    a ◯ ziemlich anstrengende Personen.
    b ◯ ein positives Beispiel für andere.
    c ◯ auf jeden Fall berühmt.

3 Persönliche Vorbilder ändern sich ...
    a ◯ nie.
    b ◯ immer wieder.
    c ◯ ganz besonders in der Kindheit.

4 Wichtig ist, dass man ...
    a ◯ seine Vorbilder persönlich kennt.
    b ◯ echte Vorbilder hat.
    c ◯ oft über seine Vorbilder spricht.

# GEHT NICHT? GIBT'S NICHT!

## 4 Paralympische Spiele

**a)** Zahlen und Fakten. Lesen Sie den Informationstext und machen Sie sich kurze Notizen.

*1 Paralympics: 1960, 400 TN,*

**Paralympics - Olympische Spiele für Sportler\*innen mit Behinderung**

Die Paralympics sind heute die größte und wichtigste internationale Sportveranstaltung für Sportler\*innen mit einer Körper- oder Sehbehinderung. Zu den ersten internationalen Paralympischen Sommerspielen im Jahr 1960 reisten 400 Teilnehmer\*innen aus 23 Ländern an. An insgesamt sechs Tagen kämpften sie im Olympiastadion in Rom in acht Disziplinen um die Gold-, Silber- und Bronzemedaillen. Seit den Olympischen Sommerspielen 1988 in Seoul und den Winterspielen 1992 im französischen Albertville finden die Paralympics regelmäßig nicht nur kurz nach den Olympischen Spielen, sondern auch immer am selben Ort wie die Olympischen Spiele statt. Die XVI. Paralympischen Sommerspiele konnten wegen der Corona-Pandemie nicht wie geplant 2020, sondern erst 2021 in Tokio stattfinden. Circa 4.500 Sportler\*innen aus 160 Ländern und 23 Sportarten nahmen teil.

**b)** *Größer, wichtiger, mehr.* Paralympics 1960 und 2021 im Vergleich. Lesen Sie und ergänzen Sie die Adjektive. Ihre Notizen in a) helfen.

Die Paralympics sind heute ganz sicher _____¹ und _____² als alle anderen internationalen Sportveranstaltungen für Sportler\*innen mit einer Körper- oder Sehbehinderung. Im Vergleich zu den ersten Paralympischen Spielen 1960 waren 2021 in Tokio nicht nur viel _____³ Sportler\*innen aus viel _____⁴ Ländern, sondern auch deutlich _____⁵ Sportarten dabei.

**c)** Perspektivwechsel. Schreiben Sie einen Vergleich der ersten Paralympics in Rom mit den Paralympics in Tokio. Der Text in b) hilft.

*Im Vergleich zu den Paralympischen Spielen 2021 …*

## 5 (Nicht nur) Paralympische Sportarten

**a)** Sehen Sie sich die Bilder an und ordnen Sie die Sportarten zu.

1 Sitzvolleyball • 2 Tanzen • 3 Handbike • 4 Eishockey • 5 Rollstuhlbasketball • 6 Fußball • 7 Monoski • 8 Tischtennis • 9 Marathon • 10 Reiten

a (4)  b ○  c ○  d ○
e ○  f ○  g ○  h ○  i ○  j ○

**b)** *Fahren* oder *spielen*? Ergänzen Sie passende Sportarten aus a).

| … fahren | … spielen |
|---|---|
| Monoski, | |

# ÜBUNGEN

**6** Von Kopf bis Fuß

a) Ordnen Sie die Körperteile zu und ergänzen Sie die Pluralformen.

a _1_ der Kopf, _die Köpfe_   e ___ das Bein, _____

b ___ der Rücken, _____  f ___ die Schulter, _____

c ___ die Hand, _____    g ___ das Knie, _____

d ___ der Arm, _____     h ___ der Fuß, _____

b) Mit allen Sinnen. *Fühlen, schmecken, …* Ergänzen Sie passende Verben.

1 mit den Augen _____   3 mit der Nase _____   5 mit der Haut _____

2 mit den Ohren _____   4 mit der Zunge _____

**7** Unfallstatistik

a) Wo passieren vermutlich die meisten Unfälle? Kreuzen Sie an.

1 ◯ im Straßenverkehr   2 ◯ beim Sport   3 ◯ zu Hause

🔊 3.29 b) Hören Sie den Kommentar zur Unfallstatistik und vergleichen Sie mit Ihrer Vermutung in a).

c) Häufige Unfallursachen. Hören Sie noch einmal und kreuzen Sie richtige Aussagen an.

1 ◯ Viele Menschen glauben, dass die meisten Unfälle auf den Straßen passieren.

2 ◯ Tatsächlich passieren viele Haushaltsunfälle zum Beispiel beim Kochen.

3 ◯ Beim Fensterputzen oder bei Renovierungsarbeiten sind Leitern sicher.

4 ◯ Seifen, also Wasch- und Putzmittel, sind eigentlich ungefährlich.

5 ◯ Jedes Jahr entstehen durch heißes Öl oder Wasser schwere Verletzungen.

6 ◯ Im Notfall sollte man sofort Hilfe holen und z. B. die 112 anrufen.

d) Korrigieren Sie die falschen Aussagen.

**8** Risikosport Fußball? Lesen Sie den Text und markieren Sie wie im Beispiel.

Laut Statistik passieren die meisten Sportunfälle ___¹ Fußballspielen. Aber ___² liegt das eigentlich? Ist Fußball wirklich ___³ als andere Sportarten? Das kann man so natürlich nicht sagen. Je mehr Menschen Fußball spielen, desto mehr ___⁴ sich auch beim Training oder ___⁵ eines Spiels verletzen. Besonders groß ist die Verletzungsgefahr allerdings bei den Spieler*innen, ___⁶ nicht regelmäßig trainieren. Die meisten von ihnen kommen ___⁷ mit Verstauchungen an Füßen oder Händen oder mit Schmerzen im Knie oder Rücken zum Arzt. ___⁸ raten Sportärzt*innen, lieber vorsichtig zu sein.

1 a **beim**        3 a gefährlich            5 a während    7 a entweder
  b zum               b gefährlicher            b trotz         b sondern
  c mit               c am gefährlichsten       c wegen         c weder

2 a wodurch         4 a müssen                6 a denen      8 a Weil
  b wovon             b dürfen                  b die           b Denn
  c woran             c können                  c deren         c Deshalb

## GEHT NICHT? GIBT'S NICHT!

**9** *Aktion Mensch*

a) Was heißt das? Vergleichen Sie mit dem Magazinartikel auf S. 138 und verbinden Sie.

1 Alle Menschen können dabei sein.  
2 Alle haben etwas davon.  
3 Wir haben weniger Angst davor.  
4 Jeder kann dabei helfen.

a Das ist ein Vorteil für alle.  
b Alle können Inklusion unterstützen.  
c Jeder kann mitmachen.  
d Wir können etwas leichter akzeptieren.

b) Wer ist vermutlich für Inklusion? Lesen Sie die Antworten aus einer Umfrage und kreuzen Sie an.

1 ( ) „Menschen mit Behinderung können in der Gesellschaft viel leisten."  
2 ( ) „Ich glaube, dass wir uns alle besser kennenlernen müssen!"  
3 ( ) „Ohne meine Brille geht nichts! Irgendwie ist das auch eine Behinderung."  
4 ( ) „Ich weiß nicht. Das ist alles viel zu kompliziert und auch viel zu teuer."

🔊 3.30 c) Hören Sie die Umfrage und vergleichen Sie mit Ihren Vermutungen in b).

d) Gute Gründe für mehr Inklusion. Hören Sie die Umfrage noch einmal und beenden Sie die Aussagen.

1 Barrierefreie Arbeitsplätze _____  
2 Im Schwimmverein gibt es eine Gruppe, _____  
3 Weniger Treppen und mehr Rampen _____  
4 Ein Spielplatz für alle Kinder _____

**10** *Barrierefrei und gut erreichbar*

a) *Um … zu …* Ergänzen Sie wie im Beispiel.

1 *Um barrierefrei zu sein*, muss es im Rathaus einen Aufzug geben. (barrierefrei sein)  
2 _____, müssen die Tasten im Aufzug niedriger sein. (gut erreichbar sein)  
3 _____, müssen alle Eingänge und Türen breiter sein. (bürgerfreundlicher sein)  
4 _____, muss man das Rathaus umbauen. (für alle offen sein)

b) *…, damit …* Formulieren Sie die Sätze aus a) wie im Beispiel um.

1 Im Rathaus muss es einen Aufzug geben, *damit es barrierefrei ist.*  
2 Die Tasten im Aufzug müssen niedriger sein, _____  
3 Alle Eingänge und Türen müssen breiter sein, _____  
4 Das Rathaus muss umgebaut werden, _____

c) *Konsequenz* oder *Ziel*? Vergleichen Sie die Aussagen mit *sodass* mit a) und b) und ergänzen Sie.

1 Seit zwei Wochen gibt es einen Aufzug, sodass das Rathaus barrierefrei ist.  
2 Die Tasten im Aufzug sind niedrig genug, sodass sie jetzt gut erreichbar sind.  
3 Alle Eingänge und Türen sind jetzt breiter, sodass sie bürgerfreundlicher sind.  
4 Das Rathaus wurde umgebaut, sodass es jetzt für alle offen ist.

Mit … *um … zu* und *damit* drückt man ein _____ [1] oder einen Zweck aus. Aussagen mit *sodass* drücken eine _____ [2] aus.

## ÜBUNGEN

**11** *Damit* oder *sodass*?

a) Ziel (Z) oder Konsequenz (K)? Lesen Sie die Sätze und ergänzen Sie wie im Beispiel.

1 (Z) Ich besuche einen Deutschkurs, _____ ich die B1-Prüfung machen kann.

2 ( ) So ein Mist! Das Sofa stand im Regen, _____ es ganz nass geworden ist.

3 ( ) Ich hatte bei der Hitze seit Stunden nichts getrunken, _____ ich Kopfschmerzen bekam.

4 ( ) Ich brauche deine Hilfe, _____ ich mein neues Regal aufbauen kann.

5 ( ) Die Baustelle vor unserem Haus ist sehr laut, _____ ich mich nicht konzentrieren kann.

b) Ergänzen Sie *damit* und *sodass* in a).

**12** *Je ..., desto ...*

a) Ordnen Sie jedem Adjektiv ein Gegenteil zu.

angenehm • wach • viel • gut • früh

1  spät – _____
2  schlimm – _____
3  wenig – _____
4  müde – _____
5  schlecht – _____

b) Handlungen und Folgen. Ergänzen Sie Adjektive 1–5 aus a) im Komparativ.

Ich muss jeden Morgen um halb sieben aufstehen. Je *später* ⁰ ich abends ins Bett gehe, desto _____ ¹ kann ich schlafen. Je _____ ² ich schlafe, desto _____ ³ bin ich am nächsten Tag. Je _____ ⁴ ich bin, desto _____ ⁵ ist meine Laune. Je _____ ⁶ meine Laune ist, desto _____ ⁷ ist mein Tag. Und je _____ ⁸ mein Tag ist, desto ...

c) Wie geht der nächste Tag weiter? Beschreiben Sie wie in b).

*Je früher ich abends ins Bett gehe, ...*

**13** *Ohne ...*

a) Achten Sie auf das Nomen im Adjektiv. Ergänzen Sie wie im Beispiel.

1  Arbeitsfreie Tage sind Tage _____
2  Arbeitslose Menschen sind Menschen *ohne Arbeit.*
3  Autofreie Stadtzentren sind Stadtzentren _____
4  Wohnungslose Personen sind Personen _____

*Stressfreie ZONE*

b) *-frei* oder *-los*? Lesen Sie die Minidialoge und ergänzen Sie passende Adjektive.

1  💬 Nimmst du auch ein Bier? 💬 Eigentlich gerne, aber ich muss noch Auto fahren.
   💬 Kein Problem. Ich bringe dir ein Kinderbier mit, das ist ganz sicher _____.

2  💬 Das Café Glück ist mein Lieblingscafé. Der Kaffee ist nicht teuer und das WLAN ist sogar _____!
   💬 Ach! Ich habe noch nie in einem Café für WLAN bezahlt!

3  💬 Na, hast du Stress? 💬 Ehrlich gesagt habe ich mir das Praktikum anders vorgestellt. _____ ist der Beruf jedenfalls nicht!

4  💬 Na, hast du die Adresse ohne Probleme gefunden? 💬 Ja, mit deiner Beschreibung ging das völlig _____. Danke!

🔊 c) Hören Sie die Minidialoge aus b), lesen Sie mit und überprüfen Sie Ihre Angaben.
3.31

# GEHT NICHT? GIBT'S NICHT!

**14** Aus der Schülerzeitung der Friedberg-Sekundarschule in Göttingen

a) Überfliegen Sie die Beiträge zum Projekttag und ordnen Sie passende Fotos zu. Für einen Beitrag gibt es kein Foto.

## Anders?! – Na klar geht das auch anders!

A  B  C  D

**1** ◯ Ohne das Sprachprogramm auf ihrem Tablet hätte ich Julia wahrscheinlich gar nicht verstanden, denn sie kann selbst nur mit Mimik und mit den Händen kommunizieren. Die Sprache verstehe ich zwar nicht, aber ich finde sie cool. Und sie spricht mit ihren Händen nicht nur Deutsch! Julia hat mir gezeigt, wie man das Wort Freund auf Französisch zeigt. Klasse!
**Svenja, 12**

**2** ◯ Tobi wollte nicht über seine Probleme im Alltag mit uns sprechen. Irgendwie verstehe ich das. Dass Rolltreppen und Rollstühle nicht zusammenpassen, war uns ja auch schon vor dem Projekttag klar. Ich wusste aber nicht, dass man auch mit dem Rollstuhl so gut tanzen kann. Krass!
**Lisa, 16**

**3** ◯ Ich war in der Projektgruppe *Leichte Sprache*. Sprache ist manchmal schwierig. Viele Menschen verstehen die Texte in der Zeitung nicht. Für diese Menschen gibt es leichte Sprache. Das wusste ich nicht. Jedenfalls haben wir gelernt, worauf man bei leichter Sprache achten muss. Zum Beispiel auf kurze Sätze, die nur eine Aussage haben ;-). Das war wirklich sehr interessant!
**Max, 14**

**4** ◯ Auf dem Projekttag habe ich Leo getroffen. Er ist 28 Jahre alt, 1,46 Meter groß und arbeitet in einem Reisebüro. Leo hat im Alltag oft Probleme. Zum Beispiel sagte er: „Denk doch mal an mich! Du würdest am Geldautomaten auch nicht einfach jemanden um Hilfe bitten, den du nicht kennst, oder?" Stimmt. Das sollte man wirklich nicht machen. Und Leo ist sicher nicht das Problem!
**Tom, 17**

b) Für mehr Inklusion. Lesen Sie die neuen Workshop-Angebote der Friedberg-Sekundarschule und ordnen Sie sie den Blogbeiträgen aus a) zu. Für einen Beitrag gibt es kein passendes Angebot.

◯ **Mach es einfach!**
Wir schreiben Texte für Menschen mit Verständnisschwierigkeiten und lernen die deutsche Sprache besser kennen.
Mo + Mi, 14–15 Uhr

◯ **Mehr Miteinander**
Lust auf Jazz und Modern Dance? Dann komm mit zum Verein *ALLE-inklusiv*. Der Tanzkurs findet jeden Donnerstag um 17 Uhr statt.

◯ **Mit allen Sinnen**
Mit den Augen hören und mit den Ohren sehen – das geht! Mach mit und trainiere deine Sinne.
Mi, 15–16:30 Uhr

◯ **Lautlos reden**
Das wird spannend! Schüler*innen der Lucia-Schule am Stadtring zeigen uns jeden Dienstag von 14–16 Uhr die Sprache ihrer Hände.

**15** *Brauchen Sie Hilfe?*

3.32

a) In welchen Dialogen nehmen die Personen die Hilfe an? Hören Sie und kreuzen Sie an.

Situation 1 ◯   Situation 2 ◯   Situation 3 ◯   Situation 4 ◯

b) Hören Sie noch einmal und ordnen Sie die Situationen aus a) den Orten zu.

a Situation ....: im Supermarkt
b Situation ....: an der Bushaltestelle
c Situation ....: in der Fußgängerzone
d Situation ....: im Bahnhof am Gleis

einhundertneunundvierzig 149

## ÜBUNGEN

**16** Leichte Sprache

a) Formulieren Sie die Regeln für leichte Sprache mit *man* um wie im Beispiel.

1 Es werden nur kurze Sätze verwendet.
2 In einem Satz wird nur eine Aussage ausgedrückt.
3 Sätze im Passiv werden aktiv formuliert.
4 Auf den Konjunktiv wird verzichtet.
5 Statt Genitiv wird in den meisten Fällen *von* + Person/Sache benutzt.

*1 Man verwendet nur kurze Sätze.   2 Man drückt …*

b) Zu welchen Regeln aus a) passen diese Sätze in leichter Sprache? Ordnen Sie zu.

| | | leichte Sprache | Regel(n) |
|---|---|---|---|
| a | Ich wünschte, ich hätte mehr Zeit. | Ich habe wenig Zeit. | |
| b | Weil es regnet, bleibe ich zu Hause. | Es regnet. Ich bleibe zu Hause. | |
| c | Das ist Majas neues Rad. | Das ist das neue Rad von Maja. | |
| d | Das Brot wird im Ofen gebacken. | Ich backe das Brot im Ofen. | |

**17** Bleiben Sie gesund!

a) *Von wem* (Person) oder *wovon* (Sache)? Lesen Sie die Sätze und fragen Sie wie im Beispiel nach.

1 Kopfhörer werden getragen.  *Von wem?*
2 Viele bekommen Probleme mit dem Gehör.  *Wovon?*
3 Dann wird ein Hörtest gemacht.
4 Aber nicht jeder Hörtest wird bezahlt.
5 Immer mehr Jugendliche haben Hörprobleme.

b) Ergänzen Sie passende Antworten in a) und formulieren Sie die Aussagen in einem Satz wie im Beispiel.

z. B. von einem Hörakustiker • von zu lauter Musik auf ihren Kopfhörern • von zu viel Lärm •
von der Krankenversicherung • von Bauarbeiter*innen

*1 Kopfhörer werden von Bauarbeiter*innen getragen.   2 Viele bekommen von …*

**18** Experimente mit Schallwellen

▶ 2.04

a) Videokaraoke. Sehen Sie sich das Video an und antworten Sie.

b) *Ein Glas, etwas Reis und …* Was braucht man für das Experiment? Sehen Sie sich das Video noch einmal an und wählen Sie aus.

○ ein Messer  ○ eine Gabel  ○ einen Teller aus Glas
○ eine Schere  ○ einen Deckel aus Metall  ○ einen Löffel
○ ein Stück Papier  ○ einen Luftballon  ○ ein Stück Stoff
○ einen Topf aus Metall  ○ einen Klebestift  ○ ein Band

# GEHT NICHT? GIBT'S NICHT! 9

## Fit für Einheit 10?

### 1 Mit Sprache handeln

**über Inklusion sprechen**
Wenn alle Menschen dabei sein können, ist es normal, verschieden zu sein.
In einer inklusiven Welt sind alle Menschen offen für andere Ideen.
Wir brauchen mehr Aufzüge in öffentlichen Gebäuden, damit Senior*innen, Menschen im Rollstuhl und Eltern mit Kinderwagen alle Etagen problemlos erreichen können.
Je mehr wir über Inklusion wissen, desto weniger Angst haben wir davor.

**Hilfe anbieten, annehmen oder ablehnen**

| | | |
|---|---|---|
| Brauchen Sie Hilfe? | Ja, bitte/gern. | Nein, danke, das ist nicht nötig. |
| (Wie) Kann ich Ihnen helfen? | Könnten Sie (vielleicht) … | Danke, das schaffe ich ohne Hilfe. |
| Darf ich das für Sie machen? | Ja, das wäre nett. | Lieber nicht. Es geht auch so. |

**Vorgänge beschreiben**
Man braucht einen Luftballon, ein Glas, eine Schere, etwas Reis, …
Du schlägst mit dem Löffel auf den Topf.
So entsteht eine Schallwelle, die von der Luft transportiert wird.

### 2 Wörter, Wendungen und Strukturen

**Inklusion**
Menschen mit und ohne Behinderung, den Alltag problemlos bewältigen, dabei sein, mitmachen, akzeptiert werden, barrierefrei sein

**Konsequenzen nennen mit *sodass***
Im Haus gibt es einen Aufzug, sodass ältere Menschen dort problemlos wohnen können.
Person B steht hinter Person A, sodass sie nicht von ihr gesehen wird.
Der Luftballon wird von der Schallwelle bewegt, sodass der Reis auf dem Luftballon tanzt.

**Handlungen und Folgen nennen mit *je …, desto …***
Je länger ich schlafe, desto entspannter bin ich.
Je mehr Menschen Fußball spielen, desto mehr können sich auch beim Training verletzen.
Je schneller wir das ändern, desto mehr Lebensqualität haben wir!

**unpersönliche Aussagen mit *man***
Das sagt man so.
Andere sagen, dass man viel zu laut fernsieht oder Radio hört.
Türen öffnen sich automatisch, sodass man auch mit einem Kinderwagen keine Probleme hat.

**Adjektive mit *-los* und *-frei***

| | |
|---|---|
| problemlos, arbeitslos, kinderlos | Kinderlose Paare sind Paare ohne Kinder. |
| barrierefrei, autofrei, unterrichtsfrei | An unterrichtsfreien Tagen findet kein Unterricht statt. |

### 3 Aussprache

**Wortakzent:** das A̲ußenohr, das Mi̲ttelohr, das I̲nnenohr, die Scha̲llwelle, das Signa̲l

 Interaktive Übungen

Wörter Spiele Training

**1** Heiterkeit und ... Sammeln Sie fünf Nomen mit *-keit* und *-heit* in der Wörterliste auf S. 272–285, in denen ein Adjektiv steckt. Notieren Sie wie im Beispiel.

*die Besonderheit – besonders, ...*

**2** Krankmeldungen und Entschuldigungsbriefe schreiben

a) Haben Sie schon einmal eine Krankmeldung oder einen Entschuldigungsbrief geschrieben? Warum, für wen und an wen? Sammeln Sie.

b) Wer fehlt? Warum? Wann? Wo? Lesen und berichten Sie.

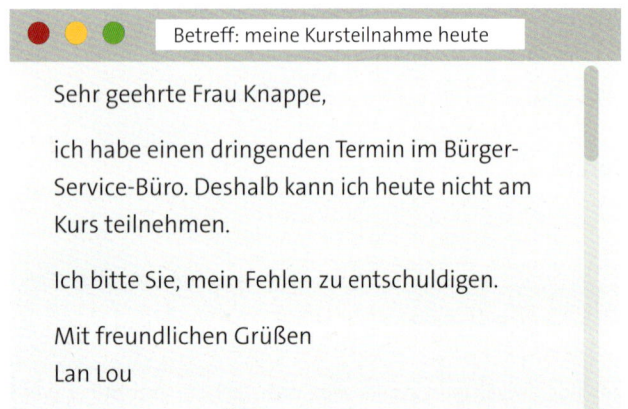

Betreff: meine Kursteilnahme heute

Sehr geehrte Frau Knappe,

ich habe einen dringenden Termin im Bürger-Service-Büro. Deshalb kann ich heute nicht am Kurs teilnehmen.

Ich bitte Sie, mein Fehlen zu entschuldigen.

Mit freundlichen Grüßen
Lan Lou

11.02.2023

Sehr geehrter Herr Markowski,

wegen einer starken Erkältung kann mein Sohn Kai-En bis zum 18.02. nicht am Schwimmunterricht teilnehmen.

Ich bitte Sie, sein Fehlen zu entschuldigen.

Mit freundlichen Grüßen

*Lan Lou*

c) *Wegen einer ... / Ich habe ... Deshalb ...* Schreiben Sie eine Krankmeldung oder einen Entschuldigungsbrief. Die Redemittel helfen.

**3** Ein Hobby mit S? A, B, C ...! Stopp! Nennen Sie den Buchstaben und finden Sie die Wörter und Namen. Wer fertig ist, ruft ‚Fertig!'. Vergleichen Sie die Wörter. Es gibt einen Punkt für jeden richtigen Eintrag.

| Stadt | Land | Beruf | Hobbys | Vorname |
|---|---|---|---|---|
| Frankfurt | | Friseurin | | Freya |
| | Portugal | Physiotherapeut | | |

**4** Elfchen. Ein Gedicht mit elf Wörtern

a) Wählen Sie ein Thema und schreiben Sie ein Elfchen. Es gibt unterschiedliche Formen.

| | | | | |
|---|---|---|---|---|
| Adjektiv | warm | | 1 Wort | Mode |
| Artikel + Nomen | die Sonne | | 2 Wörter | für Fans |
| Was tut das Nomen? | sie scheint hell | ODER | 3 Wörter | ein echtes Muss |
| Ein Satz mit *Ich* | ich liege unterm Apfelbaum | | 4 Wörter | leider ist sie teuer |
| Abschlusswort | Sommer! | | 1 Wort | schade |

b) Lesen Sie Ihr Elfchen vor. Achten Sie auf die Betonung.

# PLATEAU 3

## 5 Das Drama vor dem Vorstellungsgespräch
a) Was ist passiert? Verbinden Sie. Erzählen Sie dann die Geschichte.

1 Ich stieg sehr entspannt in den Zug ein,
2 Auf einem Zettel hatte ich viele Notizen gemacht,
3 Ich war der Meinung,
4 Der Zug war gerade losgefahren,
5 Meine Mutter war am Apparat. Sie rief mich sofort an,
6 Sie wartete kurz und diktierte mir meine Notizen,
7 Als der Zug am Bahnhof ankam,
8 Im Vorstellungsgespräch konnte ich mich an alle Notizen erinnern,

a als mein Handy klingelte.
b weil ich sie zweimal geschrieben hatte. Glück gehabt!
c dass ich den Zettel zusammen mit dem Bahnticket eingesteckt hatte.
d nachdem sie meinen Zettel auf dem Schreibtisch gefunden hatte!
e hatte ich alles mitgeschrieben.
f nachdem ich mir eine Zeitung gekauft hatte.
g nachdem mein Computer eingeschaltet war.
h als ich das Gespräch vorbereitete.

b) Markieren Sie das Plusquamperfekt in a).

## 6 *Je ..., desto ...* Kettenübung.
Sie sitzen im Kreis. Eine*r beginnt wie im Beispiel. Der/Die nächste ergänzt. Wie viele Sätze schaffen Sie?

Je wärmer/kälter es ist, ...
Je älter/jünger die Geschwister sind, ...
Je dicker/dünner ein Buch ist, ...
Je größer/kleiner die Wohnung ist, ...
Je mehr/weniger Kaffee ich ...
Je länger/kürzer der Test ...

*Je länger ich schlafe, ...*

*... desto fröhlicher ...*

## 7 Würmer-Geschichten
a) Aus dünnem Papier, aus buntem Stoff, aus weicher Wolle, aus ... Basteln Sie mit Ihrer Partnerin / Ihrem Partner zwei Würmer.

  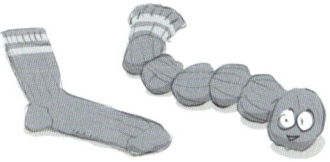

b) Beschreiben Sie, was Sie für Ihren Wurm gebraucht haben.

*Ich habe eine Schere, eine Socke, ...*

c) Was erleben die Würmer im Urlaub / beim Sport / im Theater / ...? Denken Sie sich eine Geschichte aus. Notieren Sie Stichwörter, zeichnen oder gestalten Sie die Szenen. Machen Sie dann vier bis fünf Fotos.

d) Zeigen Sie die Fotos und erzählen Sie Ihre Geschichte.

*Puh, ganz schön heiß heute!*

# Weg
## Lydia Dimitrow (* 1989)

Bis auf das Halstuch hatte sie alles mitgenommen. Es gab keinen Kafka mehr auf dem Nachttisch, keinen abgestandenen Kräutertee in der Küche. Sie hatte alles mitgenommen, bis auf das Halstuch, und vielleicht hing im Schlafzimmer auch noch der schwere Duft
5   ihres Parfüms. Vielleicht war es aber auch nur seine Erinnerung.

Er hatte die Wohnungstür aufgeschlossen und es gleich gewusst. Denn beim Reinkommen kein Jeff Buckley, kein Risotto. Und es war kälter als sonst. Alle Fenster offen, als wäre sie weggeflogen, nicht weggegangen. Das Bad war halbleer. Keine Parfümfläschchen mehr,
10  kein Lockenstab, auch der Duschvorhang fehlte. Der blaue Duschvorhang mit den roten Herzen. Er hatte ihn nie gemocht.
Die Schmuckschatulle stand nicht mehr unterm Spiegel. Es gab nur noch einen Kamm, keine Rundbürste mehr, weder klein noch groß, nicht mal mittel, einfach weg, nur Zahnbürste und Aftershave.
15  Ein Shampoo für Männer. Damit die Haare nicht so schnell ausgehen.
Im Flur fehlte der rote Ledermantel. Den kleinen Schuhschrank neben dem Schirmständer hatte sie einfach ganz mitgenommen. Sie hatte die Bilder abgehängt. Im Wohnzimmer, im Schlafzimmer. Die Bücher mitgenommen. Die Küche einfach nur kalt. Und leer.
20  Ohne Risotto und Kräutertee. Auch ohne Mikrowelle, aber das fiel ihm erst beim zweiten Mal auf.

Er setzte sich hin und zählte die Videokassetten. Zwölf statt dreißig. Die CDs waren weg. Nur noch Metallica. Er saß da und suchte nach ihr. Aber da war nichts mehr. Nicht einmal die Holzgiraffe aus Kenia,
25  die eigentlich ihm gehörte. Nur noch das Halstuch auf dem Sofa, das schwarze Halstuch, das sie nie gemocht hatte. Schließlich hatte er es ihr geschenkt.

Er hörte, wie die Wohnungstür aufgeschlossen wurde. Er hörte die Schritte, das Zögern, dann öffnete sich die zweite Tür.
30  Er stand nicht auf, er sah nicht auf. Er sagte: »Mama ist weg, Papa.«

PLATEAU 3

**1** Weg
a) Wer ist gegangen? Wer erzählt die Geschichte? Lesen Sie Zeilen 1–11 und sammeln Sie Vermutungen.
b) Lesen Sie weiter und vergleichen Sie mit a).

**2** Kamm, Zahnbürste …
a) Was hat die Person nicht mitgenommen? Markieren Sie im Text und vergleichen Sie.
b) Was erfahren Sie über die Person, die gegangen ist? Lesen Sie noch einmal, sammeln und berichten Sie.
c) Was ist vermutlich passiert? Diskutieren Sie.

**3** Familienchat
a) Vater, Mutter oder Sohn. Wählen Sie eine Person und schreiben Sie eine Nachricht im Familienchat.
b) Vergleichen Sie die Textnachrichten.

**4** Der *Weg* oder *weg*? Interpretieren Sie den Titel.

**1  Zusage oder Absage?**

a) Jobanzeigen. Welche könnte für Selma interessant sein? Begründen Sie.

---

**AUSHILFE IM BÜRO**

Sie haben eine freundliche Telefonstimme, organisieren gerne und können auch gut mit Stress umgehen? Dann sind Sie der/die Richtige! Wir bieten Ihnen ein nettes Team und flexible Arbeitszeiten.

Telefon: +49 208 69699918

---

**Architekturbüro SAUER & SÖHNE**

Als **Praktikant*in**
… bist du Teil unseres Teams.
… nimmst du an Meetings teil.
… besuchst du Baustellen.
… zählt deine Meinung.
Bewerbung mit Lebenslauf und Motivationsschreiben an: prak@sauer.example.de

---

**Zoohandlung**
 &

sucht ab sofort
**2 erfahrene Tierpfleger und 1 Verkäufer** (m/w/d)
in Teilzeit (20 Std./Wo.)
für Filialen in Köln und Bonn.
Interessiert?
Dann bewerben Sie sich jetzt: katzundmaus@example.de

---

b) Wo hat Selma sich beworben? Sehen Sie sich die Szene im Park an und vergleichen Sie mit a).

c) *Was heißt eigentlich …?* Erklären Sie mit dem Videotext auf S. 267 oder sehen Sie auf duden.de nach. Notieren Sie passende Bedeutungen und berichten Sie.

> großartig • apropos • schlimm • aufgeregt • rechtzeitig

d) *Apropos großartig …* Wählen Sie Rolle A oder B und fragen Sie nach wie im Beispiel.

> Ich gehe gleich noch in den Supermarkt.

> Apropos Supermarkt … Bringst du bitte Tee mit?

e) Schmetterlinge im Bauch! Woran kann man erkennen, dass jemand verliebt ist? Berichten Sie.

> sich küssen • Hand in Hand gehen • jemandem tief in die Augen sehen • jemandem einen Kuss geben • Händchen halten • lächeln

f) *Händchen halten* und *sich küssen* international. Beschreiben Sie.

> In Frankreich geben wir uns zur Begrüßung zwei Küsse – aber nicht auf den Mund.

> Hand in Hand zu gehen ist bei uns in Pakistan für Männer, die gute Freunde sind, normal.

g) *Charmant* oder *frech*? Was denkt Nico? Sehen Sie sich die Szene im Marek an. Ergänzen und vergleichen Sie.

> Im Gegensatz zu den meisten Männern ist Jacques rücksichtsvoll, charmant, humorvoll, romantisch, attraktiv, …

> Wenn das Otto ist, dann ist er im Gegensatz zu den meisten Männern …

# PLATEAU 3

**2  Das Projekt**

a) *WG-Abend.* Hören Sie den Dialog, lesen Sie mit. Beantworten Sie die Fragen und vergleichen Sie.

Sebastian: „Also, ich will auch eins."
Nina: „Weil du so lieb Bitte gesagt hast?"
Sebastian: „Mmh. Die sind aber nicht von dir."
Nina: „Wieso nicht?"
Sebastian: „Weil die so wahnsinnig lecker sind!"
Nina: „Gut. Das war dein Letztes."

1  a) Was möchte Sebastian auch?  ◯ Etwas zum Essen.   ◯ Etwas zum Lesen.

   b) An welchem Wort haben Sie das erkannt?

2  a) Was kritisiert Nina?   ◯ Sebastian ist zu höflich.   ◯ Er ist unhöflich.

   b) Wie könnte Sebastian Nina fragen?

3  a) Wie reagiert Sebastian auf Ninas Kritik?   ◯ Er entschuldigt sich.   ◯ Er ärgert Nina.

   b) Was meint Sebastian wirklich?

b) Sehen Sie sich die Szene in der WG an und überprüfen Sie Ihre Angaben in a).

c) *Das Thema ist total wichtig!* Erklären Sie das Zitat aus dem Video ohne Wörterbuch.

  *Wenn wir unseren Planeten weiterhin so ausbeuten, dann brauchen wir 2030 mindestens zwei Erden. Und du kannst deinen Schülern und Schülerinnen auch sagen, dass jeden Tag 130 Tierarten aussterben. Nur mal so. […] Insekten zählen auch dazu.*

d) *Aus Plastik.* Sehen Sie sich zwei Minuten im Kursraum um und notieren Sie alle Dinge aus oder mit Plastik. Vergleichen Sie dann Ihre Listen. Wer hat die meisten Gegenstände notiert?

   *der Stift, das Ladekabel,*

e) *Eine Woche ohne Plastik.* Machen Sie mit? Sammeln Sie Argumente pro und kontra und stimmen Sie ab. Vergleichen Sie dann mit der Szene im Unterricht. Wie reagieren Lisas Schüler*innen?

f) *Das ist ein Kreislauf!* Sehen Sie sich die Grafik an. Wer steht am Anfang und am Ende der Kette?

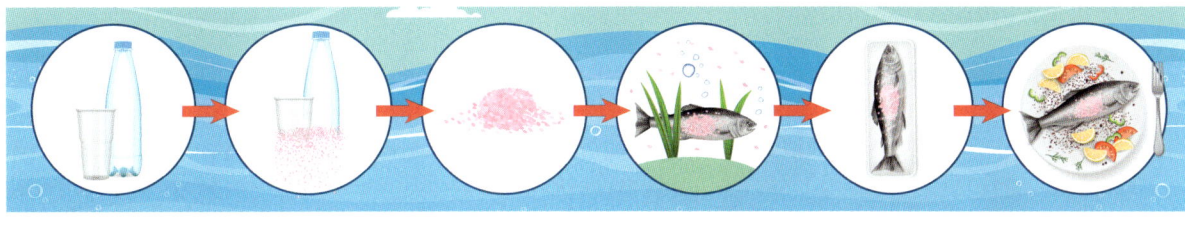

Plastik wegwerfen → im Meer zerfallen → Mikroplastik entstehen → Fische fressen → im Körper bleiben → Fisch essen

g) Beschreiben Sie die Grafik in f) mit den Angaben. **ODER** Ordnen Sie die Sätze in der App.

h) *Umweltschutz und Recycling. Wieso …? Weshalb …? Warum …?* Fragen und antworten Sie wie im Beispiel. Wechseln Sie sich ab.

*Wieso ist Umweltschutz so wichtig?*

*Weil wir nur eine Erde haben!*

**3** Habt ihr euch gestritten?

a) Probleme, Sorgen, Langeweile, …? Was ist mit Selma los? Sehen Sie sich das Foto an und sammeln Sie.

Eltern …
Nico …
Praktikum …

*Vermutlich ärgert Selma sich über …, weil …*

*Meinst du wirklich? Ich glaube, …*

*Das kann ich mir auch/nicht vorstellen, weil …*

b) *Auf dem Weg zum Praktikum.* Sehen Sie sich die Szene an. Vergleichen Sie mit Ihren Vermutungen in a).
2.07

c) *Die Arbeitsbedingungen sind toll.* Selma spricht über ihr Praktikum. Was meint sie? Erklären Sie die markierten Adjektive. Die Angaben helfen.

*Mein Chef ist streng, aber hilfsbereit und verständnisvoll. Und ich finde es gut, dass ich viele verantwortungsvolle Aufgaben habe.*

d) Aufgaben im Praktikum. Welche halten Sie für verantwortungsvoll? Kreuzen Sie an, vergleichen und begründen Sie. Die Redemittel helfen.

◯ Kaffee kochen ◯ Meetings vorbereiten ◯ Kunden betreuen
◯ Dokumente kopieren ◯ Termine absagen ◯ Brötchen holen

e) *Besser nicht …* Sebastian wundert sich über Selma. Warum? Sehen Sie sich die erste Szene noch einmal an, verbinden Sie die Sätze und vergleichen Sie.
2.07

1 Selma verhält sich ziemlich komisch, …     a weil Selma sauer auf ihn ist.
2 Vielleicht soll er Nico nicht grüßen, …     b dass sie Nico mag.
3 Eigentlich ist Sebastian sich aber sicher, …     c damit er sich keine Sorgen macht.
4 Er fragt Selma lieber nicht, was los ist, …     d sodass Sebastian sich wundert.
5 Er will Nico nicht anrufen und nachfragen, …     e obwohl er neugierig geworden ist.

f) Sebastian ruft Nina an. Weiß sie, was los ist? Hören Sie, was Nina sagt und berichten Sie.
3.35

g) Was sagt Sebastian? Hören Sie noch einmal und lesen Sie mit. Ergänzen Sie dann den Dialog.

h) Lesen oder spielen Sie Ihre Telefondialoge mit einem Partner / einer Partnerin vor. Die anderen kommentieren.

i) *Steckt ihr in einer Beziehungskrise?* Sehen Sie sich die Szene in der WG-Küche an und ergänzen Sie *Selma, Nina, Sebastian* oder *Nico*.
2.07

1 _____ antwortet nicht auf Nicos Anrufe.
2 _____ findet das nicht so schlimm.
3 _____ macht sich Sorgen um Selma.
4 _____ muss herausfinden, was mit Selma los ist.

j) *Na und?* Was heißt das? Sehen Sie sich die Szene in der WG-Küche noch einmal an. Achten Sie auf Ninas Körpersprache und Mimik. Wählen Sie passende Bedeutungen aus und vergleichen Sie.

Die Serie „Nicos Weg" in voller Länge mit interaktiven Übungen und zahlreichen weiteren Materialien gibt es kostenlos bei der Deutschen Welle: dw.com/nico

# Goethe-Zertifikat B1: Sprechen

Der Prüfungsteil Sprechen hat drei Teile und ist eine Paarprüfung. Die Vorbereitungszeit beträgt 15 Minuten. Sie können maximal 100 Punkte erreichen und brauchen 60 Punkte, um die Prüfung zu bestehen. Wörterbücher und Mobiltelefone sind nicht erlaubt.

**Sprechen Teil 1:** Hier sollen Sie mit Ihrem Partner / Ihrer Partnerin etwas gemeinsam planen. Sie sollen Vorschläge machen, auf die Vorschläge Ihrer Partnerin / Ihres Partners reagieren, Ihre Meinung äußern und zu einem gemeinsamen Ergebnis kommen. Zeit: circa drei Minuten pro Teilnehmer*in.

**Gemeinsam etwas planen:** *Sie haben an Ihrer Universität am Erasmus-Programm teilgenommen und wollen mit einem Freund / einer Freundin eine Party für ehemalige Erasmus-Studierende organisieren.*

Sprechen Sie über die Punkte unten, machen Sie Vorschläge und reagieren Sie auf die Vorschläge Ihres Partners / Ihrer Partnerin. Planen und entscheiden Sie gemeinsam, was Sie tun möchten.

Eine Party für ehemalige Erasmus-Studierende organisieren
- Wann Party? (Tag? Uhrzeit?)
- Wer schreibt Einladungen?
- Wo feiern?
- Was bestellen? (Getränke? Essen? DJ?)

**Sprechen Teil 2:** In diesem Prüfungsteil sollen Sie einen kurzen Vortrag zu einem Thema halten. Sie haben für Teil 2 und 3 insgesamt circa 5 Minuten Zeit.

**Ein Thema präsentieren:** Sie sollen Ihren Zuhörer*innen ein aktuelles Thema präsentieren. Dazu finden Sie hier fünf Folien. Folgen Sie den Anweisungen links und schreiben Sie Notizen zu jeder Folie.

|  |  |
|---|---|
| Stellen Sie Ihr Thema vor. Erklären Sie den Inhalt und die Struktur Ihrer Präsentation. | **Barrierefreiheit für alle!** — Brauchen wir mehr Barrierefreiheit? **1** |
| Berichten Sie von Ihrer Situation oder einem Erlebnis im Zusammenhang mit diesem Thema. | **Barrierefreiheit für alle!** — Meine persönlichen Erfahrungen **2** |
| Berichten Sie von der Situation in Ihrem Heimatland und geben Sie Beispiele. | **Barrierefreiheit für alle!** — Die Situation in meinem Heimatland **3** |
| Nennen Sie die Vor- und Nachteile und sagen Sie dazu Ihre Meinung. Geben Sie auch Beispiele. | **Barrierefreiheit für alle!** — Vor- und Nachteile & Meine Meinung **4** |
| Beenden Sie Ihre Präsentation und bedanken Sie sich bei den Zuhörerinnen und Zuhörern. | **Barrierefreiheit für alle!** — Abschluss & Dank **5** |

**Sprechen Teil 3:** In diesem Prüfungsteil müssen Sie auf Fragen zu Ihrer Präsentation antworten und ein Feedback sowie eine Frage zur Präsentation Ihres Partners / Ihrer Partnerin formulieren.

Über ein Thema sprechen
Nach Ihrer Präsentation:
Reagieren Sie auf die Rückmeldung und auf Fragen der Prüfer*innen und Ihres Partners / Ihrer Partnerin.
Nach der Präsentation Ihres Partners / Ihrer Partnerin:
a) Geben Sie eine Rückmeldung zur Präsentation Ihres Partners / Ihrer Partnerin (z. B. wie Ihnen die Präsentation gefallen hat, was für Sie neu oder besonders interessant war).
b) Stellen Sie auch eine Frage zur Präsentation Ihres Partners / Ihrer Partnerin.

Tipps zum Prüfungsteil Sprechen auf einen Blick

WIR LIEBEN KAFFEE!

# Kaffee
## – heiß geliebt

Kaffee ist für viele Menschen ein absolutes Muss. Ein langer Tag an der Universität, im Büro oder in der Werkstatt ist für sie ohne Kaffee kaum vorstellbar. Egal ob Filterkaffee, Espresso, Americano oder Cappuccino – wir lieben das Heißgetränk in all seinen Formen. Schon der Duft von gemahlenen Kaffeebohnen löst Glücksgefühle aus und hebt die Laune.

Wir trinken ihn morgens zum Wachwerden, vormittags in der Pause im Homeoffice oder zusammen mit Kolleg*innen im Büro, mittags nach dem Essen oder nachmittags mit Freunden und Freundinnen in einem gemütlichen Café. Ohne Kaffee geht bei Millionen Menschen gar nichts!

## Wussten Sie, dass ...

- Kaffee sowohl in Afrika als auch in Südamerika und Asien wächst?
- der meiste Kaffee aus Brasilien und Vietnam kommt?
- das Wort *Kaffee* aus dem Türkischen *kahve* ins Deutsche kam?
- man sich besser konzentrieren kann, wenn man Kaffee trinkt?
- Kaffee Stress reduzieren kann?

---

1 *Kaffee – heiß geliebt.*
Sehen Sie sich die Fotos an, überfliegen Sie den Magazinartikel und machen Sie ein Wörternetz zum Thema Kaffee.

2 **Kaffee im Alltag.** Lieblingsarten, Lieblingsorte, ...? Berichten Sie über die Kaffeekultur in Ihrem Land.
💬 *Bei uns in Indonesien trinkt man zum Frühstück sehr gern löslichen Kaffee.*
💬 *Stimmt, einfach Kaffeepulver und heißes Wasser in die Tasse. Umrühren – fertig.*

3 *Der neue Kult um die braunen Bohnen*
a) Worum könnte es im Magazinartikel gehen? Notieren Sie Stichworte und vergleichen Sie.

b) *Hip* und *trendig*. Lesen Sie den Magazinartikel und berichten Sie.

4 *Wussten Sie, dass ...?* Welche Informationen sind für Sie neu? Welche finden Sie (un)interessant? Kommentieren Sie.

5 *Trinken Sie gern Kaffee?*
🔊 a) Hören Sie die Radiosendung. Sammeln Sie Informationen und vergleichen Sie.
4.02

🔊 b) Wer trinkt welchen Kaffee wann gern? Hören Sie die Umfrage in der Radiosendung. Machen Sie sich Notizen und berichten Sie.
4.03
💬 *Person 1 trinkt Kaffee gern unterwegs. Er mag ihn ...*

6 **Ich trinke täglich ...** Machen Sie mit Ihrem Partner / Ihrer Partnerin ein Interview. Die Fragen helfen. Stellen Sie dann das Ergebnis vor.

**HIER LERNEN SIE:**
- über Kaffee und Cafés sprechen
- über Nachhaltigkeit diskutieren
- Wichtigkeit ausdrücken
- etwas beschreiben
- Umfragen und Interviews machen

# Der neue Kult um die braunen Bohnen

Noch vor wenigen Jahren wurde der Kaffee schwarz oder weiß, mit oder ohne Koffein, süß oder pur getrunken. Doch in den letzten Jahren haben die Menschen Kaffee neu entdeckt. Für einen guten Kaffee gehen sie heute in einen der hippen Coffeeshops, deren Baristas aus einer großen Auswahl an Kaffeespezialitäten den gewünschten Kaffee zubereiten. Kaffee trinken in einer trendigen Kaffeebar kann aber ein teures Vergnügen sein. Trotzdem kommen die Kaffeegenießer*innen von morgens früh bis abends spät und bestellen ihren Lieblingskaffee. Hauptsache lecker, denn das Leben ist zu kurz für schlechten Kaffee!

Zu den neuen Kaffeespezialitäten gehören z. B. Cold brew Coffee, also kalt gebrühter Kaffee oder Flat White, ein Kaffee mit ganz viel Milchschaum. Und immer mehr Menschen genießen heute ihren Cappuccino oder Latte macchiato vegan, z. B. mit Hafermilch. Wer Kaffee mag, findet bestimmt den richtigen.

## 1 Umweltbewusster Kaffeegenuss

a) Worum könnte es im Blogartikel gehen? Lesen Sie die Überschrift und sehen Sie sich die Fotos an. Sammeln Sie Vermutungen.

b) Überfliegen Sie den Blogartikel und ordnen Sie die Fotos den Abschnitten 1–5 zu.

www.wirliebenkaffee.example.de

Umwelttipps | Kaffeerezepte | Kaffeevollautomaten | Kontakt

### Umweltbewusster Kaffeegenuss

*Ein Beitrag von Jean Noël*

a  b  c  d  e

Ein gelungener Tag beginnt für mich mit einer frisch gebrühten Tasse Kaffee. Ich kann mir ein Leben ohne Kaffee nicht vorstellen. Doch wie nachhaltig ist der Kaffeekonsum? Wie passen Kaffee und Umweltschutz zusammen? Hier meine Tipps für mehr Nachhaltigkeit.

**1 ◯ Trinkt Fairtrade-Kaffee!**

Beim Kaffeekauf im Supermarkt solltet ihr auf fair gehandelten Kaffee achten. Warum? Niedrige Kaffeepreise sind ein großes Problem für viele Kleinbauern. Fairtrade-Kaffee ist gerechter, denn die Kaffeebauern bekommen für ihre geernteten Kaffeebohnen einen höheren Preis. Fairtrade schützt also viele Familien vor Armut und garantiert, dass es bei der Ernte keine Kinderarbeit gibt.

**2 ◯ Vermeidet Kapselmaschinen!**

Der schnelle Kaffee mit Kapseln ist unkompliziert und liegt voll im Trend. Trotzdem solltet ihr ihn vermeiden, denn durch die Kaffeekapseln wird sehr viel Müll produziert. Für jede getrunkene Tasse Kaffee landet eine Kapsel im Müll. Wenn ihr aber auf eure Kapselmaschinen nicht verzichten wollt, solltet ihr die Kapseln richtig entsorgen, damit sie recycelt werden können.

**3 ◯ Benutzt Kaffeemaschinen ohne Papierfilter!**

Bei der French Press, deren Erfinder ein Franzose war, braucht ihr zum Kaffeekochen weder Papierfilter noch Kapseln. Mit einer French Press ist es gar nicht schwer, guten Kaffee zu kochen. Einfach das gemahlene Kaffeepulver in die Glaskanne geben, mit heißem Wasser aufgießen, kurz warten, herunterdrücken – und fertig. So produziert ihr keinen Müll und der Kaffee schmeckt richtig lecker!

**4 ◯ Verwendet Mehrwegbecher!**

Unterwegs möchten viele auf ihren Coffee to go nicht mehr verzichten. Sie trinken ihn besonders gern morgens auf dem Weg zur Arbeit, im Zug oder im Auto. Doch dieser Trend ist nicht umweltfreundlich. Die weggeworfenen Einwegbecher verschmutzen Straßen, öffentliche Plätze und Parks. Kauft lieber einen Mehrwegbecher für euren Kaffee zum Mitnehmen. Dann bleibt die Umwelt sauberer!

**5 ◯ Nutzt euren Kaffeesatz für eure Pflanzen!**

Der Kaffeesatz landet nach dem Kaffeetrinken meistens im Hausmüll. Aber wusstet ihr, dass etwas getrockneter Kaffeesatz ideal für viele Pflanzen im Garten oder in der Wohnung ist? Wenn ihr also Tomaten und Erdbeeren auf dem Balkon pflanzt oder im Garten viele Pflanzen habt, könnt ihr euren Kaffeesatz nutzen, damit sie gut wachsen!

c) Lesen Sie die Tipps noch einmal und markieren Sie die Gründe. Diskutieren Sie wie im Beispiel.

*Trinkt Fairtrade-Kaffee!* — *Wozu soll das denn gut sein?*

*Benutzt Mehrwegbecher!* — *Ich halte viel/wenig von …*

WIR LIEBEN KAFFEE! **10**

## 2 Die neuen Trends beim Kaffeekonsum

a) In welcher Reihenfolge werden die Themen angesprochen? Hören Sie das Gespräch und nummerieren Sie.

○ biologisch angebauter Kaffee / Fairtrade-Kaffee
○ Geschmack und Aussehen
○ Abwechslung und neue Kaffeerezepte
○ Bericht der Kaffeehersteller
○ Kaffeepreis ist wichtig

**Strategien**

**1 Vor dem Hören**
– Lesen Sie die Arbeitsanweisung genau.
– Überlegen Sie, was Sie über das Thema wissen.
– Bilden Sie Hypothesen, worum es gehen könnte.
– Überlegen Sie, was Sie wissen wollen und welche Informationen Ihnen wichtig sind.

**2 Während des Hörens**
– Sie müssen nicht jedes Wort verstehen. Achten Sie auf bekannte Wörter.
– Versuchen Sie, die Bedeutung unbekannter Wörter aus dem Kontext zu verstehen.
– Machen Sie Notizen auf Deutsch oder in Ihrer Sprache.

**3 Nach dem Hören**
– Ergänzen Sie Ihre Notizen. Die W-Fragen (Wer? Was? Wann? Wo? Warum? Wie?) helfen.
– Schlagen Sie unbekannte Wörter nach.

b) Hören Sie noch einmal. Machen Sie sich Notizen zu den drei Trends. Vergleichen und kommentieren Sie.

## 3 *Der Duft von gemahlenen Kaffeebohnen*

a) Autogrammjagd. Wer ist zuerst fertig? Fragen Sie und notieren Sie die Namen.

b) Berichten und vergleichen Sie.

c) Partizip II als Adjektiv. Sammeln Sie auf S. 160–163 und markieren Sie wie im Beispiel.

*der Duft von* **gemahlenen** *Kaffeebohnen*

d) Ergänzen Sie die Regel.

**Regel:** Wenn das Partizip II als Adjektiv vor einem _____ steht, hat es eine Adjektivendung. Man kann das Partizip II auch genauer beschreiben: *frisch* gebrühter Kaffee.

e) Lesen Sie die Fragen. Ihr Partner / Ihre Partnerin antwortet wie im Beispiel.

*Worüber freut sich Malik?*  *Über seine reparierte Espressomaschine.*

Malik und Evelina

## 4 Kaffee genießen

Hören Sie und sprechen Sie nach. Achten Sie auf *g* und *k*.

1 Frisch gemahlene Kaffeebohnen können Glücksgefühle auslösen.
2 Ich genieße meinen Kaffee gerne in einem gemütlichen Café.
3 Mit viel Koffein im Kaffee kann ich mich gut konzentrieren.
4 Kalt gebrühter Kaffee hat mir schon immer gut geschmeckt.

## 5 Beim Kauf von Kaffee/Tee/Gemüse/ ... achte ich auf ...

Machen Sie Interviews. Die Redemittel helfen. **ODER** Wie finden Sie die Tipps in 1b)? Welche finden Sie (nicht) gut? Kennen Sie noch andere? Schreiben Sie einen Kommentar.

*Worauf achtest du, wenn du ...?*

einhundertdreiundsechzig **163**

**Geschäftsidee Café**

## 1 Mein Lieblingscafé

Wie sieht es aus? Wann und mit wem gehen Sie hin? Was bestellen Sie dort gern? Beschreiben Sie.

> … ist mein Lieblingscafé. Man bekommt dort sehr guten Kaffee.

> Im … gibt es gemütliche Sessel und Sofas und viele Pflanzen. Ich treffe mich dort oft mit Freunden und trinke …

## 2 Das Café Musil

**a)** Lesen Sie den Zeitungsartikel und notieren Sie Informationen zu den Fragen A. Ihr Partner / Ihre Partnerin notiert Informationen zu den Fragen B. Fragen und antworten Sie dann.

*Kärnten aktuell*

### Fünf Jahre Café Musil
### Das Kult-Café in Villach feiert Jubiläum

Villach. Das Café Musil mitten in Villach feierte am Samstag sein fünfjähriges Jubiläum mit vielen Gästen und Freunden. Trotz des regnerischen Wetters waren alle Plätze im Café gleich nach der Eröffnung um 9:00 Uhr besetzt. Zum Dank gab es bei der Jubiläumsfeier einen großen Braunen oder eine Melange gratis.

Steffi Mayr, Kaffeeliebhaberin und Unternehmerin

Hell, freundlich, modern: Das Café Musil am Alten Platz

Vor fünf Jahren konnte Steffi Mayr, deren Eltern und Freunde sie bei ihren Plänen finanziell unterstützt haben, eine neue Kaffeebar am Alten Platz eröffnen. Schon seit ihrer Jugend ist sie begeisterte Kaffeetrinkerin. Sie meint: „Guter Kaffee ist wie gute Musik, beides berührt die Seele."

Das Café Musil, dessen Name an den österreichischen Autor Robert Musil erinnert, ist heute ein Treffpunkt für Kaffeeliebhaber*innen aus dem In- und Ausland. Hier kann man in trendig-gemütlicher Atmosphäre Freunde treffen, den ganzen Tag frühstücken, hausgemachte Kuchen essen und eine große Auswahl an Kaffeespezialitäten genießen.

Steffi Mayr hat sich ihren Traum von einem eigenen Café erfüllt. Nach zehn Jahren als Managerin in einem großen Unternehmen kündigte sie und machte sich selbstständig. Sie wusste, dass viele Cafés schnell wieder schließen, weil nicht genug Gäste kommen. Trotzdem wollte sie ein Café gründen und sagt: „Robert Musil hat einmal geschrieben: ‚Wer nicht sagt, was er will, bekommt selten das, was er möchte.'"

Die Zeit während der Pandemie war ziemlich schwer. „Es kamen sehr wenige Gäste und wir mussten immer alle Impfpässe kontrollieren. Ich machte überhaupt keinen Gewinn, musste aber sowohl die Miete als auch das Personal bezahlen. Wir haben damals viel zum Mitnehmen verkauft. Aber zum Glück ist das Café jetzt wieder voll", berichtete die junge Kärntnerin und meinte: „Wenn ich nicht während meines Studiums in einigen Kaffeebars gejobbt und auch eine Barista-Ausbildung gemacht hätte, hätte ich es nicht geschafft."

Inzwischen hat sie zehn sehr nette Angestellte. Sie ist überzeugt: „Cafés, deren Personal die Gäste nicht gut bedient, haben keine Chance."

Gefragt nach ihren Plänen für das Café, antwortete sie: „Man darf niemals stehen bleiben. Wir haben noch viel vor. Wir möchten unsere selbst gerösteten Kaffees bald in einem neuen Online-Shop verkaufen, damit unsere Gäste sie auch zu Hause genießen können. Und wir planen, bei Kaffee und Kuchen ab Herbst monatliche Lesungen mit jungen Autorinnen und Autoren aus Kärnten durchzuführen."

*von Monika Schober*

**b)** Stimmt das? Lesen Sie das Zitat von Robert Musil (Z. 26–28) noch einmal. Kommentieren Sie und nennen Sie Beispiele.

## 3 Das Café Musil, dessen Name …

a) Lesen Sie die Sätze und markieren Sie wie im Beispiel.

**Hauptsatz 1**  **Hauptsatz 2**

1  Das Café Musil ist heute ein beliebter Treffpunkt.  Sein Name erinnert an den Autor Robert Musil.

Das Café Musil, dessen Name an den Autor Robert Musil erinnert, ist heute ein beliebter Treffpunkt.

2  Es gibt hippe Coffeeshops.  Ihre Baristas bereiten viele Kaffeespezialitäten zu.

Es gibt hippe Coffeeshops, deren Baristas viele Kaffeespezialitäten zubereiten.

b) Sammeln Sie weitere Sätze mit Relativpronomen im Genitiv auf S. 160–164 und markieren Sie wie in a).

c) Verbinden Sie die Sätze mit einem Relativpronomen im Genitiv.

1  Die junge Autorin liest morgen im Café Musil. Ihr letzter Roman war ein Bestseller.
2  Der Barista hat seine Kaffeebar verkauft. Seine Kaffeespezialitäten waren sehr beliebt.
3  Das Unternehmen Nestlé verkauft seit 1938 löslichen Kaffee. Sein Gründer war Henri Nestlé.
4  Cafébesitzer*innen haben mehr Gäste. Ihre Cafés liegen im Zentrum.

**Lerntipp**

der/das (sein/seine) → dessen
die/die (Pl.) (ihr/ihre) → deren

## 4 Trotzdem wollte sie …

a) Sprechen Sie wie im Beispiel.

– Das Café ist sehr teuer. Trotzdem …
– Er mag keinen Kaffee. Trotzdem …
– Sie hat viel zu tun. Trotzdem …
– Er hat wenig Geld. Trotzdem …
– Sie ist krank. Trotzdem …
– Er ist müde. Trotzdem …

*Das Café ist sehr teuer. Trotzdem ist es immer voll.*

b) Gegensätze mit *trotzdem* ausdrücken. Sammeln Sie weitere Beispiele und ergänzen Sie die Regel.

*Kaffee trinken in einer trendigen Kaffeebar kann ein teures Vergnügen sein. Trotzdem …*

**Regel:** Mit *trotzdem* beginnt ein ◯ Hauptsatz. / ◯ Nebensatz. Das Verb steht auf Position ◯ 1. / ◯ 2.

c) Sagen Sie es anders. Formulieren Sie die Sätze aus a) mit *obwohl*.

*Obwohl das Café sehr teuer ist, …*   *Obwohl er …*

## 5 Der coolste Laden in der Stadt

Lage, Größe, Spezialitäten, Atmosphäre, Gäste … Machen Sie mit Ihrem Handy Fotos oder ein Video und stellen Sie das Café/Restaurant/den Club/… vor. Die anderen fragen nach und kommentieren.

# ÜBUNGEN

## 1 Kaffee

**a) Was passt nicht? Streichen Sie durch.**

1. Heißgetränke — der Kaffee – der Tee – der Saft – der Glühwein – der Kakao
2. Kaffeespezialitäten — die Kaffeebohne – der Milchkaffee – der Espresso – der Filterkaffee
3. Orte zum Kaffeetrinken — der Coffeeshop – das Café – die Kaffeebar – der Kaffeeklatsch
4. beim Barista — bestellen – einkaufen – bezahlen – sich beschweren
5. Kaffee — genießen – zubereiten – kochen – entspannen

**b) Selbsttest. Lesen Sie den Text und ergänzen Sie passende Wörter aus a).**

Kaffee ist das beliebteste _____¹ der Deutschen. Ob heiß oder kalt, süß oder bitter, _____² ist sehr vielfältig. Zu den wichtigsten _____³ gehören _____⁴, Espresso, Milchkaffee sowie Eiskaffee. Einen guten Kaffee kann man zu Hause oder in einem *Café*⁵ _____⁶. Dort bereiten _____⁷ ihren Kundinnen und Kunden einen leckeren Kaffee zu. Cafés sind tolle _____⁸, um Freunde zu treffen oder um zu entspannen.

Ein Barista bereitet einen Filterkaffee zu.

**c) Wörter und Wendungen. Ordnen Sie zu.**

1. ein absolutes Muss
2. vorstellbar
3. heiß geliebt
4. gar nichts geht
5. Kult
6. trendig
7. ein teures Vergnügen

a. Ohne Kaffee funktioniert bei mir nichts.
b. Viele finden kalt gebrühten Kaffee cool.
c. Für mich gehört zum Frühstück unbedingt eine Tasse Kaffee.
d. Ein Tag ohne Kaffee ist für viele kaum denkbar.
e. Der Kauf einer Espressomaschine ist oft mit hohen Kosten verbunden.
f. Kaffee wird von vielen Menschen sehr gemocht.
g. Teure Kaffeemaschinen sind heute voll im Trend.

**d) Sagen Sie es anders und formulieren Sie die Sätze wie im Beispiel um. Die Magazinartikel auf S. 160–161 helfen.**

*1 Für mich ist eine Tasse Kaffee zum Frühstück ein absolutes Muss.*

## 2 Kaffeekultur

**a) Lesen Sie den Magazinartikel auf S. 160 noch einmal und kreuzen Sie an.**

1. In dem Text geht es um …
   a ○ die Liebe der Deutschen zum Kaffee.
   b ○ die beliebtesten Getränke der Deutschen.
   c ○ die beste Zeit zum Kaffeetrinken.

2. Ohne Kaffee …
   a ○ machen Pausen im Büro keinen Spaß.
   b ○ wird man morgens nicht wach.
   c ○ geht bei vielen nichts.

**b) Lesen Sie den Magazinartikel auf S. 161 noch einmal und kreuzen Sie an.**

1. In dem Text geht es um …
   a ○ die neuen Kaffeespezialitäten.
   b ○ die Lieblingskaffees von Kaffeegenießern.
   c ○ den Trend zum guten Kaffee.

2. In den hippen Coffeeshops …
   a ○ wird besonders gern kalt gebrühter Kaffee getrunken.
   b ○ kann eine Tasse Kaffee ziemlich teuer sein.
   c ○ bekommt man immer leckeren Kaffee.

## WIR LIEBEN KAFFEE! 10

**3** Trinken Sie gern Kaffee?

**a)** Hören Sie die Radiosendung aus Aufgaben 5a) und b) auf S. 160 noch einmal und kreuzen Sie an.

|   | richtig | falsch |
|---|---|---|
| 1 Der 1. Oktober ist seit 2006 ein Feiertag. | ○ | ○ |
| 2 Fast Dreiviertel der Deutschen trinken täglich Kaffee. | ○ | ○ |
| 3 Interviewpartner 1 trinkt seinen Kaffee am liebsten pur. | ○ | ○ |
| 4 Interviewpartnerin 2 trinkt zu jeder Tageszeit gern Kaffee. | ○ | ○ |
| 5 Interviewpartner 3 meint, dass Kaffeetrinken in Cafés ein tolles Vergnügen ist. | ○ | ○ |
| 6 Interviewpartnerin 4 trinkt ihren Kaffee am liebsten vegan. | ○ | ○ |

**b)** Korrigieren Sie die falschen Aussagen.

**4** Der Kult um den Kaffee

**a)** Selbsttest. Vom Wiener Kaffeehaus zum Coffeeshop. Lesen Sie den Informationstext und ergänzen Sie.

Die europäische Kaffeekul *t u r* ¹ begann im 17. Jahrhun _____ ². 1685 wurde das erste Ca ___ ³ in Wien gegrün _____ ⁴. Man tr __ ⁵ sich in den Kaffeehäusern, um sich zu unterha _____ ⁶ oder Zei _____ ⁷ zu lesen. Damals konnte man bei einer Ta _____ ⁸ Kaffee viele Stu _____ ⁹ an seinem Tisch sit _____ ¹⁰ bleiben. Viele beka _____ ¹¹ Schriftsteller*innen schri _____ ¹² damals ihre Ro _____ ¹³ im Kaffeehaus. Man spricht heute von Kaffeehausliter _____ ¹⁴. In den 1950er Ja _____ ¹⁵ mussten aber viele Kaffeehäuser schlie _____ ¹⁶. Man sagte, dass die Menschen wegen des Fernse _____ ¹⁷ nicht mehr so oft ausg _____ ¹⁸. In den Zeitungen sprach man da _____ ¹⁹ von einem Kaffeehaussterben. Aber s ___ ²⁰ den 1990er Jahren interessieren sich wieder mehr Le ___ ²¹ für Cafés. Das sieht man an den vielen Coffees _____ ²² in den Innenstädten.

**b)** Lesen Sie den Informationstext noch einmal und fassen Sie ihn in zwei bis drei Sätzen zusammen.

**c)** Sie haben in einer Online-Zeitung einen Beitrag zum Thema „Hippe Coffeeshops" gelesen. Eine Leserin hat folgenden Kommentar gepostet. Schreiben Sie Ihre Meinung zum Thema (circa 80 Wörter).

**Anushka Bulgakova** [vor 2 Stunden]

Viele besuchen heute regelmäßig trendige Coffeeshops wie z. B. „Starbucks" oder „Costa Coffee". Ich frage mich allerdings, warum sie so beliebt sind. Klar, man kann dort aus vielen unterschiedlichen Kaffeespezialitäten auswählen. Und man bekommt natürlich auch einen kostenlosen Internetzugang, damit man mobil arbeiten kann. Aber ich finde, dass ein Kaffee dort meistens viel zu teuer ist. Ich trinke meinen Kaffee am liebsten in einem kleinen Café bei mir in der Nähe. Hier bekomme ich auch richtig guten Kaffee zu einem fairen Preis. Und das Beste: Ich werde bedient! :-)

## ÜBUNGEN

**5** Umweltbewusst Kaffee genießen

**a)** Lesen Sie den Blogartikel auf S. 162 noch einmal. Kreuzen Sie die richtige Lösung an.

1 Der Blogger Jean Noël ...
  a ◯ fragt sich, ob man umweltbewusst Kaffee genießen kann.
  b ◯ ist ein Kaffeeliebhaber.
  c ◯ macht Werbung für den Umweltschutz.

2 Er meint, dass ...
  a ◯ Fairtrade-Kaffee für viele zu teuer ist.
  b ◯ die Käufer*innen sich niedrige Kaffeepreise wünschen.
  c ◯ Kaffeetrinker*innen die Kleinbauern durch faire Kaffeepreise unterstützen sollten.

3 Er findet, dass ...
  a ◯ Kapselmaschinen in Ordnung sind.
  b ◯ man Kaffeekapseln nicht kaufen sollte.
  c ◯ man Kaffeekapseln gut entsorgen kann.

4 Mit einer French Press ...
  a ◯ kann man guten Kaffee kochen.
  b ◯ sollte man Fairtrade-Kaffee benutzen.
  c ◯ kann man Geld sparen.

5 Einwegbecher für einen Kaffee unterwegs ...
  a ◯ werden immer beliebter.
  b ◯ gehören zum Alltag.
  c ◯ sind ein Problem.

**b)** Markieren Sie die passenden Fragewörter in 1–8 und verbinden Sie Fragen und Antworten.

1 *Warum/Wem* schreibt Jean Noël seinen Blog?
2 *Wie/Wann* beginnt für ihn ein gelungener Tag?
3 *Was/Wie viel* trinkt er morgens gern?
4 *Worauf/Wofür* achten immer mehr Menschen?
5 *Wovor/Womit* schützt Fairtrade-Kaffee?
6 *Weshalb*/*Wozu* ist er gegen Kapselmaschinen?
7 *Wieso/Wem* empfiehlt er unterwegs Mehrwegbecher?
8 *Wozu/Wie* soll Fairtrade-Kaffee denn gut sein?

a Weil sie viel Müll produzieren.
b Wenn man Fairtrade-Kaffee kauft, hilft man den Kaffeebauern.
c Frisch gebrühten Kaffee.
d Auf fair gehandelten Kaffee.
e Weil er Kaffee liebt.
f Vor Armut.
g Weil man so die Umwelt schützt.
h Mit einer Tasse Kaffee.

**c)** *Warum, wieso, weshalb?* Lesen und ergänzen Sie.

> Mit den Fragewörtern *warum*, *wieso* und *weshalb* fragt man nach dem Grund. Sie haben die gleiche Bedeutung. *Warum* und *wieso* benutzt man sehr oft in der gesprochenen Sprache. Auf Fragen mit *warum*, *wieso* und *weshalb* kann man mit einem Nebensatz mit _____ antworten.

**d)** Trinkt Fairtrade-Kaffee! Der Imperativ in der du-Form. Ergänzen Sie wie im Beispiel.

1 Trinkt Fairtrade-Kaffee!
2 Produziert weniger Müll!
3 Verwendet Mehrwegbecher!
4 Nehmt noch ein Stück Kuchen!

*Trink Fairtrade-Kaffee!*

**Minimemo**
**Imperativ im Singular**
2. Pers. Sg. Präsens minus -st
du siehst – Sieh mal!
aber:
du fährst - Fahr!
du läufst - Lauf!

# WIR LIEBEN KAFFEE! 10

**6** Einwegbecher oder Mehrwegbecher?

a) Lesen Sie die Leserbriefe. Wählen Sie: Ist die Person für ein Verbot?

*In einer Zeitschrift lesen Sie Kommentare zu einem Artikel über das Verbot von Einwegbechern.*

1 Olaf ☐ Ja ☐ Nein   3 Nayla ☐ Ja ☐ Nein
2 Hanna ☐ Ja ☐ Nein   4 Nikolaos ☐ Ja ☐ Nein

## Leserbriefe

**1** Ich liebe es, bei meinem Bäcker einen Kaffee für meine Zugfahrt zur Arbeit zu holen. Ich weiß, dass die Einwegbecher problematisch für die Umwelt sind und negative Folgen wie z. B. verschmutzte Fußgängerzonen haben. Ich denke aber, dass die Städte mehr Mülleimer aufstellen und diese auch öfter leeren sollten. Wieso Einwegbecher verbieten, wenn so viele Lebensmittel in Plastik eingepackt werden?
*Olaf, 55, Reutlingen*

**2** Wer entscheidet eigentlich, wie wir unseren Kaffee trinken dürfen? Ich persönlich benutze unterwegs zwar einen Mehrwegbecher, aber mich stört es nicht, wenn andere ihren Coffee to go aus einem Einwegbecher trinken. Der Staat sollte nicht alles verbieten. Ich finde es wichtiger, die Menschen über die Probleme, die Einwegbecher verursachen, zu informieren. Dann würden sehr viele freiwillig ihren Kaffee unterwegs aus einem Mehrwegbecher trinken.
*Hanna, 43, Essen*

**3** Statistisch gesehen benutzt jeder in Deutschland pro Jahr 70 Wegwerfbecher aus Papier oder Plastik für Limo, Bier, Kaffee oder Tee. Für den schnellen Kaffee-Genuss unterwegs müssen jährlich mehr als 26.000 Bäume gefällt werden. Das finde ich total schlimm! Und man kann die Becher auch nicht richtig recyceln. Wer klar denken kann, weiß, dass man endlich etwas dagegen tun muss. Je früher, desto besser!
*Nayla, 19, Bochum*

**4** Coffee to go – das geht doch auch umweltfreundlich! Ich trinke zwar auch gern Kaffee unterwegs, aber ich bringe meinen Kaffee einfach von zu Hause in einer Thermoskanne mit, denn auch Mehrwegbecher sind nicht gut für die Umwelt. Und wenn ich Zeit habe, gehe ich gern in ein Café und trinke den Kaffee dort aus einer richtigen Tasse. Einwegbecher verursachen viel Müll und verschwenden Ressourcen. Ganz klar – sie müssen weg!
*Nikolaos, 24, Passau*

b) Sollten Einwegbecher verboten werden? Schreiben Sie Ihre Meinung zum Thema.

**7** Informationen verbinden

a) Selbsttest. Was passt zusammen? Verbinden Sie und markieren Sie wie im Beispiel.

1 Marina mag **sowohl** Tee           a desto schlechter schlafe ich.
2 Aber sie mag weder Bier             b **als auch** Kaffee.
3 Kilian trinkt mittags entweder einen Espresso   c noch Wein.
4 Viele trinken Kaffee nicht nur zu Hause,        d aber das ist nicht einfach.
5 Yanara versucht zwar weniger Kaffee zu trinken, e oder einen Cappuccino.
6 Je mehr Kaffee ich nachmittags trinke,          f sondern auch unterwegs.

🔊 4.06 b) Hören Sie und kontrollieren Sie in a).

c) Ordnen Sie die Aussagen 1–6 aus a) den Bedeutungen zu. Die Markierungen in a) helfen.

○ A + B - beides, das zweite wird betont
○ A oder B - das eine oder das andere
○ A + B - das eine und das andere
○ nicht A und nicht B - beides nicht
(5) positives/negatives Argument oder negatives/positives Argument – es gibt ein Gegenargument
○ beides wird mehr oder weniger – zwei Sachen werden verglichen + Komparativ

## ÜBUNGEN

**8** **Die neuen Trends beim Kaffeekonsum.** Hören Sie die Radiosendung aus Aufgabe 2a) auf S. 163 noch einmal und ergänzen Sie die Zusammenfassung.

1 In der Radiosendung ging es um _____
2 Die österreichischen Kaffeehersteller veröffentlichten einen Bericht über _____
3 Beim Kaffeekonsum hat sich in den letzten Jahren _____
4 Früher sollte der Kaffee vor allem _____
5 Viele Menschen in Österreich wollen jetzt _____
6 Fairtrade-Kaffee und Qualität liegen heuer _____
7 Immer mehr Österreicher*innen wollen _____
8 So hat sich z. B. der Cold brew zum _____

**9** **Frisch gekochter Kaffee**

a) Schreiben Sie die Sätze mit Partizip II-Formen wie im Beispiel.

1 Der Kaffee, der frisch gekocht wurde, ist lecker.
2 Die Becher, die weggeworfen wurden, verschmutzen die Straßen.
3 Die Kaffeemaschine, die repariert wurde, wurde gestern abgeholt.
4 Das Café, das renoviert wurde, ist jetzt noch beliebter.

*Der frisch gekochte Kaffee ist lecker.*

b) Ergänzen Sie passende Partizip-II-Formen wie im Beispiel. Achten Sie auf die Endungen.

aufräumen • kaufen • unterschreiben • öffnen • ~~auftreten~~ • vergessen • weiterleiten • korrigieren

1 Glaubst du, dass ein _____ Büro die Zufriedenheit verbessert? – Auf jeden Fall!
2 Mein neu _____ Bürostuhl ist sehr bequem.
3 Hast du mir den _____ Bericht schon gemailt? – Nein, noch nicht.
4 Hast du die _____ E Mails bekommen? – Ja. Danke.
5 Das Computerprogramm kann sich die zuletzt _____ Ordner merken.
6 Sie konnte die *aufgetretenen* Fehler im Programm schnell finden.
7 Zum Glück konnte er seine _____ Passwörter schnell ändern.

c) Was passt zusammen? Es gibt mehrere Möglichkeiten.

*ein gut ausgebildeter Mitarbeiter*

beantwortet • gut geschrieben • verkauft • gelöst • abgeschlossen • veröffentlicht • abgelehnt • bestellt • gut ausgebildet • verschickt

ein Mitarbeiter • ein Roman • ein Haus • ein Problem • eine Studie • eine Bewerberin • ein Projekt • Fragen • eine Einladung • ein Essen

**10** **Flüssig sprechen.** Hören Sie und sprechen Sie nach. Achten Sie auf *g* und *k*.

4.07

1 frisch gebrühtem Kaffee – den Duft von frisch gebrühtem Kaffee – Morgens liebe ich den Duft von frisch gebrühtem Kaffee.
2 in Bio-Qualität trinken – fair gehandelten Kaffee in Bio-Qualität trinken – Unsere Gäste wollen fair gehandelten Kaffee in Bio-Qualität trinken.
3 nach Deutschland transportiert – auf Schiffen nach Deutschland transportiert – Die geernteten Kaffeebohnen werden auf Schiffen nach Deutschland transportiert.

WIR LIEBEN KAFFEE!

## 11 Fünf Jahre Café Musil

a) Verbinden Sie die Nomen und Verben. Vergleichen Sie mit dem Zeitungsartikel auf S. 164.

1 ein Café     a genießen
2 Freunde     b eröffnen
3 einen Kaffee     c kontrollieren
4 sich einen Traum     d erfüllen
5 einen Job     e feiern
6 Impfpässe     f unterstützen
7 ein Jubiläum     g kündigen
8 einen Plan     h treffen

Steffi Mayr, Unternehmerin

b) Lesen Sie das Interview mit Steffi Mayr. Ergänzen Sie die Verben aus a).

Schober   Sie _feiern_¹ im Café Musil am Samstag Ihr fünfjähriges Jubiläum. Weshalb wollten Sie ein Café _____²? Sie waren doch eine erfolgreiche Managerin.

Mayr   Mein Job hat mir nicht mehr so viel Spaß gemacht. Ich wollte mich schon länger selbstständig machen. Da meine Eltern und Freunde mich bei diesem Plan finanziell _____³, konnte ich meinen Traum von einem eigenen Café _____⁴.

Schober   Wann haben Sie Ihren Job als Managerin _____⁵?

Mayr   Vor sechs Jahren.

Schober   Wie haben Sie die Pandemie erlebt?

Mayr   Das war sehr anstrengend. Es kamen weniger Gäste und wir mussten alle Impfpässe _____⁶. Und persönlich war es auch nicht einfach, denn in der Zeit habe ich kaum Freunde _____⁷.

4.08
c) Der Kaffee-Podcast. Hören Sie das Interview mit Steffi Mayr und markieren Sie die richtigen Aussagen.

1 Der 1. Oktober ist seit 2006 ein Feiertag.
2 Im Café Musil trinkt sie gern Cappuccino oder Espresso.
3 Beim Cappuccino muss die Milch sehr heiß sein.
4 In Japan hat sie in einer trendigen Kaffeebar einen tollen Filterkaffee getrunken.
5 Man muss seinen Gästen nur guten Kaffee anbieten, dann macht man auch Gewinn.
6 Sie hat viele gute Mitarbeiter*innen.

d) Korrigieren Sie die falschen Aussagen in c).    _1 Steffi Mayr trinkt ..._

## 12 Wie magst du deinen Kaffee?

2.08
a) Videokaraoke. Sehen Sie sich das Video an und antworten Sie.

b) Sehen Sie sich das Video noch einmal an und beantworten Sie die Fragen.

1 Warum kocht Adrian Kaffee?
2 Wohin hätte er den Besuch gern geschickt?
3 Wann hat er als Barista gearbeitet?
4 Womit macht er den Cappuccino?
5 Warum bekommt Franziska einen Coffee to go?

## ÜBUNGEN

**13** Kaffee und Kuchen

a) Ergänzen Sie die Relativpronomen.

1 Das Café, in _____ ich oft Kaiserschmarren bestellt habe, wird renoviert.

2 Die Kollegen, mit _____ ich oft Pause mache, sind heute auf Dienstreise.

3 Ich liebe den Apfelstrudel, _____ sie hier nach Wiener Rezept backen.

4 Der Barista, _____ so einen tollen Cappuccino zubereitet, ist heute leider krank.

5 Die Kaffeespezialitäten, _____ hier angeboten werden, sind total lecker.

6 Unsere Diskussion, an _____ auch Prof. Krumm teilnimmt, findet am Mittwoch statt.

b) Verbinden Sie die Sätze mit einem Relativpronomen im Genitiv. Achten Sie auf die Kommas.

1 Das Unternehmen Julius Meinl ist sehr erfolgreich. Seine Geschichte begann vor 150 Jahren.
2 Die French Press wurde um 1850 erfunden. Ihr Erfinder war ein Franzose.
3 Melitta Bentz war eine Hausfrau in Dresden. Ihre Kaffeefilter veränderten das Kaffeetrinken.
4 Das ist das Café Musil. Seine Besitzerin war früher Managerin.
5 Jean Noël hat Kaffeebauern in Brasilien besucht. Sein Blog wird von vielen gelesen.
6 Die Baristas haben eine neue Kaffeebar gegründet. Ihre Gäste lieben sie wegen ihrer Kreativität.

*1 Das Unternehmen Julius Meinl, dessen …*

**14** Trotzdem gründete sie ein Café

a) Verbinden Sie die Sätze mit *trotzdem*.

*1 Es war kalt und hat geregnet, trotzdem …*

1 Es war kalt und hat geregnet. Viele Menschen sind zur Jubiläumsfeier gekommen.
2 Sie hatte einen gut bezahlten Job. Sie hat sich selbstständig gemacht.
3 Das Café liegt nicht zentral. Es kommen immer viele Gäste.
4 Der Wein ist nicht billig. Er wird gern und oft bestellt.

b) Ergänzen Sie *trotzdem* oder *obwohl*.

1 Zu Hause trinken wir Fairtrade-Kaffee, _____ er etwas teurer ist.

2 Eigentlich schmeckt mir Espresso nicht, _____ mache ich mir oft einen in der Pause.

3 Ich finde Einwegbecher nicht so gut, _____ hole ich mir oft einen Coffee to go.

4 Wir haben lange Pause gemacht, _____ wir viel zu tun haben.

**15** Ein cooler Laden. Beschreiben Sie. Die Redemittel helfen.

**Ort**
… befindet sich / ist im Zentrum / am Stadtrand / …
… liegt (sehr/nicht so) günstig/zentral / in der Nähe von … / bei …

**Spezialitäten/Angebot**
Dort gibt es … / kann man (günstig) … kaufen/bestellen/essen/…
… ist bekannt für …
Die Gäste/Kund*innen lieben/genießen (gern/häufig) …

**Atmosphäre**
Das Café / Der Laden ist (sehr) gemütlich/entspannt/ruhig/laut/…
Die Möbel sind modern/altmodisch/bequem/…
Das Personal ist / Die Mitarbeiter*innen sind freundlich/nett/…

# WIR LIEBEN KAFFEE! 10

## Fit für Einheit 11?

### 1 Mit Sprache handeln

**über Kaffee und Cafés sprechen**

Ich trinke jeden Tag / mehrmals in der Woche / nie / … Kaffee.
Am liebsten/häufigsten trinke ich Filterkaffee/Espresso/Cappuccino/…
Eine Tasse Kaffee am Morgen ist für mich ein absolutes Muss!
Ohne Kaffee geht bei mir gar nichts / werde ich morgens nicht wach.
Der Duft von Kaffee hebt meine Laune.
Ich trinke meinen Kaffee (fast immer) mit (Hafer-)Milch / schwarz / ohne Zucker / …

**über Nachhaltigkeit diskutieren**

Beim Kaffeekauf achte ich auf fair gehandelten Kaffee, weil Fairtrade-Kaffee gerechter ist.
Wenn man Fairtrade-Kaffee trinkt, unterstützt man die Kaffeebauern.
Ich vermeide Kaffeekapseln.                                   Wozu soll das denn gut sein?
Unterwegs verwende ich Mehrwegbecher.          Mehrwegbecher? Davon halte ich gar nichts / viel!

**ein Café, ein Restaurant, einen Club beschreiben**

… befindet sich / ist im Zentrum / am Stadtrand / … von …
… liegt (sehr/nicht so) günstig/zentral / in der Nähe von … / bei …
Dort gibt es … / kann man (günstig) … kaufen/bestellen/essen/…
Die Gäste/Kund*innen lieben/genießen …
Das Café / Der Laden ist (sehr) gemütlich/entspannt/ruhig/trendig/…
Das Personal ist / Die Mitarbeiter*innen sind freundlich/nett/…

### 2 Wörter, Wendungen und Strukturen

**Kaffee**

löslichen Kaffee / Filterkaffee trinken, den Kaffee in der French Press mit heißem Wasser aufgießen, gemahlenen Kaffee kaufen, Kaffeespezialitäten zubereiten

**Partizip II als Adjektiv**

Morgens trinke ich zwei Tassen frisch gebrühten Kaffee.
Es kommen viele Gäste in das neu eröffnete Café am Marktplatz.
Am Sonntag gibt es selbst gebackenen Kuchen.
Für die Stelle braucht man eine abgeschlossene Berufsausbildung.

**Relativsätze im Genitiv**

Die Autorin, deren Kriminalromane sehr erfolgreich sind, lebt heute in Wien.
Der Kaffehaus-Besitzer, dessen Enkel heute das Café führen, starb 2011.
Die beiden Baristas, deren Kaffeespezialitäten sehr beliebt sind, haben ein neues Café eröffnet.

**Widersprüche und Gegensätze mit *trotzdem* ausdrücken**

Das Café ist sehr teuer. Trotzdem ist es immer voll.
Sie hat eine Erkältung. Trotzdem geht sie ins Büro.

### 3 Aussprache

*k, c, ck* und *g:* Ich genieße meinen Kaffee gerne in einem gemütlichen Café. Kalt gebrühter Kaffee hat mir schon immer gut geschmeckt.

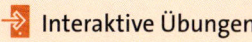 Interaktive Übungen

EINFACH GENIAL!

## Zufallserfindungen

# Das ging schief – zum Glück!

Leonardo da Vinci, Melitta Bentz, Grace Hopper oder Otto Diesel? Über die Frage, wer die größten Erfinder und Erfinderinnen aller Zeiten sind, kann man sich streiten. Ganz sicher gibt es zahlreiche überzeugende Argumente und Antworten. Aber eine Antwort ist wahrscheinlich nicht dabei: der Zufall! Denn nicht immer haben Erfinderinnen und Erfinder viel Zeit, Mühe und Geld in ihre Erfindungen investiert. Vieles entstand einfach zufällig, während sie auf der Suche nach etwas ganz anderem waren.

Oder eine Idee ging schief oder total in die Hose, weil sie nicht so funktionierte, wie es gedacht war. Das Besondere an diesen zufälligen Erfindungen ist, dass das Ergebnis so zwar nicht geplant war. Aber es war trotzdem überzeugend, weil es lecker, im Alltag nützlich oder wichtig für die Wissenschaft war. Die vielen nützlichen Zufallserfindungen sind sicher ein Grund, unsere Einstellung zu Pleiten, Pech und Pannen zu überdenken, denn sie können die Welt verändern.

---

**1 Ideen und Erfindungen**
a) Welche Erfindungen benutzen Sie oft, manchmal oder nie? Überfliegen Sie die Collage, sammeln und berichten Sie.
b) Wer hat's erfunden? Ordnen Sie die Informationen den Erfinder*innen und ihren Erfindungen zu und berichten Sie.
c) Kunstwort *Tesa*. Lesen Sie den Eintrag noch einmal und erklären Sie es mit Ihrem Namen.
💬 *Mit meinem Namen würde es Tafo heißen.*

**2 *Das ging schief!***
a) Was haben die Erfinder*innen aus dem Magazinartikel wann erfunden? Lesen Sie bis Zeile 5. Recherchieren und berichten Sie.
b) Wen halten Sie für den größten Erfinder oder die größte Erfinderin? Begründen Sie.
c) Lesen Sie weiter. Erklären Sie, warum der Zufall ein großer Erfinder ist und warum Pleiten, Pech und Pannen die Welt verändern können.

d) Welche Erfindung aus 1b) wurde Ihrer Meinung nach eher zufällig gemacht? Begründen Sie.
💬 *Die Currywurst war doch reiner Zufall! Frau Heuwer hat bestimmt ...*

**3 *Das ging schief* und *das ging in die Hose***
a) Erklären Sie die Wendungen und vergleichen Sie mit Ihren Sprachen.
b) Was ging bei Ihnen schon einmal schief / total in die Hose? Berichten Sie.

**4 Erfindungen aus aller Welt**
a) Recherchieren und berichten Sie. Die Redemittel helfen.
b) Welche Erfindungen beeinflussen Ihr Leben sehr? Sammeln Sie.
c) Auf welche Erfindung könnten Sie am ehesten / (gar) nicht verzichten? Machen Sie Vorschläge, diskutieren Sie und einigen Sie sich auf eine Top-3-Liste.
💬 *Ich kann mir ein Leben ohne ... nicht vorstellen. Aber auf ... kann ich gut verzichten.*

# Lifehacks

## 1 So einfach ist das?

a) Hammer, Bohrmaschine oder Säge? Wie öffnet man eine Kokosnuss am besten? Vergleichen Sie Ihre Lösungen.

b) Lesen Sie die Lösung und kommentieren Sie.

*Da wäre ich nie draufgekommen!*

*Was, so einfach soll das sein?*

*Einfach genial!*

c) Lifehack. Lesen Sie die Definition. Erfüllt die Lösung in b) die Kriterien? Vergleichen Sie.

**Lifehack** (m.), -s, -s [engl. life = Leben; hack = Trick]: eine den Alltag erleichternde kreative Lösung für ein Problem. Die Lösung soll einfach und mit wenigen Mitteln anwendbar sein. Lifehacks findet man oft als Videoclips im Internet.

*Klasse! Man braucht keine ...!*

*Ja, die Lösung erleichtert den Alltag ...*

## 2 Lifehacks mit ...

a) Um welche Probleme geht es? Sehen Sie sich die Fotos an und formulieren Sie Vermutungen.

b) Zwei Probleme – zwei überzeugende Lösungen? Sammeln Sie im Video. Berichten und kommentieren Sie.

*Quietschende Türen sind ...*

*Ich finde die Lösung überzeugend, weil ...*

*Das überzeugt mich noch nicht. Das muss ich ...*

c) Im Auto, beim Kochen ... Welche Hacks kennen Sie, welche nutzen Sie? Berichten Sie.

## 3 *Ihr braucht nicht/nur ...*

a) Lesen Sie die Aussagen und kreuzen Sie das richtige Modalverb an.

1 Ihr braucht nach dem Duschen keinen Spiegel mehr zu putzen.

Ihr ◯ könnt ◯ dürft ◯ müsst ◯ wollt nach dem Duschen keinen Spiegel mehr putzen.

2 Ihr braucht nur den Rasierschaum auf die quietschenden Scharniere zu sprühen.

Ihr ◯ könnt ◯ dürft ◯ müsst ◯ wollt nur den Rasierschaum auf die quietschenden Scharniere sprühen.

3 Ihr braucht eine Kokosnuss nicht mit einem Hammer oder einer Säge zu öffnen.

Ihr ◯ könnt ◯ dürft ◯ müsst ◯ wollt eine Kokosnuss nicht mit einem Hammer oder einer Säge öffnen.

4 Ihr braucht die Kokosnuss nur ins Eisfach zu legen.

Ihr ◯ könnt ◯ dürft ◯ müsst ◯ wollt sie nur ins Eisfach legen.

b) Lesen Sie Ihre Lösungen in a) laut und vergleichen Sie.

EINFACH GENIAL!

c) Ergänzen Sie die Minidialoge wie im Beispiel. Lesen Sie sie dann mit Ihrem Partner / Ihrer Partnerin.

💬 Jetzt wäre ein Kaffee super!
💬 Du brauchst nur ins Café zu gehen. Ich komme gerne mit.

d) Formulieren Sie die Sätze in c) mit *müssen*.

## 4 Den Alltag erleichternde Lösungen

a) Sammeln Sie sechs Partizip I-Formen auf S. 174–176 und in den Texten in der App. Schreiben Sie wie im Beispiel, vergleichen Sie und ergänzen Sie die Regel.

den Alltag erleichternde Lösungen: *Lösungen, die den Alltag erleichtern*

**Regel:** Partizip I = Verb im Infinitiv + _____ . Das Partizip I kann wie ein Adjektiv vor einem Nomen verwendet werden.

b) Hören Sie und sprechen Sie nach. Achten Sie auf *-end-*.

1 hängend – an Hosen hängend – an Hosen hängende Kletten
2 leuchtend – hell leuchtend – ein hell leuchtendes Papier
3 quietschend – laut quietschend – eine laut quietschende Tür
4 einfrierend – im Eisfach einfrierend – im Eisfach einfrierendes Wasser
5 überzeugend – wirklich überzeugend – drei wirklich überzeugende Argumente

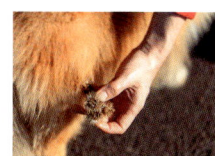
die Kletten

c) Partizip I. Welche Definition passt? Analysieren Sie und kreuzen Sie an. Das Beispiel hilft.

*So ein tropfender Wasserhahn nervt total!*

○ Es beschreibt etwas, das genau in diesem Moment passiert oder Handlungen, die gleichzeitig stattfinden.
○ Es beschreibt etwas, das man plant oder Handlungen, die in einer Reihenfolge stattfinden.

d) Muttis Spaghetti-Hacks. Lesen Sie laut. Ihr Partner / Ihre Partnerin bestätigt wie im Beispiel.

Geben Sie die Spaghetti immer in kochendes Wasser.
Richtig! Geben Sie die Spaghetti immer in Wasser, das kocht!

## 5 Mein Lifehack

a) Analysieren Sie einen Hack aus 2b). Das Manuskript auf S. 269 und die Textgrafik helfen.

b) Recherchieren Sie einen Lifehack und beschreiben Sie ihn wie in a).

c) Drehen Sie ein Video zu Ihrem Lifehack oder nehmen Sie einen Podcast auf. ODER Beschreiben Sie in einer Mail an einen Freund / eine Freundin ein Alltagsproblem und was er/sie nur zu tun braucht, um es zu lösen.

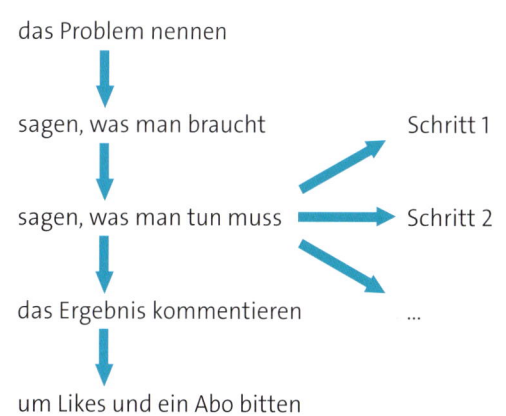

## 1 Präsentationen

In der Schule, im Beruf, auf dem Markt, auf einer Messe oder Ausstellung. Haben Sie schon einmal präsentiert oder an einer Präsentation teilgenommen? Um welches Thema ging es? Berichten Sie. Die Fotos helfen.

*Auf dem Markt werden ... angeboten.*

*Im Beruf geht es in Präsentationen oft um ...*

*Stimmt, und man kann Fragen zu ... stellen.*

*In einer Kunstausstellung hat eine Malerin ihre Bilder ...*

## 2 Präsentationen sind ...

a) Sehen Sie sich die Karikatur an und denken Sie an die schlechteste Präsentation, die Sie gesehen haben. Warum war sie nicht so gut? Was ging schief? Berichten Sie.

*Die Präsentation hatte kein klares Ziel.*

*Der Referent hat nur Folien ...*

*Die Referentin hat zu leise ...*

*15 Folien in zwei Minuten – das war viel zu viel!*

b) So geht es besser! Lesen Sie die Tipps. Wählen Sie die drei Ihrer Meinung nach wichtigsten Tipps aus und vergleichen Sie.

---

**Business aktuell**

### Erfolgreich präsentieren – Tipps für Ihre Präsentation

**Mit etwas Vorbereitung und unseren Tipps ist Ihre nächste Präsentation absolut überzeugend!**

1. ○ Sehen Sie die Zuhörer*innen direkt an und lächeln Sie.
2. ○ Ihre Präsentation muss gut aufgebaut sein.
3. ○ Der erste Satz ist besonders wichtig. Er muss Interesse wecken.
4. ○ Die Präsentation darf nicht zu lang sein.
5. ○ Nennen Sie nicht mehr als drei Vorteile Ihres Produkts / Ihrer Idee. Die können sich die Zuhörer*innen gut merken.
6. ○ Notieren Sie auf Karten, was Sie sagen möchten. Stichpunkte reichen!
7. ○ Sprechen Sie frei, lesen Sie nicht vor. Üben Sie die Präsentation.

---

c) Ergänzen Sie eigene Tipps in b). Ihre Kommentare aus a) helfen.

EINFACH GENIAL!

## 3  Ein Produkt präsentieren

a) Hören Sie die Produktpräsentation. Notieren Sie das Produkt und seine Eigenschaften. Berichten Sie.

b) Typisch Präsentationen. Hören Sie noch einmal und markieren Sie die Redemittel, die der Referent nutzt.

c) Nennen Sie Tipps aus 2b) und c), die der Referent beachtet.

## 4  „Das Eis brechen" – Kontakt herstellen

a) Witze, Erlebnisse … Welchen Eisbrecher nutzt der Referent in der Präsentation in 3a)? Berichten Sie.

b) Welche Funktionen haben Eisbrecher? Kreuzen Sie an und vergleichen Sie.

> Eisbrecher sollen die Zuhörer*innen in einer Präsentation
>
> 1 ◯ zum Lachen bringen. Lachen entspannt und schafft eine gute Atmosphäre.
> 2 ◯ über den Aufbau der Präsentation informieren, denn Fakten sind wichtig.
> 3 ◯ auf Themen oder Probleme, die die Präsentation anspricht, aufmerksam machen.
> 4 ◯ über Kosten informieren, damit sie entscheiden, ob sie das Produkt kaufen.
> 5 ◯ motivieren, über eigene Erfahrungen mit dem Thema/Produkt / der Idee nachzudenken.

## 5  *Ich habe noch eine Frage …*

a) Stellt man in Ihrem Land Fragen zu einer Präsentation? Warum (nicht)? Diskutieren Sie in einer gemeinsamen Sprache. Vergleichen Sie die Gründe und berichten Sie auf Deutsch.

*Auf keinen Fall, weil man …!*

*Wer Fragen stellt, zeigt Interesse. Das ist doch …*

b) Welche Fragen zum Produkt haben die Zuhörer*innen? Hören Sie Teil 2 der Präsentation aus Aufgabe 3a) und markieren Sie die Antworten in der Produktbeschreibung.

c) Welche Frage(n) der Zuhörer*innen beantwortet der Referent nicht? Vergleichen Sie.

d) Formulieren Sie auch Fragen an den Referenten. Die Satzanfänge helfen.

e) Beantworten Sie Ihre Fragen mit Informationen aus b).

## 6  Eine Produktpräsentation vorbereiten

a) Wählen Sie ein Produkt. Notieren Sie wichtige Eigenschaften und Vorteile.

das T-Shirt    der Föhn    die Wärmflasche    die Chili-Schokolade

b) Planen Sie Ihre Präsentation mit einem Produkt aus a) oder einem Produkt Ihrer Wahl. Machen Sie Notizen. Die Tipps in 2b) und 4b) helfen.

c) Präsentieren Sie Ihr Produkt. Ihr Partner / Ihre Partnerin stellt Fragen. Tauschen Sie dann die Rollen.

## ÜBUNGEN

**1** Einfach genial!

a) Vergleichen Sie mit S. 175 und ergänzen Sie die Erfindungen.

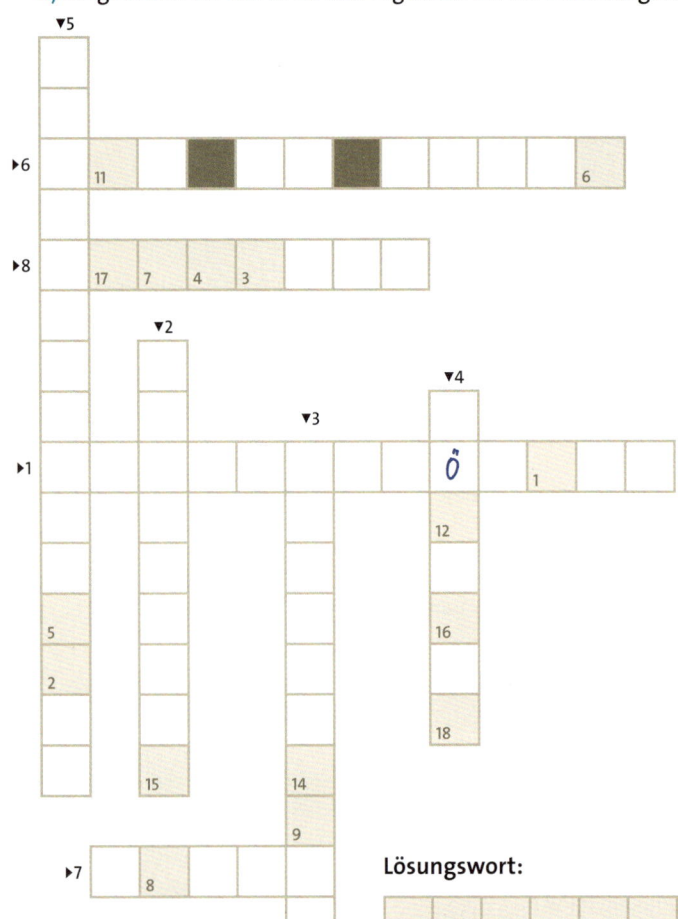

1 Die ... benutzt man zum Anzünden von Kerzen.
2 Das ... nennt man auch „weißes Gold".
3 Die ... wird mit einer besonderen Soße serviert.
4 Mit ... kann man Bilder vom Körper machen.
5 Die Idee für den ... ist bei einem Spaziergang mit einem Hund entstanden.
6 Das ... wurde von einem Kind erfunden.
7 Die ... war früher Arbeitskleidung für Goldsucher.
8 Der ... wurde von der Firma Beiersdorf erfunden.

Lösungswort:

b) Ordnen Sie die Berufe zu. Manchmal gibt es mehrere Möglichkeiten.

1 In diesem Beruf arbeitet man in einem Labor.   e,
2 Sie/Er verkauft Medikamente.
3 In diesem Beruf muss man die Kund*innen gut beraten.
4 Sie/Er bereitet Snacks und kleine Gerichte zu.
5 Sie/Er arbeitet mit einer Nähmaschine.
6 In diesem Beruf entwickelt man neue Produkte.
7 Sie/Er muss viel organisieren, telefonieren und E-Mails schreiben.

a Verkäufer/in
b Schneider/in
c Imbissbesitzer/in
d Sekretär/in
e Physiker/in
f Ingenieur/in
g Apotheker/in

**2** Das ging schief! Lesen Sie den Magazinartikel auf S. 174 noch einmal und kreuzen Sie an.

1 In dem Text geht es um ...
  a Erfinderinnen und Erfinder.
  b zufällige Erfindungen.
  c Pleiten, Pech und Pannen.

2 Viele Erfindungen ...
  a wurden vor langer Zeit gemacht.
  b werden gar nicht genutzt.
  c waren so nicht geplant.

3 Pleiten, Pech und Pannen ...
  a machen nur Probleme.
  b können die Welt verändern.
  c passieren nur Erfinder*innen.

180 einhundertachtzig

# EINFACH GENIAL!

## 3 Überzeugende Argumente

**a) Was bedeuten die Aussagen? Lesen Sie den Magazinartikel auf S. 174 noch einmal und verbinden Sie.**

1 Über die Frage kann man sich streiten.
2 Man muss sehr viel Mühe investieren.
3 Vieles entsteht zufällig.
4 Die Idee ging total in die Hose.
5 Es gibt überzeugende Argumente.
6 Man muss viel Geld investieren.
7 Man muss seine Einstellung überdenken.

a Man muss sich sehr anstrengen.
b Etwas geht schief.
c Man muss seine Meinung prüfen.
d Etwas ist sehr teuer.
e Es gibt verschiedene Meinungen.
f Es gibt gute Erklärungen und Gründe.
g Das war nicht geplant.

**b) Ergänzen Sie. Die Wendungen aus a) helfen.**

Kennen Sie das? Sie haben eine Idee, aber alles _____¹. Doch ärgern Sie sich nicht! Denn vielleicht haben Sie gerade eine neue Erfindung gemacht. Wussten Sie, dass nicht alle Erfinder*innen viel Zeit, _____² und _____ _____⁴ mussten? Manche Erfindungen entstehen _____⁵, das heißt, sie sind nicht _____⁶. Pleiten, Pech und Pannen können also auch sehr nützlich sein!

## 4 Erfindungen aus D-A-CH

**a) Lesen Sie die Infotexte. Ergänzen Sie.**

der Teebeutel

die Zahnpasta

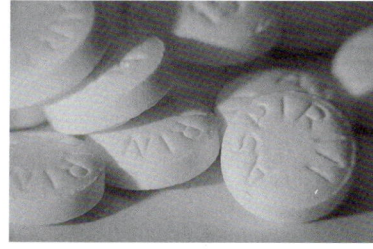
das Aspirin

1 Jeder kennt sie: Kopfschmerzen! Sie sind unangenehm und stören im Alltag, aber wir kennen auch eine Lösung: _____. 1897 erfand Felix Hoffmann die weißen Tabletten. Sie helfen Millionen Menschen und werden heute auf der ganzen Welt produziert.

2 So einfach – aber so gut! Wegen Adolf Rambolds Erfindung ist Teekochen ganz einfach. Den praktischen _____ kann man seit 1928 kaufen.

3 Am besten sollten wir uns zweimal täglich die Zähne putzen, damit sie gesund bleiben. Zum Zähneputzen brauchen wir nicht nur eine Zahnbürste, sondern auch _____. Sie wurde 1907 von dem Apotheker Ottomar von Mayenburg erfunden. Später gründete er seine eigene Firma.

**b) Wer? Was? Warum? Wann? Lesen Sie die Infotexte aus a) noch einmal und notieren Sie.**

**c) Ich-Text. Welche Erfindungen aus a) benutzen Sie *oft, manchmal* oder *nie*? Beschreiben und begründen Sie. Die Redemittel helfen.**

Ich kann mir ein Leben ohne … nicht vorstellen. • … brauche ich unbedingt. • Auf … kann ich (nicht) verzichten. • … nutze ich, wenn … • … benutze ich oft / manchmal / jeden Tag / nie. • … ist wichtig bei/für/gegen …

## ÜBUNGEN

**5** Lösungen für Alltagsprobleme

a) Nomen mit -ung. Ergänzen Sie die Verben.

1 die Erfindung – _____
2 die Übung – _____
3 die Entwicklung – _____
4 die Meinung – _____
5 die Ergänzung – _____
6 die Wohnung – _____
7 die Lösung – _____
8 die Forschung – _____

b) Komposita. Schreiben Sie und markieren Sie den Artikel wie im Beispiel.

1 die Zufallserfindung: _____
2 der Imbissbesitzer: _____
3 der Teebeutel: _____
4 der Klettverschluss: *die Klette + der Verschluss*
5 das Computerprogramm: _____
6 der Kaffeefilter: _____

**6** Frauen als Erfinderinnen

a) Lesen Sie den Magazinartikel und kreuzen Sie die richtigen Aussagen an.

1 ◯ Melitta Bentz wollte besseren Kaffee kochen.
2 ◯ Der Kaffeefilter war eine Zufallserfindung.
3 ◯ Aus ihrer Erfindung wurde ein großes Unternehmen.
4 ◯ Grace Hopper war Professorin an der *Yale University*.
5 ◯ Sie verbesserte die Sprache von Computerprogrammen.
6 ◯ *Bug* ist der Name des Computers, den Hopper erfand.

### Zwei Erfinderinnen, die die Welt veränderten

Wer heute einen Kaffee trinken möchte, drückt auf einen Knopf an seiner Kaffeemaschine und 30 Sekunden später ist ein frischer, lecker riechender Kaffee fertig. Früher wurde der Kaffee in der Tasse gebrüht, sodass man den Kaffeesatz nicht nur in der Tasse, sondern beim Trinken manchmal auch im Mund hatte. Das wollte Melitta Bentz ändern. Mit einem Hammer und einem Nagel schlug sie Löcher in einen Topf und legte ein Stück Papier hinein. So erfand sie den Kaffeefilter. 1908 gründete sie mit ihrem Mann das Familienunternehmen Melitta, das heute weltweit bekannt ist.

Auch Grace Hopper, die 1906 in New York geboren wurde, war eine große Erfinderin. Sie studierte an der Yale University Mathematik und Physik und arbeitete später mit Computern. In den 1940er Jahren hatte sie die Idee, eine einfache Computersprache zu entwickeln. Wie bei vielen anderen Erfindungen spielte der Zufall auch in diesem Fall eine wichtige Rolle: Als es ein Problem mit dem Computer gab, war nicht das Programm verantwortlich, sondern ein Insekt, das im Computer saß. Deshalb wird das englische Wort *bug* auch heute noch für Fehler in Computerprogrammen benutzt.

b) Korrigieren Sie die falschen Aussagen aus a).

*2 Melitta Bentz ...*

EINFACH GENIAL!

# 11

## 7 Gut gegen Hitze!

a) Bringen Sie die Bilder zu dem Lifehack gegen Hitze in die richtige Reihenfolge.

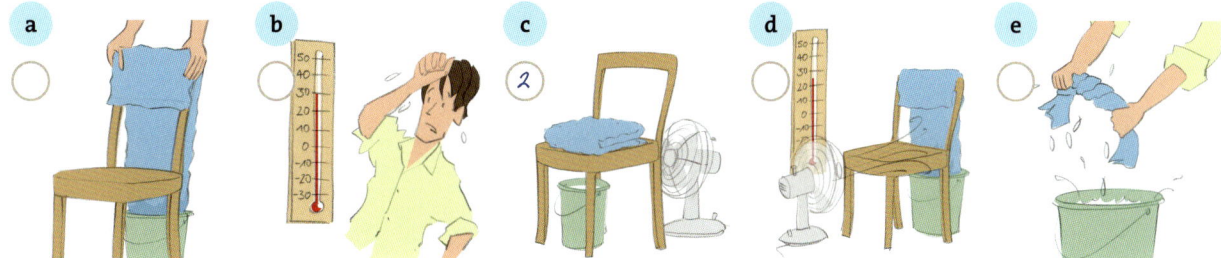

b) Beschreiben Sie den Lifehack. Die Redemittel helfen.

| | |
|---|---|
| das Problem nennen: | zu heiß zum Lernen, Schlafen, … – der Lifehack hilft |
| sagen, was man braucht: | ein Handtuch, einen Eimer mit Wasser, einen Stuhl, einen Ventilator |
| sagen, was man tun muss: | zuerst Handtuch in Wasser legen, dann nasses Handtuch über Stuhl hängen, zum Schluss Ventilator vor Stuhl stellen und einschalten |
| das Ergebnis kommentieren: | angenehmere Temperatur, besserer Schlaf, … |

*Das Problem: Es ist zu heiß zum Lernen! Dieser Lifehack …*

## 8 Matzes Lifehacks

🔊 4.12 a) Was ist das Problem? Was braucht man? Was muss man tun? Hören Sie die Radiosendung und notieren Sie.

Lifehack Nr. 1

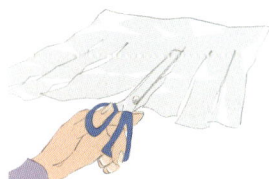

Lifehack Nr. 2

Lifehack Nr. 3

b) Welchen Lifehack würden Sie gern/nicht ausprobieren? Begründen Sie.

*Ich würde Lifehack Nr. … ausprobieren, weil …*

## ÜBUNGEN

**9** *Du musst nicht ... Du brauchst nur ... zu ...* Lesen Sie die Minidialoge. Markieren Sie *müssen* oder *nicht müssen* und formulieren Sie die Sätze wie im Beispiel.

1 Wie viel kostet ein Ticket nach Hamburg?

Du musst nur ins Internet gucken. → *Du brauchst nur ins Internet zu gucken* .

2 Mist, mein Kühlschrank ist leer. Wir wollen doch kochen!

Wir müssen nur in den Supermarkt gehen. → _____.

3 Mia und Alex, kommt ihr am Samstag vorbei?

Ja, gerne, aber ihr müsst nicht für uns kochen. → _____.

4 Ich muss noch im Kino anrufen und Karten für heute Abend reservieren!

Nein, du musst nicht anrufen. Ich mache das. → _____.

5 Wie macht man eigentlich Kaiserschmarren?

Das ist ganz einfach. Du musst nur im Kochbuch nachsehen. → _____.

**10** Eigenschaften beschreiben

a) Ergänzen Sie das Partizip I wie im Beispiel.

| 1 | lächeln    | – | *lächelnd* | – | der *lächelnde* ____ Polizist |
| 2 | quietschen | – | _____ | – | die _____ Tür            |
| 3 | hupen      | – | _____ | – | das _____ Auto           |
| 4 | bellen     | – | _____ | – | die _____ Hunde          |

hupen

b) Hören Sie und sprechen Sie nach. Achten Sie auf *-end-*.
4.13

c) Formulieren Sie die Sätze mit Partizip I.

1 Der Nachbar, der laut singt, nervt total.
2 Bei uns finden Sie immer Geschenke, die passen!
3 Auf dem Spielplatz sind viele Kinder, die lachen.
4 Der Mann, der telefoniert, achtet nicht auf den Verkehr.
5 Das sind Argumente, die überzeugen!

*1 Der laut singende Nachbar nervt total.*

d) Alltagsprobleme. Ergänzen Sie das Partizip I. Achten Sie auf die Adjektivendungen.

1 Der Wasserhahn tropft. Das ist ein _____ Wasserhahn. Ich finde einen _____

Wasserhahn sehr nervig. Mit einem _____ Wasserhahn im Hotelzimmer kann ich nicht schlafen.

2 Das Kind weint. Ein _____ Kind steht allein vor dem Supermarkt. Haben Sie hier irgendwo ein

_____ Kind gesehen? Mit einem _____ Kind einzukaufen, macht keinen Spaß.

3 Meine Katze miaut. Meine _____ Katze möchte Futter. Ich streichele meine _____

Katze, damit sie ruhig ist. Ich werde jeden Morgen von meiner _____ Katze geweckt.

4 Die Vögel singen. _____ Vögel gehören für mich zum Frühling einfach dazu. Ich finde

_____ Vögel am Morgen schön. Mit _____ Vögeln starte ich gerne in den Tag.

# EINFACH GENIAL! 11

**11** Übung macht den Meister!

a) Lesen Sie den Magazinartikel. Markieren Sie Tipps für Präsentationen.

### Business aktuell

**Präsentieren leicht gemacht**

Ob am Arbeitsplatz, in der Schule oder in der Uni – oft müssen Sie Ihre Ideen oder Produkte vorstellen. Es ist wichtig, wie Sie das tun. Wenn die Präsentation langweilig ist oder Sie zu aufgeregt sind, ist das nicht nur für Sie
5 unangenehm. Deshalb haben wir ein paar Tipps für erfolgreiche Präsentationen gesammelt.

Keine Angst vor Präsentationen!

Gute Vorbereitung ist alles! Denn, wer gut vorbereitet ist, fühlt sich sicherer und kann entspannter sprechen. Starten Sie Ihre Präsentation mit einem Eisbrecher, zum Beispiel mit einem interessanten Bild oder einem passenden Zitat. So wecken Sie das Interesse Ihrer Zuhörerinnen und Zuhörer. Vergessen Sie
10 nicht, die Leute immer direkt anzusehen. So erkennen Sie, ob sie alles verstehen. Und wenn doch mal jemand eine Frage hat? Überlegen Sie sich, ob Sie die Fragen sofort oder am Ende beantworten möchten. Der wichtigste Tipp zum Schluss: Übung macht den Meister! Das heißt, dass Sie mit jeder Präsentation besser werden – probieren Sie es aus!

b) Sagen Sie es anders! Verbinden Sie.

1 sich gut vorbereiten
2 mit einem Eisbrecher starten
3 die Leute direkt ansehen
4 Übung macht den Meister!

a frei sprechen und nicht vorlesen
b Stichpunkte auf Karten notieren
c die Präsentation vorher trainieren
d einen interessanten ersten Satz aussuchen

**12** Emmas Präsentation

2.10

a) Videokaraoke. Sehen Sie sich das Video an und antworten Sie.

b) Sehen Sie sich das Video noch einmal an. Welche Tipps geben Sie Emma? Ergänzen Sie.

1 Emma hat Angst, vor vielen Menschen zu sprechen. Sie raten ihr:

   *Schreib*

2 Sie weiß nicht, wie sie die Präsentation beginnen soll. Ihr Tipp:

3 Emma weiß nicht, was sie machen soll, wenn jemand eine Frage hat. Es gibt zwei Möglichkeiten:

**13**
4.14

Fragen erlaubt! Hören Sie die Präsentation und fragen Sie nach. Die Redemittel helfen.

Mich interessiert, ob/wie/warum … • Ich möchte gerne wissen, … • Darf ich Sie fragen, … •
Könnten Sie bitte noch etwas zu den Vorteilen / zum Preis / zur … sagen? • Ich habe noch nicht verstanden, … •
Würden Sie bitte (noch einmal) erklären, …

*Vielen Dank, das war spannend. Ich möchte gerne wissen, wo ich …*

## ÜBUNGEN

**14** Heute stelle ich Ihnen ... vor

**a)** Sehen Sie sich das Produktblatt des Tablets an. Lesen Sie und markieren Sie wichtige Informationen für eine Präsentation.

### Tablet TabMax 10

Online surfen, recherchieren, spielen, Musik hören, fotografieren, scannen, Videos bearbeiten, ...
Mit diesem Tablet kein Problem!

**Technische Daten:**
– 10 Zoll Display
– 128 GB Speicher
– WLAN und Bluetooth
– bis zu 20 Stunden Akku + 3 m Ladekabel
– SIM-Karte möglich
– Farben: schwarz, grau, weiß
– Garantie: 2 Jahre inkl. Reparaturservice
– Preis: 199 €
– Bestellung ab sofort, Lieferung in 2–3 Wochen

**b)** Notieren Sie Stichpunkte für jeden Teil der Präsentation auf Kärtchen. Die Redemittel helfen.

**1 Einleitung**
Ich freue mich sehr, dass Sie zu meiner Präsentation gekommen sind. Heute zeige ich Ihnen ...
*Eisbrecher:* Kennen Sie das auch ...? /
Wünschen Sie sich auch (manchmal) ...?

**2 Hauptteil**
... macht/hilft bei ...
... ist praktisch/nützlich/elegant ...
Ich komme jetzt zu den Vorteilen / zum wichtigsten Punkt.
Der größte Vorteil ist ... / Am wichtigsten ist ...
Viele Kund*innen sagen, dass ... / Mir gefällt besonders, dass ...

**3 Schluss**
Gerne können Sie ... (aus)probieren.
Sie können sich ... bei uns am Stand (in Ruhe) ansehen.
Bestellbar/Lieferbar ist ... ab ...
Ich hoffe, ich habe Sie neugierig auf ... gemacht / Ihr Interesse für ... geweckt.
Vielen Dank für Ihre Aufmerksamkeit.
Jetzt freue ich mich auf Ihre Fragen.

**c)** Nach der Präsentation. Beantworten Sie die Fragen. Das Produktblatt hilft.

**Frage 1:** Wie lange hat das Tablet Garantie? – 

**Frage 2:** Wie lang ist das Ladekabel? – 

**Frage 3:** Wie schnell ist es lieferbar? –

# EINFACH GENIAL! 11

## Fit für Einheit 12?

### 1 Mit Sprache handeln

**über Erfindungen sprechen**

… hat … 1947 erfunden.
… wurde im Jahr … von … erfunden.
Ich kann mir ein Leben ohne … nicht vorstellen.
… ist wichtig bei/für/gegen …

**Lifehacks verstehen und beschreiben**

Du kannst nach dem Duschen im Spiegel nichts mehr sehen?
Kein Problem! Rasierschaum hilft.
Sprüh den Rasierschaum auf den Spiegel, warte kurz
und wisch den Spiegel mit einem Tuch ab.
Wenn euch das Video gefallen hat, gebt ihm einen Like und
abonniert den Kanal.

Was, so einfach geht das?
Genial! Da wäre ich nie draufgekommen!
Das überzeugt mich (noch nicht). / Das finde ich (nicht) überzeugend.

**Produkte präsentieren**

**1 Einleitung**
Ich freue mich sehr, dass Sie zu meiner Präsentation gekommen sind. Heute stelle ich Ihnen … vor.
Eisbrecher: Kennen Sie das auch? … / Wussten Sie schon, dass …? / Haben Sie auch (oft) Probleme mit …?

**2 Hauptteil**
… macht/hilft bei … / … ist praktisch/nützlich …
Ich komme jetzt zu den Vorteilen / zum
wichtigsten Punkt.

Der größte Vorteil / Am wichtigsten ist …
Viele Kund*innen sagen, dass …
Mir gefällt besonders, dass …

**3 Schluss**
Ich hoffe, ich habe Sie neugierig auf … gemacht. / Ihr Interesse für … geweckt.
Vielen Dank für Ihre Aufmerksamkeit. Jetzt freue ich mich auf Ihre Fragen.

**Nachfragen**
Mich interessiert, … / Ich möchte gerne wissen, … / Darf ich Sie fragen, … / Könnten Sie bitte noch etwas zu … sagen? /
Ich habe noch nicht verstanden, … / Würden Sie bitte (noch einmal) erklären, …

### 2 Wörter, Wendungen und Strukturen

**Erfindungen**
viel Zeit/Mühe/Geld investieren, der Zufall, die Zufallserfindung, zufällig entstehen
schief gehen / in die Hose gehen, Pleiten, Pech und Pannen

**sagen, was man nicht/nur zu tun braucht**

Wir müssen die Pakete nicht abholen.
Du musst nur ins Internet gucken.

Wir **brauchen** die Pakete **nicht** abzuholen.
Du **brauchst nur** ins Internet **zu** gucken.

**Partizip I als Adjektiv**

Ein Hund, der bellt, ist ein **bellender** Hund.
Wasser, das kocht, ist **kochendes** Wasser.
Ich finde das Argument **überzeugend**.

Eine **quietschende** Tür ist eine Tür, die quietscht.
**Lachende** Kinder sind Kinder, die lachen.
Das ist ein **überzeugendes** Argument.

### 3 Aussprache

**-end-:** tropf**end** – der tropf**ende** Wasserhahn, hup**end** – die hup**enden** Autos

 Interaktive Übungen

GESTERN – HEUTE – MORGEN

# Die Welt von morgen
### Ein Gastbeitrag von Axel Lübcke

In der Gegenwart beschäftigen wir uns oft mit Fragen der Zukunft. In der Vergangenheit war das nicht anders. Aber was ist eigentlich aus den Visionen und Prognosen der Menschen von (vor-)gestern geworden?

**Drahtlose Kommunikation**
Der Journalist Arthur Brehmer veröffentlichte 1910 in dem Sachbuch *Die Welt in 100 Jahren* eine Sammlung von Visionen und Prognosen von verschiedenen Autoren und Autorinnen. Unter anderem findet man dort einen spannenden Beitrag von Robert Sloss. Nur etwa 50 Jahre nach der Erfindung des Telefons sagt der US-Amerikaner darin vorher, dass in Zukunft jeder Mensch ein drahtloses Taschentelefon haben wird, mit dem man nicht nur telefonieren, sondern auch eine gesprochene Zeitung anhören kann.
Da es solche „Taschentelefone" heute tatsächlich gibt, wissen wir, dass Sloss mit seiner Prognose recht hatte. Erstaunlich!

**Elektrisch unterwegs**
Ebenfalls erstaunlich ist wohl, dass es 1910 weltweit mehr Elektroautos gab als Autos, die mit Benzin oder Diesel fuhren. Schon die ersten E-Autos waren nicht nur leise, sondern auch sauber und ziemlich schnell. Nur sechs Jahre nach der Erfindung des Dieselmotors fuhr der belgische Ingenieur und Rennfahrer Camille Jenatzy 1899 mit einem Elektroauto über 100 km/h. Das war damals ein sensationeller Geschwindigkeitsrekord! Erst etwa 100 Jahre später wurde eine neue Generation von E-Fahrzeugen entwickelt, da Mobilität wegen der Klimakrise sauberer und umweltfreundlicher werden musste.

Das Leben 2125: Zentraler Landeplatz für autonom fliegende Helikopter

# 12

Zukunft heute 12/2023

## Ganz großes Kino
## Metropolis

Der Regisseur Fritz Lang (*5.12.1890 in Wien, †2.8.1976 in Beverly Hills) brachte schon 1927 mit *Metropolis* eine spektakuläre Vision der Zukunft in die Kinos. Der Film zeigte dem staunenden Publikum eine Megacity, in der z. B. Flugzeuge zwischen den Wolkenkratzern unterwegs waren und in der es automatische Laufbänder für Personen gab. Der Herrscher über diese neue Welt überwachte die Menschen mit Kameras und konnte seine Gesprächspartner beim Telefonieren auf einem Bildschirm sehen. In dem Film geht es um Arm und Reich, Gut und Böse. Und natürlich auch um die Entwicklung einer „Mensch-Maschine".

Vom Publikum wurde Fritz Lang damals allerdings nicht verstanden. Der Film war erst viele Jahre später erfolgreich.

Mehr zum Thema:
*Gehört die Zukunft den Robotern?*
www.zukunftheute/pod18/example.com.

**HIER LERNEN SIE:**
- Visionen für die Zukunft beschreiben
- Prognosen kommentieren
- über die Zeit sprechen
- auf Nachfragen reagieren
- Prognosen machen

1  **Das Leben im Jahr 2125**
a) Sehen Sie sich das Bild an und beschreiben Sie es.
b) Was gefällt Ihnen (nicht)? Was fehlt Ihrer Meinung nach? Berichten Sie.

2  **Die Welt von morgen**
a) Worum geht es? Überfliegen Sie den Magazinartikel. Sammeln Sie.
b) *Das hätte ich nicht gedacht!* Lesen Sie den Magazinartikel noch einmal und kommentieren Sie.

3  *Ganz großes Kino*
a) Markieren Sie im Magazinartikel die Visionen von Fritz Lang, die heute Realität sind. Nennen Sie Beispiele und diskutieren Sie.
b) Haben Sie schon etwas in einem Film gesehen, das es noch nicht gibt, aber bald geben könnte? Berichten Sie.

4  *Gehört die Zukunft den Robotern?*
a) Was meinen Sie? Sammeln Sie Pro- und Kontra-Argumente.
b) Hören Sie den Podcast, notieren Sie Pro- und Kontra-Argumente und vergleichen Sie.
4.15
c) Die Zukunft gehört den Robotern! Sehen Sie das auch so? Diskutieren Sie.

# Zeit

## 1 Wer hat an der Uhr gedreht?

**a)** Wie gut ist Ihr Zeitgefühl? Machen Sie den Zwei-Minuten-Test, lesen Sie die Auswertung und kommentieren Sie wie im Beispiel.

Sehen Sie auf die Uhr und schließen Sie die Augen. Wenn Sie meinen, dass zwei Minuten vergangen sind, öffnen Sie sie wieder. Wie viel Zeit ist tatsächlich vergangen?

*Das trifft auf mich (nicht) zu, weil ...*

**b)** Lesen Sie das Zitat von Albert Einstein und nennen Sie andere Beispiele.

» Wenn man mit dem Mädchen, das man liebt, zwei Stunden zusammensitzt, denkt man, es ist nur eine Minute. Wenn man aber nur eine Minute auf einem heißen Ofen sitzt, denkt man, es sind zwei Stunden – das ist die Relativität. «
*Albert Einstein, \*14.03.1879, †18.04.1955*

## 2 Nachdenken über die Zeit

**a)** Meine Woche vergeht sehr langsam (--), langsam (-), schnell (+) oder sehr schnell (++). Zeichnen Sie Ihre Kurve in die Grafik ein, vergleichen und begründen Sie.

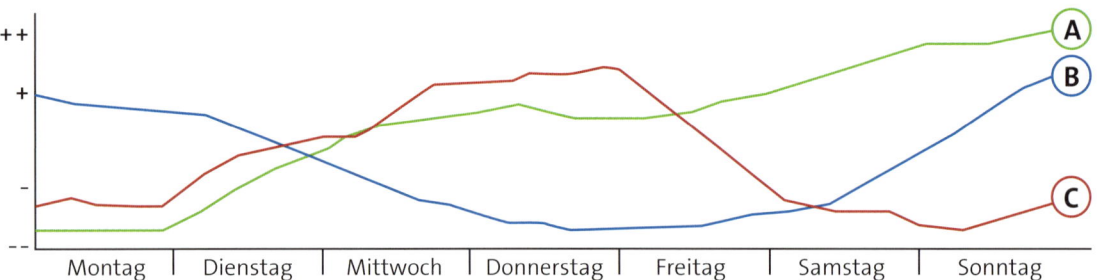

**b)** Welche Kurve aus a) passt zum Sprecher? Hören Sie den Radiobeitrag, vergleichen und berichten Sie.
4.16

**c)** Mal schnell(er), mal langsam(er). Hören Sie den zweiten Teil des Beitrags und ergänzen Sie.
4.17

| Beispiel(e) | schnell(er) | langsam(er) |
|---|---|---|
| Fußballspiel | spannend | uninteressant |
| auf den Bus warten | ... | ... |

**d)** Kennen Sie das auch? Ergänzen Sie weitere Beispiele in c), berichten und kommentieren Sie.

## 3 Gefühlte Zeit ist relativ

**a)** Wie die Zeit vergeht. Sprechen Sie schnell.

| Die Zeit vergeht | beim Warten<br>in einer Prüfung<br>auf einer Party<br>beim Sport<br>im Unterricht | langsam(er),<br>schnell(er), | da<br>weil | man sich langweilt.<br>man Spaß hat.<br>man gestresst ist.<br>man sich sehr stark konzentriert.<br>man aktiv mitmacht. |

**b)** Gründe nennen mit *weil* oder *da*. Erklären Sie und vergleichen Sie mit den Angaben auf S. 230.

GESTERN – HEUTE – MORGEN

## 4 Am zehnten Zehnten ...

a) Hören Sie den Zungenbrecher, lesen Sie mit und achten Sie auf *z-*.

Am zehnten Zehnten zogen zehn zahme Ziegen zehn Zentner Zucker zum Zoo.

b) Sprechen Sie den Zungenbrecher aus a) zuerst langsam, dann immer schneller.

c) Stellen Sie Zungenbrecher aus anderen Sprachen vor. Was ist immer gleich? Berichten Sie.

## 5 Unterwegs in Zeit und Raum

a) *Menschheitstraum Zeitmaschine*. Sammeln Sie Vermutungen über das Forschungsprojekt.

### Menschheitstraum Zeitmaschine  Ein Forschungsprojekt von Dr. Huang Nguyen

b) Lesen Sie den Artikel, vergleichen Sie mit Ihren Vermutungen aus a) und kommentieren Sie.

Während wir uns im Raum problemlos vor- und zurückbewegen können, können wir in der Zeit nur in Gedanken vor- oder zurückgehen. Wir können also einen konkreten Ort, an dem z. B. etwas Wichtiges
5  geschehen ist, immer wieder besuchen. Je nachdem, wo wir uns gerade befinden, ist er mal weit entfernt, mal ganz in der Nähe. Obwohl ein Ort sich mit der Zeit sehr verändern kann, bleibt seine Position immer gleich. Einen konkreten Moment können wir
10 aber nie wieder erleben – egal, ob er weit in der Vergangenheit liegt oder erst vorgestern passiert ist. Und genau das weckt unser Interesse und unsere Fantasie.

Kein Wunder also, dass uns die Science-Fiction in Büchern und Filmen immer wieder Zeitmaschinen 15 vorstellt, mit denen die Held*innen in die Vergangenheit oder in die Zukunft reisen. Davon werden wir Menschen sicher noch sehr lange träumen. Und genau darum geht es in unserem Forschungsprojekt am soziologischen Institut der Universität Potsdam. 20 Aus den in der Umfrage gewonnenen Daten erstellen wir eine interaktive Karte der genannten Ziele in Vergangenheit und Zukunft.
Wohin möchten Sie durch Zeit und Raum reisen? Machen Sie mit und beantworten Sie unseren Frage- 25 bogen: www.pmz.example.com

c) Wählen Sie Rolle A oder B und lesen Sie die Fragen vor. Ihr Partner / Ihre Partnerin antwortet mit Informationen aus dem Text.

d) Wählen Sie einen der drei Fragebögen, lesen Sie und fassen Sie die Angaben für Ihren Partner / Ihre Partnerin in einer gemeinsamen Sprache zusammen.

## 6 An der Uhr drehen und durch die Zeit reisen

a) Und Ihr Wunschziel? Beantworten Sie die Fragen aus dem Projekt *Menschheitstraum Zeitmaschine*. Ihr Partner / Ihre Partnerin notiert die Antworten.

b) Stellen Sie das Wunschziel Ihres Partners / Ihrer Partnerin vor. Er/Sie reagiert auf Nachfragen. Die Redemittel helfen.

c) Sammeln Sie die Angaben zu den Wunschzielen aus b) auf einer Zeitleiste wie im Beispiel.

Zeit: 1.1.2035
Ort: Wien
Dauer: 3 Stunden
Grund: Klassikfan
Aktivität: Konzertbesuch
Begleitung: Freundin

Vergangenheit — heute — Zukunft

## 1 Fenster in die Vergangenheit

a) Was ist das denn? Sehen Sie sich die Gegenstände an und ergänzen Sie. Das Wörterbuch hilft.

der Zauberwürfel

b) 1970er, 1980er oder 1990er Jahre? Zu welchem Jahrzehnt passen die Gegenstände? Begründen Sie Ihre Meinung.

c) *Ich habe eine Zeitkapsel gefunden!* Hören Sie Marions Podcast und vergleichen Sie mit Ihrer Meinung in b).

4.19

d) Wählen Sie Rolle A oder B. Lesen Sie die Fragen, hören Sie den Podcast noch einmal und notieren Sie die Antworten.

1 _____
2 _____
3 _____
4 _____

e) *Darin … Worin? In …* Wählen Sie dieselbe Rolle wie in d). Lesen Sie die Aussagen vor, Ihr Partner / Ihre Partnerin fragt nach wie im Beispiel. Sie antworten mit Hilfe Ihrer Notizen aus d).

16

*Darin waren Erinnerungen an die Schulzeit.*

*Worin?*

*In Marions Nachttisch.*

## 2 Krimskrams

a) Sehen Sie sich den Inhalt dieser Schublade an und beschreiben Sie die Gegenstände.

*Da ist eine alte Brille. Die braucht bestimmt keiner mehr.*

*Und hier in der Ecke liegt ein Ladekabel. Das kann man noch gebrauchen. Damit …*

*So eine Bastelschere hatte ich auch mal. Daran erinnere ich mich …*

b) Sicher haben Sie zu Hause auch so eine Schublade oder ein Fach mit Krimskrams. Was ist darin? Machen Sie ein Foto und beschreiben Sie, wozu Sie die Gegenstände gebraucht haben oder immer noch brauchen.

c) Präsentieren Sie Ihren Krimskrams. Die anderen fragen nach und kommentieren.

GESTERN – HEUTE – MORGEN

## 3 Blick in die Zukunft

**a)** Nach dem Deutschkurs. Was ist sicher, was ist wahrscheinlich? Lesen Sie die Blogeinträge, ergänzen und vergleichen Sie.

| | |
|---|---|
| Ilka07 | Jetzt ist der B1-Kurs schon vorbei. Schade! Naja, ich werde mich auf jeden Fall auf die Prüfung vorbereiten. Wahrscheinlich werde ich mich danach ab und zu mit meinen Freundinnen und Freunden aus dem Kurs treffen, um Deutsch zu sprechen. |
| Joey | Nach der Prüfung werde ich mit Erasmus+ ein Praktikum in Bremen machen. Ich bin sehr gespannt, wie es mir gefallen wird. Sicher ist jetzt schon, dass ich in Bremen den B2-Kurs machen werde! |
| OyTuN | Ich werde auf jeden Fall mit meiner Frau ins Tannheimer Tal in Tirol fahren. Wir werden dort eine Hüttenwanderung machen und ich werde bestimmt einen Kaiserschmarren probieren! |
| SuMin | Ich werde den Kurs vermissen! Eventuell werde ich mich für einen Französischkurs anmelden. Und nächsten Sommer werde ich vielleicht eine Reise durch Europa machen. |

| Name | Sicher ist … | Wahrscheinlich ist … |
|---|---|---|
| Ilka07 | auf die Prüfung vorbereiten | … |

**b)** Prognosen machen. Welche Redemittel finden Sie im Blogeintrag in a)? Markieren Sie.

## 4 Ich werde …

**a)** Sprechen Sie schnell.

| | | |
|---|---|---|
| | ganz sicher | die B1-Prüfung bestehen. |
| | auf jeden Fall | ein Auslandsemester mit Erasmus+ machen. |
| Ich werde | bestimmt | (nicht mehr so) oft Deutsch sprechen. |
| Wir werden | wahrscheinlich | manchmal Filme auf Deutsch sehen. |
| | vielleicht | den B2-Kurs machen. |
| | eventuell | in fünf Jahren ein Kurstreffen organisieren. |

**b)** Futur I. Sammeln Sie Sätze in 3a), markieren Sie wie im Beispiel und ergänzen Sie die Regel.

Ich **werde** mich auf jeden Fall auf die Prüfung **vorbereiten**.

**Regel:** Das Futur I bildet man mit *werden* + _____ . Mit dem Futur I drückt man zukünftiges Geschehen und Prognosen aus.

## 5 Blick in die Zukunft ODER Fenster in die Vergangenheit?

**a)** *Nach dem Deutschkurs.* Beschreiben Sie Ihre Pläne in einem Blogeintrag. ODER *Erinnerungen an den Deutschkurs.* Packen Sie eine Zeitkapsel, die Sie auf einem Treffen in … Jahren öffnen wollen.

**b)** Tauschen Sie Ihre Blogeinträge und schreiben Sie einen Kommentar. ODER Präsentieren Sie Ihre Zeitkapsel und beschreiben Sie die Gegenstände und woran sie Sie erinnern sollen.

einhundertdreiundneunzig 193

## ÜBUNGEN

**1** Das gibt es schon (lange)!

a) Formulieren Sie wie im Beispiel um.

1 Helikopter, die autonom fliegen – *autonom fliegende Helikopter*

2 U-Bahnen, die fahrerlos fahren – _____

3 Geräte, die sprechen – _____

4 Roboter, die Menschen liebevoll pflegen – _____

b) Wählen Sie ein Beispiel aus a). Beschreiben Sie Funktion(en), Vor- und/oder Nachteile.

*Autonom fliegende Helikopter gibt es schon. Man kann sie z. B. als Taxi nutzen. Ein Vorteil ist, dass …*

**2** *Die Welt von morgen*

a) Vergleichen Sie die Aussagen mit dem Magazinartikel auf S. 188 und notieren Sie die Zeilennummer(n).

1 Die ersten Elektroautos konnten schon ein sehr hohes Tempo erreichen. _____

2 Arthur Brehmer schrieb das Sachbuch nicht selbst. _____

3 Als es das Telefon noch nicht lange gab, beschrieb Sloss schon eine Art Smartphone. _____

4 Axel Lübcke findet es nicht selbstverständlich, dass die Prognose richtig war. _____

5 Vor über 100 Jahren nutzte man eine Technik, die heute eine wichtige Rolle spielt. _____

b) *Die Zukunft von damals.* Hören Sie den Podcast, lesen Sie mit und ergänzen Sie.

🔊 4.20

Hallo Leute! In der Zeitschrift *Zukunft heute* habe ich vor ein *paar*¹ Tagen einen kurzen Gastbeitrag von Axel Lübcke gelesen, in dem es _____² ein Buch und um einen Rekord aus dem Jahr 1910 geht. _____³ ihr schon, dass es zu Beginn des 20. Jahrhunderts Elektroautos gab, die _____⁴ 100 km/h schnell waren? Ich nicht. Sehr schade, dass man Diesel- und Benzinmotoren dann _____⁵ praktischer fand und noch nicht an die Folgen für das Klima und die _____⁶ dachte. Aber über die Zukunft dachte man damals auch schon nach. _____⁷ konnte der Journalist Arthur Brehmer zum Beispiel 22 Autorinnen und Autoren für sein _____⁸ *Die Welt in 100 Jahren* gewinnen. Darin beschreibt Robert Sloss ein drahtloses Taschentelefon, mit dem man nicht _____⁹ telefonieren, sondern auch Zeitungsartikel anhören kann. Spannend! Das musste ich lesen! _____¹⁰ Glück konnte ich das Buch in unserer Bibliothek ausleihen. So habe _____¹¹ erfahren, dass Sloss in seiner Prognose sogar noch ein paar Schritte _____¹² ging. Denn er beschreibt, dass man 2010 nicht mehr am selben Ort sein _____¹³, um sich in einem Meeting zu sehen und zu hören. Außerdem _____¹⁴ er überzeugt, dass man heute Dokumente drahtlos verschicken kann. Und das ist _____¹⁵ Meinung nach echt erstaunlich! Die meisten anderen Beiträge zu Themen wie _____¹⁶, die Rolle der Frau in der Gesellschaft und Sport fand ich _____¹⁷ so spannend. Trotzdem lautet mein Fazit: Die Vorstellungen von der _____¹⁸ von damals sorgen heute für gute Unterhaltung!

c) Vergleichen Sie mit dem Magazinartikel auf S. 188 und markieren Sie neue Informationen in b).

## GESTERN – HEUTE – MORGEN

## 12

**3** Axel Lübcke im Interview

a) Verben mit Präpositionen. Dativ oder Akkusativ? Ergänzen Sie und kontrollieren Sie mit S. 248–249.

1 (sich) beschäftigen mit + _____
2 gehen um + _____
3 (sich) interessieren für + _____
4 suchen nach + _____
5 verlieren durch + _____

b) Hören Sie den Podcast aus Aufgabe 4b) auf S. 189 und beantworten Sie die Fragen wie im Beispiel.

1 Womit beschäftigt sich Axel Lübcke?
2 Worum geht es in Prognosen?
3 Wofür interessiert er sich besonders?
4 Wonach suchen viele Menschen?
5 Wodurch könnten Menschen ihre Arbeit verlieren?

*1  Mit der Zukunft.*

c) Hören Sie den Podcast noch einmal und kreuzen Sie richtige Aussagen an.

1 ◯ Prognosen für die Zukunft gibt es immer. Das war auch in der Vergangenheit schon so.
2 ◯ Die Roboter sehen heute so aus, wie man sie sich vor 100 Jahren vorgestellt hat.
3 ◯ Axel Lübcke meint, dass Roboter keine Vorteile haben und Arbeitsplätze in Gefahr bringen.
4 ◯ Er ist überzeugt, dass es in Zukunft in vielen Lebensbereichen mehr Roboter gibt als heute.

**4** Metropolis

a) Visionen aus dem Jahr 1927. Vergleichen Sie die Fotos mit dem Magazinartikel auf S. 189. Was konnte das staunende Publikum damals schon im Kino sehen? Kreuzen Sie an.

1

2

3

4

5

6

b) *Sehr hilfreich, völlig sinnlos, ziemlich praktisch, besonders interessant, ganz bequem, total nervig, manchmal nötig, …* Kommentieren Sie die Erfindungen aus a).

1 Laufbänder *sind meiner Meinung nach* _____.
2 Kopierer *finde ich* _____.
3 Roboter _____.
4 Ladestationen für E-Autos _____.
5 Überwachungskameras _____.
6 Videokonferenzen _____.

## ÜBUNGEN

**5** Zeiteinheiten

**a)** Tageszeiten. Wie geht der Tag weiter? Ergänzen Sie Nomen und Artikel.

*der Morgen* _____ _____ _____ _____ _____

**b)** Zwei Wochen an jedem zweiten Tag Training. Wie geht es weiter? Ergänzen Sie.

*Montag, Mittwoch,* _____

**c)** Wie viele Tage hat der ...? Ergänzen Sie die Monatsnamen.

28/29 Tage: _____

30 Tage: *April,* _____

31 Tage: _____

**d)** Zeit und Dauer. Ergänzen Sie. Die Zahlen helfen.

> Stunden • Jahre • Monate • Minute • Tage • Jahr • ~~Jahrhundert~~ • Sekunden • Jahre • Minuten • Tag

Ein *Jahrhundert* [1] dauert hundert _____ [2]. In einem _____ [3] gibt es zwölf _____ [4].

Die meisten _____ [5] haben 365 _____ [6]. Ein _____ [7] dauert 24 _____ [8], eine

Stunde hat 60 _____ [9] und eine _____ [10] dauert 60 _____ [11].

**6** Uhrzeit und Datum

**a)** Die Uhrzeit. Schreiben Sie die formelle und informelle Uhrzeit wie im Beispiel.

> Es ist elf Uhr zwei, also kurz nach elf.

**a** 7:15 Uhr: _____

**b** 8:30 Uhr: _____

**c** 9:45 Uhr: _____

**d** 10:05 Uhr: _____

**b)** So kann man nach der Uhrzeit fragen. Kreuzen Sie an.

1 ◯ Entschuldigung, haben Sie die Uhrzeit?
2 ◯ Wann beginnt das Meeting am Freitag?
3 ◯ Wie viel Verspätung hat der Zug?
4 ◯ Könnten Sie mir sagen, wie spät es ist?
5 ◯ Wie lange dauert der Film?
6 ◯ Wie viel Uhr ist es denn?

## GESTERN – HEUTE – MORGEN   12

**c)** Geburtstagskalender. Hören Sie das Telefonat und ergänzen Sie Lena, Mike, Anna, Amir und Isa.

17.01. _____   23.09. _____

07.03. _____   03.10. _____

27.07. _____   13.12. _____

**7** *Den Film wollte ich schon immer mal sehen!*

**a)** Sie wollen mit Elia den Film Metropolis sehen. Lesen Sie das Kinoprogramm. Wann haben Sie Zeit? Notieren Sie zwei Möglichkeiten.

Metropolis: _____

_____

> Das Programmkino im Schillerhof zeigt **Metropolis** von Fritz Lang (1927) in der Version von 2010, Länge: 150 Minuten.
> Di 20:15 Uhr, Fr 19:00 Uhr, Sa 21:30 Uhr
> Tickets: www.schillerhof.example.com

**b)** Videokaraoke. Sehen Sie sich das Video an und antworten Sie.

**c)** Was sagt Elia? Wählen Sie aus.

1. ○ Elia meint, dass der Film zu lange dauert.
2. ○ Er findet alte Stummfilme spannend.
3. ○ Die Musik ist ihm im Kino oft zu laut.
4. ○ Den Film gibt es auch im Internet.
5. ○ Er kann eigentlich fast immer.

**d)** Es gibt keine Tickets mehr! Schlagen Sie Elia einen anderen Termin für den Kinobesuch vor. Die Angaben im Programm in a) helfen.

**8** *Nachdenken über die Zeit*

**a)** Worum geht es in dem Magazinartikel? Überfliegen Sie den Text und kreuzen Sie an.

1. ○ eine Redewendung  2. ○ Schweizer Uhren  3. ○ unser Zeitgefühl  4. ○ Freizeit

### Wo bleibt die Zeit?

Ein schöner Sommerabend, an dem man mit netten Gästen im Garten sitzt, das Konzert, auf das man sich so gefreut hat, die Feier, die man so lange geplant hat, der Besuch von guten Freunden, die man nicht oft sieht, der Wanderurlaub in der Schweiz, ... und irgendwann gehen die Gäste nach Hause, das Konzert ist vorbei, die Feier zu Ende, der Besuch verabschiedet sich, die gepackten Koffer stehen im Flur. Die Zeit verging leider wieder viel zu schnell! Das kennen Sie sicher auch. Aber warum ist das eigentlich so?

Wie die Zeit vergeht ...

**b)** *Die Zeit vergeht für mich schnell, wenn ...* Notieren Sie zwei eigene Beispiele.

Wenn ich ... _____

# ÜBUNGEN

## 9 Zeitgefühl

**a)** Hören Sie den zweiten Teil des Radiobeitrags aus Aufgabe 2c) auf S. 190 noch einmal und verbinden Sie.

1 Da die Zeit ihr Tempo nie ändert,  
2 Aus der Forschung wissen wir,  
3 Nicht nur Fans wissen,  
4 Die Zeit vergeht langsam,  
5 Unterschiedliche Emotionen  

a bestimmen unser Zeitgefühl.  
b ist sie immer gleich.  
c wenn wir auf etwas warten.  
d dass ein Fußballspiel 90 Minuten dauert.  
e dass das Gefühl für die Zeit nicht immer gleich ist.

(1 → b)

**b)** Lesen Sie den zweiten Teil des Radiobeitrags auf S. 263 und überprüfen Sie Ihre Angaben in b).

## 10 Gründe nennen mit *da*

**a)** Hören Sie die Sprachnachrichten und schreiben Sie die Gründe mit *da*. (4.22)

1 *Manuel kann heute nicht am Unterricht teilnehmen, da er krank ist.*

2 *Da ich …*

3 _____

**b)** Analysieren Sie die beiden Sätze aus dem Magazinartikel auf S. 188 und die Begründungen in a). Was ist richtig? Kreuzen Sie an.

> Da es solche „Taschentelefone" heute tatsächlich gibt, wissen wir, dass Sloss mit seiner Prognose recht hatte. Erstaunlich!

> Erst etwa 100 Jahre später wurde eine neue Generation von E-Autos entwickelt, da Mobilität wegen der Klimakrise sauberer und umweltfreundlicher werden musste.

1 *Da* benutzt man oft in  
　(X) schriftlichen　( ) mündlichen Texten.

2 Mit *da* beginnt ein  
　( ) Hauptsatz　( ) Nebensatz.

3 Statt *da* kann man auch  
　( ) weil　( ) deshalb sagen, ohne den Satz und die Bedeutung zu ändern.

## 11 Unterwegs in Zeit und Raum

**a)** Dr. Huang Nguyen spricht über sein Forschungsprojekt. Wo steht das im Magazinartikel auf S. 191? Hören Sie die Aussagen und notieren Sie die Zeilennummer(n). (4.23)

1 _____　3 _____　5 _____  
2 _____　4 _____　6 _____

**b)** Wohin soll die Reise gehen? Hören Sie das Interview mit Dr. Huang Nguyen und ergänzen Sie die Informationen. (4.24)

1 Zeit/Datum: _____  
2 Ort: _____  
3 Dauer: _____  
4 Grund: _____  
5 Aktivität(en): _____  
6 Begleitung: _____

**c)** *Ich wollte schon immer / noch nie …* Kommen Sie auf die Reise mit? Begründen Sie Ihre Entscheidung. Die Redemittel aus Aufgabe 6b) auf S. 191 helfen.

## GESTERN – HEUTE – MORGEN

**12** *da-* + Präposition

a) Verben mit Präpositionen. Ergänzen Sie und kontrollieren Sie mit S. 248–249.

1 rechnen  *mit + Dativ*
2 abhängen  _____
3 reagieren  _____
4 träumen  _____
5 sorgen  _____
6 (sich) kümmern  _____

b) *Damit, davon, ...* Ergänzen Sie die Aussagen wie im Beispiel. Die Angaben in a) helfen.

1 Mal sehen, ob ich morgen vorbeikomme. Es hängt _____ ab, wie lange ich beim Arzt bin.
2 Im Test gab es auch eine Aufgabe zur Relativitätstheorie. *Damit* hatte ich nicht gerechnet!
3 Du brauchst keine Getränke zur Party mitzubringen. _____ habe ich schon gesorgt.
4 Mein Chef macht Urlaub auf den Malediven. _____ kann ich nur träumen.
5 Nervige Anrufe mit unbekannter Nummer? _____ reagiere ich schon lange nicht mehr.
6 Dein Garten sieht echt traurig aus! Du solltest dich wirklich mehr _____ kümmern!

🔊 4.25 c) Hören Sie, überprüfen Sie Ihre Angaben in b) und achten Sie auf die Betonung von *da* + Präposition.

**13** Wie die Zeit vergeht

a) Über Tage sprechen, ohne die Wochentage zu nennen. Ergänzen Sie.

*Vorgestern* — _____ — _____ — _____ — *übermorgen*

b) Vergangenheit, Gegenwart oder Zukunft. Ergänzen Sie in der Tabelle.

übermorgen • heute • ~~vorgestern~~ • nun • damals • bald • jetzt • früher • morgen • später • gestern

| Vergangenheit | Gegenwart | Zukunft |
|---|---|---|
| vorgestern, ... | | |

c) Lesen Sie die Aussagen, vergleichen Sie mit Ihren Angaben in b) und ergänzen Sie Vergangenheit (V), Gegenwart (G) oder Zukunft (Z).

1 ◯ Bald ist wieder Sommer.
2 ◯ Das machen wir später.
3 ◯ Früher war auch nicht alles besser.
4 ◯ Wir können jetzt anfangen.
5 ◯ Übermorgen habe ich frei.
6 ◯ Und nun hören Sie die Nachrichten.
7 ◯ Damals lebten wir noch in Köln.
8 ◯ Ich war vorgestern mit Jana im Kino.

**14** Meine längsten fünf Minuten. Lesen Sie die Beispieltexte und schreiben Sie einen Ich-Text.

> Meine längsten fünf Minuten waren vor zwei Jahren, als ich nach der mündlichen Prüfung auf das Ergebnis warten musste. Ich war total aufgeregt und gespannt und habe die ganze Zeit auf die Uhr gesehen. Nachdem ich dann gehört hatte, dass ich die Prüfung bestanden habe, habe ich mich echt gefreut!
> **Yap Su Yin**

> Meine längsten fünf Minuten waren letzte Woche beim Zahnarzt. Das war ziemlich unangenehm und hat auch richtig wehgetan. Ich war total froh, als es endlich vorbei war!
> **Erdal Özdemir**

## ÜBUNGEN

**15** Prognosen im Alltag. Das hört man oft. Lesen Sie die Aussagen und verbinden Sie wie im Beispiel.

1 Machen Sie beim Fitnesstraining mit!
2 Christoph findet bestimmt eine Lösung.
3 Komm, ich helfe dir.
4 Warum glaubt eigentlich keiner, dass ich in fünf Jahren berühmt sein werde?
5 Das Hotel hat uns sehr gut gefallen.

a Ihr werdet euch noch wundern!
b Wir werden bestimmt wiederkommen.
c Sie werden sehen, dass es sich lohnt.
d Er wird das schon irgendwie schaffen.
e Ich werde nicht zusehen, wie du alleine Löcher bohrst.

**16** In Zukunft …

a) Ergänzen Sie die Aussagen im Futur I wie im Beispiel.

1 in Zukunft – in Zukunft in der Schweiz arbeiten – Ich _werde in Zukunft in der Schweiz arbeiten._
2 bald – bald nette Leute kennenlernen – Du _____.
3 später – später mit Susanne in Basel leben – Er _____.
4 im Juli – im Juli den Abschluss machen – Wir _____.
5 nächste Woche – nächste Woche in Zürich sein – Ihr _____?
6 übermorgen – übermorgen die Tickets buchen – Sie _____.

b) Hören Sie, sprechen Sie nach und vergleichen Sie mit Ihren Angaben in a).
4.26

**17** Die ganze Zeit …

a) Lesen Sie die Aussagen. Wie geht es weiter? Ordnen Sie die Wendungen mit *Zeit* zu.

a ◯ Ich bin immer für Sie da.
b ◯ Wir brauchen noch Milch und Brot.
c ◯ Beeil dich!
d ◯ Viele engagieren sich ehrenamtlich.
e ◯ Wir sind noch nicht ganz fertig.
f ◯ Das sieht aus wie vor hundert Jahren.
g ◯ So gut hat es mir noch nie geschmeckt!
h ◯ Du hast mir sehr gefehlt!
i ◯ Wir beginnen mit dem 50-Meter-Lauf.
j ◯ Ich habe es nicht eilig.
k ◯ Komm, wir nehmen die U-Bahn.
l ◯ Ich bin in Rente.

1 Ich musste die ganze Zeit an dich denken!
2 Das spart Zeit!
3 Es ist höchste Zeit!
4 Kann mal jemand die Zeit stoppen?
5 Zeit schenken liegt heute voll im Trend!
6 Das war die beste Pizza aller Zeiten!
7 Nehmen Sie sich ruhig Zeit.
8 Ich verbringe viel Zeit mit meiner Enkelin.
9 Wir brauchen noch etwas Zeit.
10 Hier ist die Zeit stehengeblieben.
11 Hast du heute Zeit zum Einkaufen?
12 Sie können zu jeder Zeit zu mir kommen.

b) Beschreiben Sie Ihre Erfahrungen im Deutschkurs mit drei Wendungen aus a).

_Wir haben uns im Deutschkurs viel Zeit für … genommen._

GESTERN – HEUTE – MORGEN

# Fit für B2?

## 1 Mit Sprache handeln

**Visionen für die Zukunft beschreiben**
1910 sagte der US-Amerikaner Robert Sloss vorher, dass in Zukunft jeder Mensch ein drahtloses Taschentelefon haben wird.
Der Film Metropolis zeigte schon 1927 Flugzeuge, die zwischen Wolkenkratzern unterwegs waren.

**Prognosen kommentieren**
Automatische Laufbänder gibt es heute auf fast jedem Flughafen. Also lag Fritz Lang mit seiner Vision richtig.
Das ist wirklich erstaunlich!
Ich kann mir gut vorstellen, dass es in 20 Jahren selbstfahrende Autos gibt.
Ich glaube nicht, dass es bald nur noch Elektroautos gibt.

**über die Zeit sprechen**
Die Uhren ticken für alle gleich.
Aus der Forschung wissen wir, dass die gefühlte Zeit für uns Menschen nicht immer gleich ist.
Unser Zeitgefühl hängt von Situationen und Emotionen ab.
Meine längsten fünf Minuten waren letzte Woche beim Zahnarzt.

**Prognosen machen**
Meiner Meinung nach gibt es sehr wahrscheinlich in Zukunft immer mehr Roboter.
Ich glaube, dass Roboter schon bald alle gefährlichen Arbeiten machen.
Ich werde eventuell nächstes Jahr Urlaub im Tannheimer Tal machen.
Wir werden den Deutschkurs bestimmt vermissen!

## 2 Wörter, Wendungen und Strukturen

**Zeit und Zukunft**
etwas vorhersagen, Prognosen machen, Visionen haben, eine Zeitreise machen
Wo bleibt die Zeit? Die Zeit vergeht schnell/langsam.

**Gründe nennen mit *da***
Da es „Taschentelefone" heute wirklich gibt, wissen wir, dass Sloss mit seiner Prognose recht hatte.
100 Jahre später wurde eine neue Generation von E-Autos entwickelt, da Mobilität wegen der Klimakrise sauberer und umweltfreundlicher werden musste.

***da*- plus Präposition**
Ich kann damit nichts schneiden. — Womit? — Mit deiner alten Bastelschere.
Wofür interessiert sich Axel Lübcke? — Für Prognosen. Dafür interessiert er sich sehr.
Woran denkst du? — An die nächsten Ferien. Daran denke ich oft.

**Futur I**
Ich werde mich auf jeden Fall gut auf die Prüfung vorbereiten.
Du wirst die B1-Prüfung ganz sicher bestehen.

## 3 Aussprache

**z- am Wortanfang:** Am zehnten Zehnten zogen zehn zahme Ziegen zehn Zentner Zucker zum Zoo.

→ Interaktive Übungen

## Spannung bis zum Schluss

**Sieben mal sieben**

**Sie brauchen:** 2–6 Spieler*innen

1. Sie spielen in zwei Gruppen, blau und gelb.

2. Wer zuerst eine Sechs hat, würfelt noch einmal und besetzt das Feld.
   a) Sie stehen auf einem gelben Feld? Die gelbe Gruppe wählt eine gelbe Frage für Sie aus.
   b) Sie stehen auf einem blauen Feld? Die blaue Gruppe wählt eine blaue Frage für Sie aus.
   Für eine richtige Antwort bekommt Ihre Gruppe einen Punkt. Die Frage wird durchgestrichen.

3. Ihre Gruppe ist als erste im Ziel? Dann stoppt das Spiel und sie bekommt drei Punkte.

4. Addieren Sie alle Punkte Ihrer Gruppe. Die Gruppe mit den meisten Punkten gewinnt.

| 1 | 2 | 3 | 4 | 5 | 6 | 7 |
|---|---|---|---|---|---|---|
| 24 | 25 | 26 | 27 | 28 | 29 | 8 |
| 23 | 40 | 41 | 42 | 43 | 30 | 9 |
| 22 | 39 | 48 | Ziel | 44 | 31 | 10 |
| 21 | 38 | 47 | 46 | 45 | 32 | 11 |
| 20 | 37 | 36 | 35 | 34 | 33 | 12 |
| 19 | 18 | 17 | 16 | 15 | 14 | 13 |

 Sie genießen den Regenbogen. Gehen Sie drei Felder zurück. ☹

 Ihre Antwort war richtig? Juhu! Sie bekommen drei Punkte. ☺

# PLATEAU 4

## Gelbe Fragen

- Nennen Sie drei Berufe am Theater.
- Auf einer Party. Was ist Ihr „Eisbrecher"?
- Wie heißen die Diminutive von Baum, Stern, Haus?
- *Wer sich bewegt, bewegt Europa.*
  Erklären Sie das Motto von Erasmus+.
- Drei Dinge, die Zuschauer*innen im Theater nicht tun sollten.
- Drei Dinge, die Sie als Gast von einer Unterkunft erwarten.
- Erklären Sie *Jwd* und *in der Walachei*.
- Ergänzen Sie:
  *Wenn ich fitter wäre, …*
- Formulieren Sie mit Partizip I:
  *Ich mag (keine) Schokolade, die nach Orangen schmeckt.*
- Plätzchen backen / Mehl und Eier einkaufen.
  Was machen Sie, bevor …?
- *Wohnte, hatte, schrieb, …*
  Nennen Sie drei Fakten über Konrad Duden.
- *Die Getränke stehen im Kühlschrank!*
  Erklären Sie, was Gastgeber*innen in DACH meinen.
- *Wir müssen die Natur schützen.*
  *Darum/deshalb/deswegen …*
  Nennen Sie drei Dinge, die Sie tun können.
- Nennen Sie drei Dinge, für die die Stadt Bad Hersfeld bekannt ist.
- Erklären Sie das Wort *Inklusion*.
- Ergänzen Sie:
  *Nachdem es drei Tage geregnet hatte, …*
- Das Bewerbungsgespräch:
  Zwei typische Fragen von Unternehmen?
- Wann hatten Sie schon einmal Lampenfieber?
- Formulieren Sie mit Partizip II:
  *Ich liebe Kaffee/Tee, der frisch gekocht wurde.*

## Blaue Fragen

- Mit diesem EU Programm können Studierende ein Auslandssemester machen.
- Bitten Sie höflich darum, dass jemand das Fenster schließt.
- Sie gehen ins Theater. Was ziehen Sie auf keinen Fall an? Berichten Sie.
- Was ist Lampenfieber? Erklären Sie.
- Ergänzen Sie:
  *Ich finde, wir sollten …*
- Wer oder was ist *Tschick*? Berichten Sie.
- Erklären Sie das Wort *Ehrenamt*.
- *Wir müssen Energie sparen.*
  *Darum/deshalb/deswegen …*
  Nennen Sie drei Dinge, die Sie tun können.
- Umschreiben Sie:
  die Leiter, die Zuckertüte
- Ergänzen Sie:
  *Wenn ich besser … könnte, …*
- Erklären Sie das Wort *barrierefrei*.
- Das Geschirr abwaschen / einen Film sehen.
  Was machen Sie, bevor …?
- Erklären Sie, was ein Biosphärenreservat ist und was man dort tun kann.
- Wer ist Ihr Vorbild? Warum? Berichten Sie.
- Ergänzen Sie:
  *Heimat ist für mich …*
- Das Bewerbungsgespräch:
  Zwei typische Fragen von Bewerber*innen?
- *Während …* Nennen Sie zwei Dinge, die Sie gleichzeitig tun können.
- Ergänzen Sie:
  *Je entspannter ich bin, desto …*
- Drei Fakten über Kaffee:
  *Wusstet ihr schon, dass …*
- Formulieren Sie mit Partizip I:
  *Kinder, die spielen, stören oft die Nachbarn.*

# Die fünfte Jahreszeit

*Kurt Tucholsky (1890–1935)*

Die schönste Zeit im Jahr, im Leben, im Jahr? […]

Frühling? […] Sommer? […] Herbst? […] Und Winter?
»Kurz und knapp, Herr Hauser! Hier sind unsere vier Jahreszeiten.
Bitte: Welche –?«
5 Keine. Die fünfte.
»Es gibt keine fünfte.«
Es gibt eine fünfte. – Hör zu:

[…] Eines Morgens riechst du den Herbst. Es ist noch nicht kalt;
es ist nicht windig; es hat sich eigentlich gar nichts geändert –
10 und doch alles. Es geht wie ein Knack durch die Luft – es ist etwas
geschehen […]. Noch ist alles wie gestern: die Blätter, die Bäume,
die Sträucher… aber nun ist alles anders. Das Licht ist hell,
Spinnenfäden schwimmen durch die Luft, alles hat sich einen Ruck
gegeben, dahin der Zauber, der Bann ist gebrochen – nun geht es
15 in einen klaren Herbst. Wie viele hast du? Dies ist einer davon.
Das Wunder hat vielleicht vier Tage gedauert oder fünf, und du
hast gewünscht, es solle nie, nie aufhören. […] Spätsommer,
Frühherbst und das, was zwischen ihnen beiden liegt.
Eine ganz kurze Spanne Zeit im Jahre.
20 Es ist die fünfte und schönste Jahreszeit.

PLATEAU 4

Literatur
4.27

**1** Die Jahreszeiten
a) Frühling, Sommer, Herbst und Winter. Vergleichen Sie die Jahreszeiten.
b) Meine Lieblingsjahreszeit. Berichten und begründen Sie.
💬 Ich mag ... besonders, weil ...

**2** *Die schönste Zeit im Jahr, im Leben, im Jahr?*
a) Sammeln Sie im Text und vergleichen Sie.
b) Meine schönste Zeit. Erzählen Sie.

**3** *Die fünfte Jahreszeit*
a) Wann ist die fünfte Jahreszeit und wie lange dauert sie? Lesen Sie den Ausschnitt aus dem Text von Kurt Tucholsky und berichten Sie.
b) Was passiert in dieser Zeit? Fassen Sie zusammen.

**4** *Und du hast gewünscht ...* Haben Sie sich schon einmal gewünscht, dass etwas nie aufhört? Weshalb? Beschreiben Sie.

# Das Fenstertheater
Ilse Aichinger (1921 – 2016)

Die Frau lehnte am Fenster und sah hinüber. Der Wind trieb in leichten Stößen vom Fluss herauf und brachte nichts Neues. Die Frau hatte den starren Blick neugieriger Leute, die unersättlich sind. Es hatte ihr noch niemand den Gefallen getan, vor ihrem Haus niedergefahren zu werden. Außerdem wohnte sie im vorletzten Stock, die Straße lag zu tief unten.
5 Der Lärm rauschte nur mehr leicht herauf. Alles lag zu tief unten.
Als sie sich eben vom Fenster abwenden wollte, bemerkte sie, dass der Alte gegenüber Licht angedreht hatte. Da es noch ganz hell war, blieb dieses Licht für sich und machte den merkwürdigen Eindruck, den aufflammende Straßenlaternen unter der Sonne machen. Als hätte einer an seinen Fenstern die Kerzen angesteckt, noch ehe die Prozession die Kirche
10 verlassen hat. Die Frau blieb am Fenster.
Der Alte öffnete und nickte herüber. Meint er mich? dachte die Frau. Die Wohnung über ihr stand leer und unterhalb lag eine Werkstatt, die um diese Zeit schon geschlossen war. Sie bewegte leicht den Kopf. Der Alte nickte wieder. Er griff sich an die Stirne, entdeckte, dass er keinen Hut aufhatte, und verschwand im Inneren des Zimmers. Gleich darauf kam er in
15 Hut und Mantel wieder. Er zog den Hut und lächelte. Dann nahm er ein weißes Tuch aus der Tasche und begann zu winken. Erst leicht und dann immer eifriger. Er hing über die Brüstung, dass man Angst bekam, er würde vornüberfallen.
Die Frau trat einen Schritt zurück, aber das schien ihn zu bestärken. Er ließ das Tuch fallen, löste seinen Schal vom Hals - einen großen bunten Schal - und ließ ihn aus dem Fenster
20 wehen. Dazu lächelte er. Und als sie noch einen weiteren Schritt zurücktrat, warf er den Hut mit einer heftigen Bewegung ab und wand den Schal wie einen Turban um seinen Kopf. Dann kreuzte er die Arme über der Brust und verneigte sich. So oft er aufsah, kniff er das linke Auge zu, als herrsche zwischen ihnen ein geheimes Einverständnis. Das bereitete ihr so lange Vergnügen, bis sie plötzlich nur mehr seine Beine in dünnen, geflickten Samthosen
25 in die Luft ragen sah. Er stand auf dem Kopf. Als sein Gesicht gerötet, erhitzt und freundlich wieder auftauchte, hatte sie schon die Polizei verständigt. Und während er, in ein Leintuch gehüllt, abwechselnd an beiden Fenstern erschien, unterschied sie schon drei Gassen weiter über dem Geklingel der Straßenbahnen und dem gedämpften Lärm der Stadt das Hupen des Überfallautos. Denn ihre Erklärung hatte nicht sehr klar und ihre Stimme erregt
30 geklungen. Der alte Mann lachte jetzt, so dass sich sein Gesicht in tiefe Falten legte, streifte dann mit einer vagen Gebärde darüber, wurde ernst, schien das Lachen eine Sekunde lang in der hohlen Hand zu halten und warf es dann hinüber.
Erst als der Wagen schon um die Ecke bog, gelang es der Frau, sich von seinem Anblick loszureißen. Sie kam atemlos unten an. Eine Menschenmenge hatte sich um den Polizei-
35 wagen gesammelt. Die Polizisten waren abgesprungen, und die Menge kam hinter ihnen und der Frau her. Sobald man die Leute zu verscheuchen suchte, erklärten sie einstimmig, in diesem Hause zu wohnen. Einige davon kamen bis zum letzten Stock mit. Von den Stufen beobachteten sie, wie die Männer, nachdem ihr Klopfen vergeblich blieb und die Glocke allem Anschein nach nicht funktionierte, die Tür aufbrachen. Sie arbeiteten schnell
40 und mit einer Sicherheit, von der jeder Einbrecher lernen konnte. Auch in dem Vorraum,

dessen Fenster auf den Hof sahen, zögerten sie nicht eine Sekunde. Zwei von ihnen zogen die Stiefel aus und schlichen um die Ecke. Es war inzwischen finster geworden. Sie stießen an einen Kleiderständer, gewahrten den Lichtschein am Ende des schmalen Ganges und gingen ihm nach.

45 Die Frau schlich hinter ihnen her. Als die Tür aufflog, stand der alte Mann mit dem Rücken zu ihnen gewandt noch immer am Fenster. Er hielt ein großes weißes Kissen auf dem Kopf, das er immer wieder abnahm, als bedeutete er jemandem, dass er schlafen wolle. Den Teppich, den er vom Boden genommen hatte, trug er um die Schultern. Da er schwerhörig war, wandte er sich auch nicht um, als die Männer auch schon knapp hinter ihm standen

50 und die Frau über ihn hinweg in ihr eigenes finsteres Fenster sah. Die Werkstatt unterhalb war, wie sie angenommen hatte, geschlossen. Aber in die Wohnung oberhalb musste eine neue Partei eingezogen sein. An eines der erleuchteten Zimmer war ein Gitterbett geschoben, in dem aufrecht ein kleiner Knabe stand. Auch er trug sein Kissen auf dem Kopf und die Bettdecke um die Schultern. Er sprang und winkte herüber und krähte vor Jubel.

55 Er lachte, strich mit der Hand über das Gesicht, wurde ernst und schien das Lachen eine Sekunde lang in der hohlen Hand zu halten. Dann warf er es mit aller Kraft den Wachleuten ins Gesicht.

# 1 Das Fenstertheater

a) Vor dem Lesen. Worum könnte es gehen? Sehen Sie sich die Bilder 2–6 an und sammeln Sie Vermutungen.

b) Während des Lesens. Das verstehe ich schon! Lesen Sie Zeilen 1–10, machen Sie sich Notizen, berichten und vergleichen Sie.

| Wer? | Wo? | Was? |
|---|---|---|
| die Frau | | |
| der Alte | | |

**Tipp**

Man muss nicht jedes Wort verstehen, um die Handlung zu verstehen. Verstehen heißt nicht übersetzen!

# 2 Die Frau blieb am Fenster

a) Was macht die Frau? Lesen Sie Zeilen 11–30 und berichten Sie, was Sie verstanden haben.

b) Was denkt die Frau, als sie den alten Mann zuerst sieht? Was denkt sie einige Minuten später? Sammeln Sie.

c) Wie reagiert die Frau auf die Situation? Berichten Sie.

# 3 Der Anruf

a) Bereiten Sie den Anruf vor. Lesen Sie die Fragen und notieren Sie Antworten. Bild 1 hilft.

1 Wer ruft an?
2 Was ist passiert?
3 Wo ist das passiert?
4 Um wie viele Menschen geht es?

*Stadtpolizei Wien. Wie kann ich Ihnen helfen?*

*Hier spricht Gerda Moser. ...*

b) Spielen Sie Ihre Dialoge vor und vergleichen Sie.

# PLATEAU 4

**4** Wie geht die Geschichte weiter?
a) Vor dem Lesen. Sammeln Sie Hypothesen.
b) Während des Lesens. Was verstehen Sie? Lesen Sie den Text zu Ende, machen Sie sich Notizen und vergleichen Sie mit Ihren Hypothesen aus a).

**5** Die Szene
*Die Frau, der Alte, der kleine Junge, die Menschenmenge, das Polizeiauto.* Ergänzen Sie in Bild 1 auf S. 207 und vergleichen Sie.

**6** Der Alte
a) Was macht er? Was benutzt er dazu? Lesen Sie die Kurzgeschichte noch einmal und sammeln Sie.
b) Das Publikum. Für wen spielt der Alte am Fenster Theater?

**7** Die Frau und der Alte
a) Wählen Sie eine Person und notieren Sie passende Adjektive.

b) Stellen Sie Ihre Person vor. Die anderen kommentieren.

*Meinst du? Ich finde nicht, dass die Frau ...*

**8** *Zuerst, dann, danach ...*
a) Bringen Sie die Sätze in die richtige Reihenfolge, lesen Sie vor und vergleichen Sie.
b) Zwei Stunden später. Was erzählt die Frau ihrer Freundin, der Alte seiner Nachbarin, das Kind seinen Eltern, ein Polizist seiner Frau? Wählen Sie eine Situation und schreiben Sie den Dialog.

c) Spielen Sie Ihre Dialoge vor. Die anderen kommentieren.

### Landeskunde

**Ilse Aichinger** (* 1. November 1921 in Wien; † 11. November 2016 in Wien) war eine österreichische Schriftstellerin. Sie ist eine wichtige Autorin der deutschsprachigen Nachkriegsliteratur. Sie hat in Wien und Frankfurt am Main gelebt. Für ihre Theaterstücke, Kurzgeschichten, Erzählungen, Gedichte und Hörspiele hat sie viele Literaturpreise bekommen. Die Kurzgeschichte *Das Fenstertheater* hat Ilse Aichinger 1949 geschrieben und 1953 veröffentlicht. Im Jahr 2018 wurde in Wien-Donaustadt (22. Bezirk) die Ilse-Aichinger-Gasse nach ihr benannt.

**1 Was ist los?**

a) Nicos Körpersprache. Sehen Sie sich die Fotos an. Mit wem spricht er vermutlich? Begründen Sie.

b) Ordnen Sie jedem Foto eine Aussage zu und vergleichen Sie.

a ○ „Hab' ich was Falsches gesagt?"

b ○ „Entweder du sagst mir, was los ist, oder ich bleib' den ganzen Tag hier stehen."

c ○ „Ich habe dir geschrieben, dich angerufen und ..."

c) *Spinnst du?* Lesen Sie die Fragen, sehen Sie sich die Szene mit Nico und Selma an und berichten Sie.

1 Wo sind Nico und Selma?
2 Warum regt Selma sich so auf?
3 Wie reagiert Nico?
4 Was ist passiert?

d) Selma ist genervt! Hören Sie, achten Sie auf die Betonung und sprechen Sie nach.

e) Der Streit. Wählen Sie *Nico* oder *Selma*. Wie finden Sie sein/ihr Verhalten? Kommentieren Sie. Die Redemittel helfen.

*Ich würde genauso reagieren, wenn ...*    *Ich weiß nicht, ihr Verhalten ist ...*

f) Selma und Lisa treffen sich im Marek. Sie haben sich schon länger nicht gesehen. Über welche Themen könnten sie sich unterhalten? Sammeln Sie. Die Plateaus 1–3 helfen.

*Sie könnten über ... sprechen.*    *Ja, oder über ...*

g) Wählen Sie zwei Themen aus f) aus. Schreiben Sie den Dialog und spielen Sie ihn vor. Die anderen notieren die Themen.

h) Was ist gleich? Was ist anders? Sehen Sie sich die Szene im Marek an, vergleichen Sie mit Ihren Dialogen aus g) und berichten Sie.

i) Der Wettbewerb. Wo finden Sie die Informationen? Lesen Sie den Flyer und berichten Sie.

1 Wer kann mitmachen?   2 Welche Bedingungen gibt es?   3 Was kann man gewinnen?

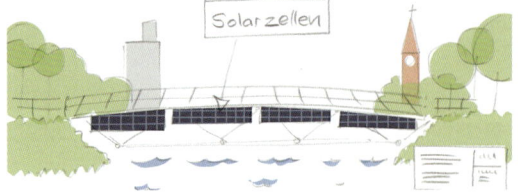

j) Eine nachhaltige Brücke. Sehen Sie sich den Entwurf von Selmas Team an. Wie finden Sie die Idee? Kommentieren Sie.

k) Selma soll den Entwurf vorstellen. Geben Sie ihr Tipps für die Präsentation.

# PLATEAU 4

**2** Entscheidungen

a) Die Absage. Lesen Sie die Textnachricht von Nico, schreiben Sie eine Antwort und vergleichen Sie.

> Ich habe einen Brief von der Schauspielschule. Hat leider nicht geklappt. 😟

b) Was bietet Yara Nico an? Sehen Sie sich die Szene im Fahrradladen an. Kreuzen Sie an und vergleichen Sie.

○ Nico bekommt Yaras Fahrradladen.   ○ Nico kann bei Yara eine Ausbildung machen.

○ Nico kann später bei Yara arbeiten.   ○ Nico kann Yaras Geschäftspartner werden.

c) *Zuerst muss Nico ..., dann ..., danach ...* Sehen Sie sich Nicos Gespräch mit Yara noch einmal an und berichten Sie.

d) *Mein Fahrradladen ist ein Meisterbetrieb!* Lesen Sie den Informationstext und beschreiben Sie Yaras Ausbildung.

### Berufsbild Zweiradmechatroniker*in

Die Ausbildung zum/zur Zweiradmechatroniker*in wird in den zwei Fachrichtungen Fahrradtechnik und Motorradtechnik angeboten und dauert 3,5 Jahre. Die duale Ausbildung findet im Betrieb und in der Berufsschule statt. Nach dem zweiten Ausbildungsjahr gibt es eine
5 Zwischenprüfung und am Ende der Ausbildung eine Abschlussprüfung in Theorie und Praxis.

Mach den Meister und werde Ausbilder*in!

Nach der bestandenen Abschlussprüfung kann man noch eine Ausbildung zum/zur Meister*in machen. Das ist ein höherer Berufsabschluss, mit dem man dann einen Betrieb selbstständig führen und im Betrieb ausbilden darf. Weil der Meistertitel wie ein Bachelor-Abschluss bewertet wird, kann man nach
10 bestandener Meisterprüfung auch an einer Universität studieren.

e) Yara kommt ins Marek. Sehen Sie sich das Foto an. Ergänzen Sie die Sprechblasen und spielen Sie die Dialoge vor.

Hallo Otto, ...

f) Sehen Sie sich die Szene im Marek an und vergleichen Sie mit Ihren Dialogen in e).

g) Otto oder Jacques? Wer ist der Mann? Sehen Sie sich die Szene im Marek noch einmal an und berichten Sie.

h) Was würde Inge auch gerne wissen und warum will Sie die Erklärung nicht hören? Sammeln Sie Vermutungen und berichten Sie auf Deutsch oder in einer gemeinsamen Sprache.

zweihundertelf **211**

## 3 Ende gut – alles gut?

a) Wo? Wer? Was? Sehen Sie sich das Video an, machen Sie sich Notizen und beschreiben Sie.

Szene 1:
- in der Sprachschule
- Pepe wartet auf ...
- ...

Szene 2:

Szene 3:

b) Was hat Sie (nicht) überrascht? Kommentieren und vergleichen Sie.

c) *Machst du Schluss?* Sehen Sie sich das Gespräch zwischen Nico und Selma noch einmal an. Was halten Sie von Nicos Antwort? Diskutieren Sie.

d) Die B1-Prüfung. Was fand Nico nicht so einfach? Wovor hat er Angst? Sehen Sie sich das Video noch einmal an und berichten Sie.

e) Meine B1-Prüfung. *Prüfungstraining, Lerngruppen, Wortschatzkarten, ...* Sammeln Sie Tipps für die Vorbereitung.

f) *Auf die Liebe!* Typisch Telenovela ... Kommentieren Sie. Die Redemittel helfen.

i) Happy End für Nicos Weg!? *Familie, Arbeit, ...* Wie stellen Sie sich die Zukunft von Nico und Selma in zehn Jahren vor? Schreiben Sie die Geschichte weiter.

*Selma und Nico werden in zehn Jahren ...*

j) Präsentieren Sie Ihre Texte aus i). Welche drei Geschichten gefallen Ihnen am besten? Begründen Sie Ihre Wahl.

Die Serie „Nicos Weg" in voller Länge mit interaktiven Übungen und zahlreichen weiteren Materialien gibt es kostenlos bei der Deutschen Welle: dw.com/nico

# Goethe-Zertifikat B1: Lesen

Der Prüfungsteil Lesen hat fünf Teile mit 30 Aufgaben und dauert 65 Minuten. Um die Prüfung zu bestehen, müssen Sie mindestens 18 Aufgaben richtig lösen. Wörterbücher und Mobiltelefone sind nicht erlaubt.

 **Lesen Teil 1:** Sie lesen hier einen Blogbeitrag, eine E-Mail oder einen Brief. In den Texten geht es um Alltagserlebnisse und Erfahrungsberichte. Dazu lösen Sie sechs Aufgaben.

Lesen Sie den Text und die Aufgaben. Wählen Sie: Sind die Aussagen Richtig oder Falsch?

---

Paul [01.06. um 23:33]

Habt ihr das auch schon mal erlebt? Ich mache gerade ein Auslandssemester in Athen und bin mit einer Freundin am Samstagabend zu einem Konzert gefahren. Auf dem Weg nach Hause wollte ich an einem Bankautomaten noch schnell etwas Geld holen. Aber mein Geldbeutel mit meiner Kreditkarte und meinen Papieren war weg. Panik! Hat ihn jemand aus meinem Rucksack genommen? Ich hatte Angst, dass jemand mit meiner Kreditkarte gleich einkaufen könnte. Ich wollte also sofort die Notrufnummer in Deutschland anrufen, damit die Karte gesperrt wird. Aber dann stellte ich fest, dass der Akku von meinem Handy leer war, sodass ich nicht telefonieren konnte. Zum Glück konnte ich mit dem Smartphone meiner Freundin die Notrufnummer googeln und dann gleich bei meinem Kreditkarteninstitut anrufen ...

---

1  Paul bemerkte nach dem Konzert, dass er kein Geld hatte.  Richtig   Falsch
2  Er wusste, welche Nummer er in Deutschland anrufen sollte.  Richtig   Falsch

 **Lesen Teil 2:** Sie lesen hier zwei Texte, z. B. aus einer Zeitung, einer Zeitschrift oder einer Informationsbroschüre. Zu jedem Artikel gibt es drei Aufgaben. Die erste Aufgabe bezieht sich jeweils auf die Gesamtaussage des Textes, die anderen beiden Aufgaben auf Detailinformationen in den Texten.

Lesen Sie den Text aus der Presse und die Aufgaben. Wählen Sie bei jeder Aufgabe die richtige Lösung a, b oder c.

---

## Theater in der Krise

**Auf der Suche nach einem jungen Publikum**
Das Theater ist nur noch für ein Drittel der Bevölkerung interessant. Es wird vor allem von der Altersgruppe 60 plus mit höherer Bildung besucht, wobei Frauen viel häufiger ins Theater gehen als Männer.
Die Theater wünschen sich aber mehr junge Zuschauer*innen. Es muss also etwas passieren, wenn das Theater gesellschaftlich relevant bleiben möchte.

Deshalb trafen sich an diesem Wochenende wieder Dramaturginnen und Dramaturgen aus dem deutschsprachigen Raum in Köln und diskutierten, wie man das Theater für ein jüngeres Publikum attraktiver machen könnte. Man war sich einig, dass man unbedingt neue Stücke und hippe Themen braucht, die auch ein jüngeres Publikum ansprechen.

---

7  In dem Text geht es um ...
   a statistische Angaben über das Theaterpublikum.
   b neue Stücke fürs Theater.
   c Probleme des Theaters.

8  Das Theaterpublikum ist ...
   a zu jung.
   b zu alt.
   c zu hipp.

**Lesen Teil 3:** Sie lesen hier zuerst eine thematische Einleitung. Dann lesen Sie sieben Situationen und dazu zehn Anzeigen. Sie können jede Anzeige nur einmal verwenden. Für eine Situation gibt es keine passende Anzeige. In diesem Fall schreiben Sie 0.

Lesen Sie die Situation und die Anzeigen aus verschiedenen deutschsprachigen Medien. Wählen Sie: Welche Anzeige passt zur Situation?

*Einige Ihrer Freundinnen und Freunde möchten sich in den Semesterferien ehrenamtlich engagieren und suchen passende Angebote.*

**13** Dimitri möchte Senior*innen Zeit spenden. Anzeige _____

**14** Linh mag Hunde und Katzen und möchte einmal in der Woche helfen. Anzeige _____

**a**

**Gemeinsam helfen**
Wir suchen freiwillige Helfer*innen, die Menschen jeden Freitag in Pflegeheimen besuchen und sich mit ihnen unterhalten. Wir freuen uns über jeden, der dauerhaft mitmachen will!

**b**

**Nachbarschaftshilfe**
Wir freuen uns, wenn Sie ältere Menschen freiwillig besuchen. Das ist zu tun: Zuhören, Vorlesen, Erzählen, Kochen, Einkaufen und vieles mehr.
Kurz- und Langzeit-Engagement möglich.

**c**

**Helfen im Tierheim**
Wir suchen ehrenamtliche Helfer*innen. Wer Katzen liebt, ist hier richtig. Bei mehr als 300 Katzen gibt es jede Menge zu tun. Sie können uns gerne je nach Zeitbudget unterstützen.

**d**

**Freiwilligenarbeit im Tierschutz**
Liebst du Hunde? Engagiere dich für die Straßenhunde in Spanien. Zu deinen täglichen Aufgaben gehört das Füttern, Spazierengehen und Waschen der Hunde.
Bewerbung an: refugio.example.net

**Lesen Teil 4:** Sie lesen hier eine kurze thematische Einleitung und sieben kurze Leserbriefe oder Online-Kommentare zu einem Thema, das kontrovers diskutiert wird. Sie müssen sich entscheiden: Welche Person ist für ein Verbot, welche Person ist gegen ein Verbot?

Lesen Sie den Text. Wählen Sie: Ist die Person für ein Verbot?

*In einer Zeitschrift lesen Sie Kommentare zu einem Artikel über ein Verbot von Einzelhäusern.*

**20** Martin | Ja | Nein |

Martin [11.03. um 23:37]
Der Bürgermeister von Unterrödingen will den Neubau von Einfamilienhäusern verbieten. Er argumentiert, dass sie zu viel Platz brauchen. Ich glaube aber nicht, dass in allen Gebieten der Stadt der Bau von Mehrfamilienhäusern sinnvoll ist. Es wäre besser, wenn man andere Lösungen für das Problem Wohnungsnot finden könnte.

# PLATEAU 4

Lesen Teil 5: Sie lesen hier eine Anweisung oder eine Anleitung, z. B. eine Hausordnung, eine Bedienungsanleitung, eine Arbeitsanweisung oder eine Gebrauchsinformation zu einem Medikament. Es gibt vier Aufgaben. Sie beziehen sich alle auf Detailinformationen.

**Lesen Sie die Aufgabe und den Text dazu. Wählen Sie die richtige Lösung a, b oder c.**

*Sie informieren sich über die Hausordnung der Hochschule für Schauspielkunst, an der Sie studieren möchten.*

27 Für die Unterrichtsräume gilt:
- a Studierende müssen dort selbst aufräumen.
- b Studierende dürfen dort keine Plakate aufhängen.
- c Studierende dürfen dort nach dem Unterricht lernen.

28 Das Trinken von alkoholischen Getränken ...
- a ist ohne Ausnahme verboten.
- b ist in den Teeküchen möglich.
- c kann von der Hochschulleitung genehmigt werden.

## Hausordnung der Hochschule für Schauspielkunst

**Öffnungszeiten:** Die Hochschulgebäude sind montags bis freitags von 07:30 Uhr bis 23:00 Uhr geöffnet, am Samstag von 09:30 Uhr bis 22:00 Uhr. An Sonn- und Feiertagen sind sie während der Proben und der Vorstellungen geöffnet. Das Übernachten in der Hochschule ist nicht erlaubt.

**Ordnung:** Die Räume der Hochschule dürfen ausschließlich zu Dienst- oder Unterrichtszwecken genutzt werden. In allen Räumen, Treppenhäusern, Höfen und Toiletten ist auf Sauberkeit zu achten. Wände, Fußböden usw. dürfen nicht beschädigt, bemalt oder verändert werden. Es darf auch nichts an die Wände geklebt werden. Türen müssen nach Verlassen der Räume abgeschlossen, die Fenster zugemacht sowie das Licht ausgeschaltet werden.

**Teeküchen:** Die Nutzung der Teeküchen ist möglich. Diese müssen im Anschluss an die Benutzung wieder ordnungsgemäß hinterlassen werden.

**Tiere:** Tiere dürfen, mit Ausnahme von Blindenhunden, nicht in das Gebäude mitgenommen werden. Auf dem Gelände dürfen Tiere nicht frei laufen.

**Rauchen:** Die Hochschule für Schauspielkunst ist eine rauchfreie Hochschule. In allen Gebäuden und Räumen besteht ein absolutes Rauchverbot. Ausnahmen sind lediglich die gekennzeichneten Raucherbereiche.

**Alkohol:** Der Konsum von Alkohol und Drogen ist auf dem gesamten Hochschulgelände verboten. In Ausnahmefällen kann die Hochschulleitung den Konsum von Alkohol erlauben.

Tipps zum Prüfungsteil Lesen auf einen Blick

# MODELLTEST

## LESEN (ca. 65 Minuten)

**Teil 1** (Arbeitszeit: 10 Minuten)

Lesen Sie den Text und die Aufgaben dazu. Entscheiden Sie, ob die Aussagen 1 bis 6 **Richtig** oder **Falsch** sind.

[Sonntag, den 13. März] | Kontakt

Hallo zusammen! Ich berichte mal wieder über meinen Alltag in der Hauptstadt von Österreich. Wie ihr wisst, bin ich seit zwei Monaten in Wien, um mich beruflich weiterzuentwickeln. In meiner Bäckerei gibt es mehrere Auszubildende, die alle aus Österreich kommen. Ich dachte, dass nur ich aus dem Ausland komme. Gestern kam allerdings ein junger Mann vorbei, den alle Mitarbeitenden schon kannten. Ich erfuhr, dass er wie ich aus Deutschland kommt und vor einem Jahr auch ein Praktikum in der Bäckerei absolviert hatte. Da war ich neugierig und sprach ihn an.

Sein Name ist Sebastian. Er kommt aus Bremen. Das ist eine Stadt in der Nähe von meinem Heimatort Oldenburg. Er hat gerade seine Berufsausbildung abgeschlossen. Während seines Praktikums in Wien konnte er tolle Erfahrungen sammeln und lernte viele interessante Leute kennen. Es gefiel ihm sogar so gut hier, dass er entschied, nach Wien zu ziehen! Deshalb kam er gestern in die Bäckerei, um mit der Chefin über ein Jobangebot zu sprechen. Als er erfuhr, dass ich aus Oldenburg komme, fragte er, in welcher Bäckerei ich meine Ausbildung mache. Während seiner Ausbildung hatte er sich doch tatsächlich in meiner Bäckerei um einen Praktikumsplatz beworben. Ist das nicht witzig!? Die Welt ist so klein!

Ich bin froh, dass wir uns kennengelernt haben. Morgen hat er mich zu einer Party bei seinen Freunden eingeladen. Ich bin schon sehr aufgeregt! Hoffentlich können wir uns öfter sehen. Drückt die Daumen!
Eure Alisha

**Beispiel:**

| | | |
|---|---|---|
| 0 | Alisha macht ein Praktikum in Wien. | **Richtig** ⊠   **Falsch** |
| 1 | Sebastian macht gerade eine Ausbildung. | **Richtig**   **Falsch** |
| 2 | Er kennt die Bäckerei in Wien. | **Richtig**   **Falsch** |
| 3 | Er sucht in Wien einen Job. | **Richtig**   **Falsch** |
| 4 | Er hat in Oldenburg ein Praktikum gemacht. | **Richtig**   **Falsch** |
| 5 | Alisha und Sebastian sind morgen verabredet. | **Richtig**   **Falsch** |
| 6 | Alisha möchte in Wien bleiben. | **Richtig**   **Falsch** |

**Teil 2** (Arbeitszeit: 20 Minuten)

Lesen Sie den Text aus der Presse und die Aufgaben 7 bis 9 dazu. Entscheiden Sie, welche Lösung richtig ist: a, b oder c.

# Verschenk keinen Müll!

Egal, ob einfarbig oder mit Motiv. Die Auswahl an Geschenkpapier ist groß. Zu Weihnachten wird das bunte Papier besonders viel gekauft. Ohne Papier geht es nicht! Denn Schenken macht erst dann richtig Spaß, wenn das Geschenk hübsch verpackt ist.

Doch nach dem Auspacken landet das Papier sofort im Müll. Und das hat Folgen. Studien zeigen, dass es zur Weihnachtszeit rund 20 Prozent mehr Hausmüll gibt. Auch die Herstellung von Geschenkpapier ist schlecht für die Umwelt, denn es wird viel Holz, Energie und Wasser gebraucht.

Wir sagen: Das muss nicht sein! Geschenke gehören zu Weihnachten – der Verpackungsmüll nicht! Hier sind unsere Alternativen zum klassischen Geschenkpapier, die nicht nur nachhaltig, sondern auch sehr praktisch sind.

- Bewahre altes Geschenkpapier oder Geschenk-Boxen auf. Wenn du dein Geschenk vorsichtig öffnest, kann die Verpackung noch einmal benutzt werden.

- Verwende, was du bereits zu Hause hast. Oft haben wir Zeitungen, Zeitschriften oder Plakate zu Hause, die wir nicht mehr brauchen. Die Motive können interessant sein und sind deshalb eine kreative Alternative.

- Viele alltägliche Gegenstände, wie z.B. Marmeladengläser, können genutzt werden und erhalten so ein neues Leben.

- Nutze dein Geschenk als Verpackung, z.B. einen Schal, ein T-Shirt oder eine Tasche.

**Beispiel:**

0 Geschenke …
- [x] a sind ein Teil des Weihnachtsfests.
- [ ] b werden gerne unverpackt verschenkt.
- [ ] c landen meistens im Müll.

7 Zu Weihnachten …
- [ ] a achten die Menschen darauf, wenig Müll zu produzieren.
- [ ] b gibt es 20 Prozent mehr Geschenke als an anderen Feiertagen.
- [ ] c entsteht mehr Verpackungsmüll.

8 Geschenkpapier …
- [ ] a schont die Umwelt.
- [ ] b kann nicht ersetzt werden.
- [ ] c ist nicht umweltfreundlich.

9 Alternativen zu Geschenkpapier …
- [ ] a sind teuer.
- [ ] b kosten mehr Energie und Wasser in der Produktion.
- [ ] c sind kreativ und nachhaltig.

noch **Teil 2**

Lesen Sie den Text aus der Presse und die Aufgaben 10 bis 12 dazu. Entscheiden Sie, welche Lösung richtig ist: a, b oder c.

# Im Urlaub Gutes tun

Tourismus ist in vielen Ländern ein wichtiger wirtschaftlicher Faktor und schafft neue Arbeitsplätze. Dennoch gibt es oft Kritik, denn die Tourismusindustrie hat auch Nachteile für die Regionen und die Bevölkerung.

Zwei Studenten aus Köln wollten das ändern und durch nachhaltigen Tourismus Gutes tun. Ihre Idee ist einfach: Weltweit gibt es soziale und ökologische Projekte, die nicht genug Geld haben, um ihre Ideen zu finanzieren. Oft haben sie aber freie Zimmer, die sie gut an Tourist*innen vermieten können. Die Miete finanziert die Projekte.

Aus dem Uni-Projekt entwickelte sich ein erfolgreiches Start-up. Auf der Plattform *Socialbnb* können Reisende auf der ganzen Welt Projekte suchen und dort eine Unterkunft buchen. Das Konzept ist perfekt für alle Reisefans, für die Nachhaltigkeit und soziales Engagement wichtig sind.

Die Gründer von *Socialbnb* haben gezeigt, welche Chancen nachhaltiger Tourismus für Land und Leute haben kann. Und wer freut sich nicht, wenn er im Urlaub entspannen und gleichzeitig Gutes tun kann?

**Beispiel:**

10 Über *Socialbnb* ...
- a können Studierende aus Köln ein Zimmer buchen.
- b findet man weltweit eine Unterkunft.
- c sollen Tourist*innen in sozialen und ökologischen Projekten mitarbeiten.

11 Die Gründer von *Socialbnb* ...
- a studierten an der Universität Köln.
- b zahlen Geld an soziale Projekte.
- c möchten die Tourismusindustrie unterstützen.

12 Die Tourist*innen ...
- a buchen ihr Flugticket über *Socialbnb*.
- b helfen, Projektideen zu finden.
- c finanzieren mit ihrer Miete nachhaltige Projekte.

Teil 3 (Arbeitszeit: 10 Minuten)

Lesen Sie die Situationen 13 bis 19 und die Anzeigen A bis J aus verschiedenen deutschsprachigen Medien. Wählen Sie: Welche Anzeige passt zu welcher Situation? Sie können **jede Anzeige nur einmal** verwenden. Die Anzeige aus dem Beispiel können Sie nicht mehr verwenden. Für eine Situation gibt es **keine passende Anzeige**. In diesem Fall schreiben Sie 0.

*Ihre Kolleginnen und Kollegen suchen in der Weihnachtszeit verschiedene Aktivitäten, Angebote und Informationen.*

**Beispiel:**

| | | |
|---|---|---|
| **0** | Theresa singt gerne und sucht eine Musikgruppe. | Anzeige: *B* |
| **13** | Eva möchte mit ihren Kindern Plätzchen backen. | Anzeige: ___ |
| **14** | Nina möchte Weihnachten nicht allein feiern. | Anzeige: ___ |
| **15** | Georg interessiert sich für verschiedene Übersetzungen des Lieds „O Tannenbaum". | Anzeige: ___ |
| **16** | Aneta möchte etwas aus Deutschland verschenken. | Anzeige: ___ |
| **17** | Thomas möchte vor Weihnachten Urlaub machen. | Anzeige: ___ |
| **18** | Maria möchte an Heiligabend das erste Mal ein traditionelles Essen kochen. | Anzeige: ___ |
| **19** | Eric ist neu in Deutschland und möchte mehr über die deutschen Traditionen erfahren. | Anzeige: ___ |

### A — Weihnachtsdeko selbst basteln

Kitsch oder Kunst? Entscheiden Sie selbst! In einer festlichen Atmosphäre bei Glühwein, Kaffee und Tee gestalten wir gemeinsam Weihnachtsdekoration genau nach Ihrem Geschmack! Die Kunstpädagog*innen unserer Schule helfen Ihnen gerne. Alle Materialien sind im Preis inklusive. Jeden Adventssonntag ab 14 Uhr. Anmeldung unter info@kunstschulemuenster.example.de

### B — Musik verbindet

Wer gerne singt und Musik macht und auch neue Freundschaften sucht, ist bei uns genau richtig. Wir treffen uns in der Adventszeit jeden Freitagabend und singen und spielen Weihnachtslieder. Kommt einfach vorbei und lernt unsere Mitglieder kennen. Eine Anmeldung ist nicht notwendig. Unsere Adresse findet ihr unter www.xmassingen.example.net

### C — Naschen erlaubt!

Unser Elternclub bietet am 2. Advent für Eltern und Kinder ab 6 Jahren eine Veranstaltung rund um das Thema weihnachtliche Kekse an. Drei Bäcker aus unserer Stadtbäckerei helfen und geben Tipps. Für Kinder unter 6 Jahren gibt es eine Betreuung. Kommt zu unserer Weihnachtsbäckerei! Anmeldung unter: 0162208

### D — Weihnachtslieder weltweit

Wir beschäftigen uns mit den bekanntesten Weihnachtsliedern aus der ganzen Welt. Wir analysieren verschiedene Versionen von beliebten deutschen Weihnachtsliedern in verschiedenen Sprachen. Zu Beginn der Veranstaltung singen für uns Schülerinnen und Schüler der Clara-Schumann-Musikschule.
**Zeit:** 10.12.2022 um 18 Uhr
**Ort:** Clara-Schumann-Musikschule
Franklinstraße 45, 40211 Düsseldorf

*noch* Teil 3

### E — Weihnachten gemeinsam feiern

Unser Single-Verein veranstaltet jedes Jahr ein Weihnachtsfest. Wir bereiten gemeinsam ein warmes Abendessen zu, singen Weihnachtslieder, verteilen Geschenke und lesen Weihnachtsgeschichten vor. In unserer Pension haben wir Platz für sechs Übernachtungsgäste. Anmeldung und weitere Informationen unter www.singleanweihnachten.example.de

### F — Familientreff am 1. Advent

Zur Eröffnung unseres neuen Stadtteiltreffs veranstalten wir am 1. Advent einen Familienbrunch. Für 5 € pro Person bekommen Sie Frühstück mit warmen und kalten Speisen sowie Getränke. Für Kleinkinder gibt es ein Märchentheater und einen neuen Spielraum. Außerdem bieten wir verschiedene Gesellschaftsspiele für Kinder und Erwachsene an. Wir freuen uns auf Sie! Anmeldung unter info@stadtteiltreff.example.de

### G — Weihnachten auf der Spur

Weihnachten, das ist der Duft von gebrannten Mandeln und Glühwein, das sind Spaziergänge über den Weihnachtsmarkt und Geschenke unter dem geschmückten Weihnachtsbaum. Und bei Ihnen?
In unserer Filmreihe (Deutsch mit englischen Untertiteln) lernen Sie die deutschen Traditionen zur Advents- und Weihnachtszeit kennen. Jeden Samstag um 11 Uhr auf unserem Channel. Im Anschluss haben Sie die Möglichkeit, im Chat Ihre Fragen zu stellen.

### H — Was soll ich schenken?

Weihnachten steht vor der Tür, aber du hast noch keine Geschenke? Egal, ob du etwas für deine beste Freundin, deinen Arbeitskollegen oder die Großeltern suchst – bei uns findest du viele tolle Geschenkideen. In unserem Onlineshop bieten wir handgemachte Artikel und Lebensmittel aus deutscher Produktion an. Viele Geschenke können auch personalisiert werden. Probier es aus!
www.handmadeingermany.example.com

### I — Gan(s)z schön einfach!

Sie haben noch nie eine Gans zubereitet? Kein Problem! Unsere Expert*innen zeigen, wie Sie das seit vielen Jahrzehnten beliebte Weihnachtsessen zubereiten können. In zahlreichen Videos erhalten Sie Tipps zu den Themen Einkauf, Zubereitung und Tischdeko. Damit gelingt Ihnen die Gans ganz bestimmt! Überraschen Sie Ihre Familie mit einem Weihnachtsessen wie im Restaurant! Die Videos erscheinen morgen auf unserem Online-Channel. Liken nicht vergessen!

### J — Erholung pur!

Nach stressigen Weihnachtstagen mit der ganzen Familie möchte man sich entspannen und die Ruhe genießen. Mit unserem Programm vom 27. bis zum 30. Dezember genießen Sie Wellness und Ruhe in der schönen Natur des Schwarzwalds. Verpassen Sie nicht unser Spezialangebot: nur noch bis Ende der Woche gültig!
Buchen Sie jetzt unter:
www.kur-im-schwarzwald.example.de

**Teil 4** (Arbeitszeit: 15 Minuten)

Lesen Sie die Texte 20 bis 26. Wählen Sie: Findet die Person **die Freiwilligendienste im Ausland gut**?

*In einem Internetforum lesen Sie Kommentare zu einem Artikel über die Freiwilligendienste im Ausland.*

**Beispiel:**

0 Verena [Ja ✗] [Nein]

20 Alissa [Ja] [Nein]
21 Kai [Ja] [Nein]
22 Gundula [Ja] [Nein]
23 Jörg [Ja] [Nein]
24 Lisa [Ja] [Nein]
25 Tom [Ja] [Nein]
26 Anna [Ja] [Nein]

## Kommentare

**Beispiel** Ich finde, das ist eine tolle Sache, vor allem für junge Menschen, die gerade überlegen, was sie studieren möchten. Durch einen Freiwilligendienst im Ausland können sie den Alltag in anderen Ländern kennenlernen und vor Ort helfen. Das finde ich sehr wichtig! Meine Tochter macht in zwei Jahren ihr Abitur. Ich hoffe, sie bewirbt sich für ein Freiwilligenprojekt im Ausland, zum Beispiel in Asien. Ich würde sie auf jeden Fall unterstützen! *Verena, 48, Bremen*

**20** Ich verstehe nicht, warum so viele Projekte auf der Insel Bali stattfinden. Ist das nicht weltweit ein beliebtes Reiseziel? Ich frage mich, ob diese Freiwilligendienste wirklich eine Hilfe vor Ort sind oder eher eine günstige Reiseveranstaltung für junge Erwachsene. Es gibt sicherlich viele andere Orte auf der Welt, wo dringend Hilfe gebraucht wird. Hilfe von Fachleuten und nicht von Teenagern! *Alissa, 41, Bremen*

**21** Mein Sohn war in Nepal und hat dort viel für sein Leben gelernt. Wir haben ihn vor Ort besucht und gesehen, was er genau macht. Das war nicht bloß eine Reise für ihn. Er hat von diesem Programm sehr profitiert und die Menschen, denen er geholfen hat, natürlich auch. Wir sind überzeugt, dass die Hilfe ankommt und gebraucht wird. Meine jüngere Tochter möchte sich in drei Jahren, wenn sie mit ihrer Ausbildung fertig ist, ebenfalls für dieses Programm bewerben und ehrenamtlich engagieren. Das finde ich toll! *Kai, 49, Berlin*

**22** Meine Enkelin wollte die Welt entdecken und hat überlegt, Erziehungswissenschaften zu studieren. Gemeinsam mit ihrer Freundin wollte sie unbedingt nach Bali, um sich dort in einem Kindergarten zu engagieren. Meine Tochter war dagegen. Sie sagt, Bali ist so weit weg und man kann auch hier ein Praktikum machen. Aber meine Enkelin hat es doch gemacht und das war gut so! *Gundula, 76, Freiberg*

**23** Ich habe circa fünf Jahre in Kambodscha gelebt und mit eigenen Augen gesehen, wie dort alles funktioniert. Wir haben Freiwillige aus der ganzen Welt empfangen und begleitet. Für junge Menschen gibt es da sicherlich viel zu entdecken. Viele ändern danach ihre Sicht auf die Welt. Sicherlich sind solche Erfahrungen notwendig, um auch hier in Deutschland politisch aktiv zu werden und etwas zu verändern. *Jörg, 37, Erfurt*

**24** Der Artikel hat gezeigt, dass es viele Probleme bei der Freiwilligenarbeit gibt. Es ist wichtig, dass junge Menschen davon erfahren. Das kann ihnen später dabei helfen zu entscheiden, ob sie diese Tätigkeit ausüben möchten oder nicht. Eins ist jedenfalls klar: Wir müssen uns in ärmeren Ländern engagieren! Es gibt so viele Menschen, die Hilfe brauchen, und wir können ihnen diese Hilfe geben. Wir alle sollten versuchen, die Probleme zu lösen. *Lisa, 33, Stuttgart*

**25** Ob die Hilfsprojekte wirklich für die Region hilfreich sind? Ich habe Zweifel … Leider sind einige Hilfsorganisationen nicht ehrlich. Ihnen geht es nur darum, viel Geld zu verdienen. Trotzdem bin ich der Meinung, dass hilfsbereite Menschen die Möglichkeit haben sollen, in ärmeren Regionen der Welt helfen zu können. Wir können einfach nicht auf solche Hilfsprojekte verzichten. Ich finde es wichtig, dass Hilfsorganisationen häufiger geprüft werden. Dann weiß man, dass die Hilfe dort ankommt, wo sie gebraucht wird. *Tom, 61, Leipzig*

**26** Die Frage nach den Fachleuten finde ich sehr interessant. Viele junge Menschen sollen in Kindereinrichtungen arbeiten, obwohl sie wenig bis gar keine Erfahrungen oder Vorkenntnisse haben. Das geht doch gar nicht! In manchen Fällen kann das sogar gefährlich sein. Ich bin dafür, dass man Leute vor Ort ausbildet und nachhaltig Arbeitsplätze schafft. Für so eine Tätigkeit braucht man einfach die richtige Qualifikation. *Anna, 35, Köln*

## MODELLTEST

**Teil 5** (Arbeitszeit: 10 Minuten)
Lesen Sie die Aufgaben 27 bis 30 und den Text dazu. Wählen Sie bei jeder Aufgabe die richtige Lösung:
a, b oder c.

*Sie machen Urlaub in einer Ferienwohnung und informieren sich über die Hausordnung.*

27 Vor der Ankunft …
- a erfährt man das WLAN-Passwort.
- b fragt man bei den Nachbarn nach dem Türcode.
- c sollte man sich über die Hausordnung informieren.

28 Vor dem Haus …
- a kann der Müll entsorgt werden.
- b ist Platz für Fahrräder.
- c darf man das Auto nicht abstellen.

29 In der Wohnung …
- a darf man nach 22 Uhr eine Feier veranstalten.
- b gibt es gratis Internet.
- c darf man rauchen.

30 Beim Verlassen der Wohnung …
- a muss man die Vermieter kontaktieren.
- b muss man alle Fenster und Türen schließen.
- c muss man den Strom abschalten.

## Willkommen in der Ferienwohnung Sommerschmied!

Liebe Gäste,
damit sich alle Hausbewohner*innen wohlfühlen, bitten wir Sie, sich über unsere Hausordnung zu informieren. So können alle Gäste ihren Urlaub genießen.

**Check-in / Check-out:** Damit keine fremden Personen ins Haus kommen, zeigen Sie bitte niemandem unseren Türcode. Check-in ist erst ab 15 Uhr möglich. Am Abreisetag bitten wir Sie, die Wohnung bis spätestens 11 Uhr zu verlassen.

**Ankommen:** Bitte benutzen Sie die Parkplätze vor dem Haus und parken Sie nicht am Straßenrand. Falls Sie mit zwei Autos kommen, können Sie auch den öffentlichen Parkplatz nebenan benutzen. Haustiere sind in der Wohnung nicht erlaubt. Bitte stellen Sie keine Fahrräder, Kinderwagen oder ähnliches vor die Haustür.

**Verhalten:** Das Rauchen ist in der Wohnung verboten. Bitte veranstalten Sie keine Partys oder sonstigen Events in der Wohnung. Die Nachtruhe ist von 22:00 – 7:00 Uhr.
Unser WLAN kann kostenfrei genutzt werden. Den Code finden Sie in der Willkommensmappe auf Seite 3.

Für Abfälle benutzen Sie bitte die Mülltonnen vor dem Haus. Wir bitten Sie, Wasser und Strom zu sparen. Damit helfen Sie nicht nur unserem Geldbeutel, sondern auch dem Planeten.

**Abreise:** Beim Verlassen der Wohnung achten Sie darauf, dass alle Fenster und Türen geschlossen sind.

Wir wünschen Ihnen viel Spaß und einen schönen Urlaub!
Familie *Sommerschmied*

# Hören (ca. 40 Minuten)

**Teil 1.** Sie hören fünf kurze Texte. Sie hören jeden Text **zweimal**. Zu jedem Text lösen Sie zwei Aufgaben. Wählen Sie bei jeder Aufgabe die richtige Lösung. Lesen Sie zuerst das Beispiel. Dazu haben Sie 10 Sekunden Zeit.

**Beispiel:**

01 Alisha macht ein Praktikum in Wien.  | Richtig | | ~~Falsch~~ |

02 Für das Erasmusprogramm
- a muss man einen Sprachkurs besuchen.
- ~~b~~ muss man Sprachkenntnisse nachweisen.
- c braucht man keine Sprachkenntnisse.

**Text 1**

1 Der Flug nach München verspätet sich um fünf Minuten. | Richtig | | Falsch |

2 Die Passagiere des Fluges nach München
- a sollen zum Gate B 11 gehen.
- b sollen warten, bis sie aufgerufen werden.
- c sind seit ein paar Minuten im Flieger.

**Text 2**

3 Die Vorstellung im Theater beginnt gleich. | Richtig | | Falsch |

4 Während der Pause
- a darf man nicht filmen oder fotografieren.
- b müssen alle elektronischen Geräte ausgeschaltet sein.
- c kann man etwas essen und trinken.

**Text 3**

5 Vera wohnt momentan in Beates Wohnung. | Richtig | | Falsch |

6 Vera möchte
- a insgesamt zwei Tage bleiben.
- b die Kaffeemaschine bezahlen.
- c noch zwei Übernachtungen buchen.

**Text 4**

7 In der kommenden Woche finden draußen keine Konzerte statt. | Richtig | | Falsch |

8 Nächste Woche
- a wird es etwas windig.
- b erwartet man starken Wind und Gewitter.
- c wird es trocken bleiben.

**Text 5**

9 Herr Levchuk arbeitet bei der Firma MONOLOG. | Richtig | | Falsch |

10 Das Gespräch
- a wird verschoben.
- b findet online statt.
- c wird abgesagt.

## MODELLTEST

**Teil 2.** Sie hören einen Text. Sie hören den Text **einmal**. Dazu lösen Sie fünf Aufgaben. Wählen Sie bei jeder Aufgabe die richtige Lösung [a], [b] oder [c]. Lesen Sie jetzt die Aufgaben 11 bis 15. Dazu haben Sie 60 Sekunden Zeit.

*Sie nehmen an einem Stadtrundgang teil.*

11  Der Stadtrundgang ...
- [a] findet wegen des Regens nicht statt.
- [b] ist gratis.
- [c] kostet Geld.

12  Der Rundgang ...
- [a] beginnt mit einem Besuch der Burg.
- [b] startet am Burgplatz.
- [c] dauert 20 Minuten.

13  Der Fernsehturm ...
- [a] ist 168 Meter hoch.
- [b] bleibt heute geschlossen.
- [c] bietet heute kostenlosen Eintritt.

14  Die Bar ...
- [a] bietet kostenlosen Kaffee an.
- [b] befindet sich unter der Aussichtsplattform.
- [c] befindet sich auf der Aussichtsplattform.

15  Nach dem Rundgang ...
- [a] gehen alle ins Filmmuseum.
- [b] gehen alle nach Hause.
- [c] gibt es Zeit für weitere Fragen.

**Teil 3.** Sie hören nun ein Gespräch. Sie hören das Gespräch **einmal**. Dazu lösen Sie sieben Aufgaben. Wählen Sie: Sind die Aussagen [Richtig] oder [Falsch]? Lesen Sie jetzt die Aufgaben 16 bis 22. Dazu haben Sie 60 Sekunden Zeit.

*Sie sind in der Bibliothek und hören, wie sich zwei Studierende über das Erasmus-Semester unterhalten.*

16  Rebecca war ein halbes Jahr in Spanien.  [Richtig] [Falsch]

17  Rebecca hat mit zwei Deutschen zusammengewohnt.  [Richtig] [Falsch]

18  Rebecca hat nur Spanisch gesprochen.  [Richtig] [Falsch]

19  Der Spanischkurs hat immer 30 Minuten gedauert.  [Richtig] [Falsch]

20  Rebecca war oft am Strand, auch im Dezember.  [Richtig] [Falsch]

21  Florian hat Rebecca zu Weihnachten besucht.  [Richtig] [Falsch]

22  Florian und Rebecca verabreden sich zum Kochen und Erzählen.  [Richtig] [Falsch]

Teil 4. Sie hören nun eine Diskussion. Sie hören die Diskussion **zweimal**. Dazu lösen Sie acht Aufgaben. Ordnen Sie die Aussagen zu: **Wer sagt was?** Lesen Sie jetzt die Aussagen 23 bis 30. Dazu haben Sie 60 Sekunden Zeit.

*Sie hören eine Radiosendung. Der Moderator diskutiert mit einem Vater und einer Lehrerin über das Thema „Schreiben lernen in der Schule".*

|  | Moderator | Frau Lohmann | Herr Schreiber |
|---|---|---|---|
| **Beispiel:** | | | |
| 0 Wegen der Digitalisierung ist heute das Schreiben mit der Hand weniger wichtig. | X | b | c |
| 23 In der Schule werden häufig elektronische Geräte genutzt. | a | b | c |
| 24 Ich schreibe selten eine Notiz auf einen Zettel. | a | b | c |
| 25 Schreiben hilft, das Lesen zu lernen. | a | b | c |
| 26 Mein Sohn kann meine Schrift nicht lesen. | a | b | c |
| 27 Wir erinnern uns besser, wenn wir etwas auf einen Zettel schreiben. | a | b | c |
| 28 Ich finde, dass Handschrift nicht schön aussehen muss. | a | b | c |
| 29 Eltern sollten zu Hause mit ihren Kindern das Schreiben üben. | a | b | c |
| 30 Es ist wichtig, dass Eltern die Vorteile von Schreibübungen verstehen. | a | b | c |

## Schreiben (ca. 60 Minuten)

**Aufgabe 1** (Arbeitszeit: 20 Minuten)

*Sie wandern ins Ausland aus. Deshalb haben Sie letztes Wochenende eine Abschiedsparty gefeiert. Ein Freund / Eine Freundin konnte nicht kommen, weil er/sie verreist war.*

- Beschreiben Sie: Wer ist zu Ihrer Party gekommen?
- Begründen Sie: Warum wandern Sie aus?
- Machen Sie einen Vorschlag, wann Ihr Freund / Ihre Freundin Sie im Ausland besuchen kann.

Schreiben Sie eine E-Mail (circa 80 Wörter). Schreiben Sie etwas zu allen drei Punkten. Achten Sie auf den Textaufbau (Anrede, Einleitung, Reihenfolge der Inhaltspunkte, Schluss).

**Aufgabe 2** (Arbeitszeit: 25 Minuten)

*Sie haben in einem Podcast eine Diskussion über das Thema „Bürgerinitiativen" gehört. Im Online-Forum der Sendung lesen Sie folgende Meinung:*

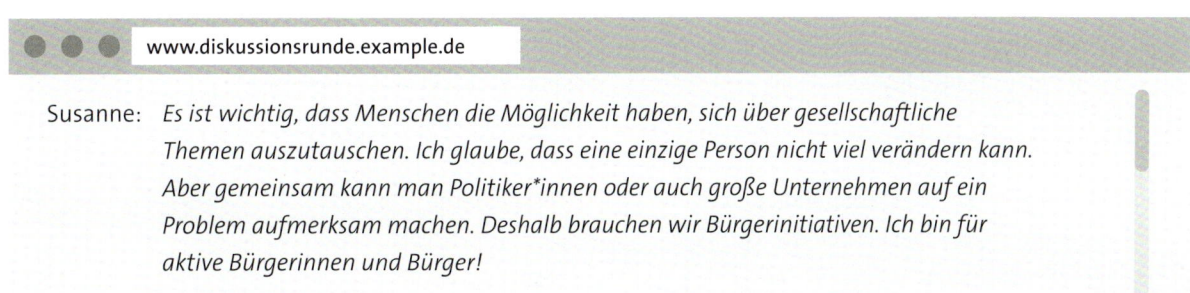

Susanne: *Es ist wichtig, dass Menschen die Möglichkeit haben, sich über gesellschaftliche Themen auszutauschen. Ich glaube, dass eine einzige Person nicht viel verändern kann. Aber gemeinsam kann man Politiker\*innen oder auch große Unternehmen auf ein Problem aufmerksam machen. Deshalb brauchen wir Bürgerinitiativen. Ich bin für aktive Bürgerinnen und Bürger!*

Schreiben Sie nun Ihre Meinung zum Thema (circa 80 Wörter).

**Aufgabe 3** (Arbeitszeit: 15 Minuten)

*Sie haben von Ihrer Chefin, Frau Sova, eine Einladung zu einem Meeting bekommen. Leider geht es Ihrem Kind nicht gut und Sie können an dem Meeting nicht teilnehmen.*

Schreiben Sie an Frau Sova. Entschuldigen Sie sich *höflich* und berichten Sie, warum Sie nicht kommen können. Schreiben Sie eine E-Mail (circa 40 Wörter). Vergessen Sie nicht die Anrede und den Gruß am Schluss.

# Sprechen (Vorbereitungszeit 15 Minuten)

**Teil 1. Gemeinsam etwas planen** (Dauer: circa drei Minuten)

*Sie organisieren mit Ihrem Sprachkurs einen Filmabend mit Snacks und Getränken.*
Sprechen Sie über die Punkte unten, machen Sie Vorschläge und reagieren Sie auf die Vorschläge Ihres Gesprächspartners / Ihrer Gesprächspartnerin. Planen und entscheiden Sie gemeinsam, was Sie tun möchten.

**Einen Videoabend planen**

- Wo und wann findet die Veranstaltung statt?
- Welcher Film wird gezeigt?
- Wer kauft ein und wo?
- Welche Snacks werden gekauft?
- Was wird an dem Abend getrunken?

**Teil 2. Ein Thema präsentieren** (Dauer: circa drei Minuten)

Wählen Sie ein Thema aus (Thema 1 oder Thema 2). Sie sollen Ihren Zuhörerinnen und Zuhörern ein aktuelles Thema präsentieren. Dazu finden Sie hier fünf Folien. Folgen Sie den Anweisungen links und schreiben Sie Ihre Notizen und Ideen rechts daneben.

**Thema 1**

|  |  |
|---|---|
| Stellen Sie Ihr Thema vor. Erklären Sie den Inhalt und die Struktur Ihrer Präsentation. | **Auswandern?** (1) |
| Berichten Sie von Ihrer Situation oder einem Erlebnis im Zusammenhang mit dem Thema. | **Auswandern?** Meine persönlichen Erfahrungen (2) |
| Berichten Sie von der Situation in Ihrem Heimatland und geben Sie Beispiele. | **Auswandern?** Die Situation in meinem Heimatland (3) |
| Nennen Sie die Vor- und Nachteile und sagen Sie dazu Ihre Meinung. Geben Sie auch Beispiele. | **Auswandern?** Vor- und Nachteile & Meine Meinung (4) |
| Beenden Sie Ihre Präsentation und bedanken Sie sich bei den Zuhörer*innen. | **Auswandern?** Abschluss & Dank (5) |

## Thema 2

Stellen Sie Ihr Thema vor. Erklären Sie den Inhalt und die Struktur Ihrer Präsentation.

**Leben in einer Großfamilie**

1

Berichten Sie von Ihrer Situation oder einem Erlebnis im Zusammenhang mit dem Thema.

**Leben in einer Großfamilie**

Meine persönlichen Erfahrungen

2

Berichten Sie von der Situation in Ihrem Heimatland und geben Sie Beispiele.

**Leben in einer Großfamilie**

Familienleben in meinem Heimatland

3

Nennen Sie die Vor- und Nachteile und sagen Sie dazu Ihre Meinung. Geben Sie auch Beispiele.

**Leben in einer Großfamilie**

Vor- und Nachteile & Meine Meinung

4

Beenden Sie Ihre Präsentation und bedanken Sie sich bei den Zuhörer*innen.

**Leben in einer Großfamilie**

Abschluss & Dank

5

**Teil 3.** Über ein Thema sprechen (Dauer: circa zwei Minuten)

**Nach Ihrer Präsentation:**

Reagieren Sie auf die Rückmeldung und auf Fragen der Prüfer*innen und des Gesprächspartners / der Gesprächspartnerin.

**Nach der Präsentation Ihres Partners / Ihrer Partnerin:**

a) Geben Sie eine Rückmeldung zur Präsentation Ihres Partners / Ihrer Partnerin (z. B. wie Ihnen die Präsentation gefallen hat, was für Sie neu oder besonders interessant war usw.).

b) Stellen Sie auch eine Frage zur Präsentation Ihres Partners / Ihrer Partnerin.

**GRAMMATIK**

# Grammatik im Überblick

**Sätze**

1 Zeitangaben in Sätzen
    1.1 Gleichzeitigkeit mit *als* und *während*
    1.2 Nachzeitigkeit mit *nach, nachdem, bevor*
    1.3 Häufigkeit. *Nie, ..., immer*
2 Gründe, Folgen, Widersprüche und Gegensätze
    2.1 Gründe nennen mit *deshalb, darum* und *deswegen*
    2.2 Gründe in Nebensätzen mit *weil* und *da*
    2.3 Gründe und Gegensätze in Hauptsätzen mit *wegen* und *trotz* + Nomen im Genitiv
    2.4 Widersprüche und Gegensätze mit *obwohl, trotz, trotzdem*
    2.5 Auf einen Blick: Sätze mit Gründen/Folgen, Widersprüchen/Gegensätzen
3 Alternativen. *Entweder ... oder*
4 Bedingungen und Wünsche. Nebensätze mit *wenn* + Konjunktiv II
5 Ziele oder Konsequenzen mit *damit, sodass, je ..., desto*
    5.1 *damit, sodass*
    5.2 Handlungen und Konsequenzen mit *je ..., desto*
6 Informationen verbinden
    6.1 Wörter, Wendungen und Sätze verbinden mit *nicht nur ..., sondern auch / sowohl ... als auch / weder ... noch / entweder ... oder / zwar ..., aber*
    6.2 Auf einen Blick: Konjunktionen, die Nebensätze einleiten
    6.3 Auf einen Blick: Konjunktionen, die Informationen verbinden
7 Personen und Sachen genauer beschreiben: Relativsätze
    7.1 Relativsätze mit Relativpronomen
    7.2 Relativsätze mit Präposition und Relativpronomen
    7.3 Relativsätze in der Satzmitte
    7.4 *Wo* und *was* als Relativpronomen
8 Fragen mit Präpositionen. *An wen / Woran* denkst du?
    8.1 Fragen nach Personen mit *über, an, mit, auf, ...*
    8.2 Fragen nach Sachen. *Wo* + Präposition
9 Infinitiv mit *zu* im Satz
10 Dativ- und Akkusativergänzungen im Satz

**Wörter und Wendungen**

11 Pronomen
    11.1 Unpersönliches Pronomen *man*
    11.2 Indefinitpronomen *irgend-*
    11.3 Auf einen Blick: Pronomen
12 Wortbildung
    12.1 Diminutive. *Das Haus – das Häuschen / das Häuslein*
    12.2 Adjektive als Nomen. *Etwas Wichtiges*
    12.3 Adjektive in Nomen mit *-heit* und *-keit*
    12.4 Adjektive mit *-los, -reich, frei, voll*
13 Der Genitiv
    13.1 Possessivartikel, Nomen und unbestimmter Artikel im Genitiv
    13.2 Adjektivendungen im Genitiv
    13.3 *Trotz, wegen, während* mit Genitiv
    13.4 Auf einen Blick: der Genitiv
14 Adjektive verstärken oder abschwächen
15 Auf einen Blick: Adverbien
16 *Wo-* und *da-* + Präposition. *An wen / Woran denkst du?*
    16.1 *Über wen, an wen?*
    16.2 *Worüber – darüber? Woran – daran?*
17 Verb *brauchen* + *zu*
18 Konjunktiv II. Bitten, Ratschläge, Wünsche
    18.1 Verwendung des Konjunktivs
    18.2 Konjunktiv II von *haben, sein, werden* und Modalverben
19 Partizip I und II als Adjektiv und Nomen
    19.1 Partizip I
    19.2 Partizip II
20 Plusquamperfekt
21 Über die Zukunft sprechen, Prognosen machen. Das Futur I

# Sätze

## 1 Zeitangaben in Sätzen

### 1.1 Gleichzeitigkeit mit *als* und *während* ▶E2, E5 ▶A2 GR5.1

Während Nick vor dem Regal steht, kommt Maik auf die Bühne.
Ich telefoniere immer, während ich aufräume.
Während der Ferien habe ich drei Romane gelesen.
Während der Ferien telefonierte sie jeden Tag mit ihrer Freundin.

*Leben ist das, was passiert, während du beschäftigt bist, andere Pläne zu machen.* (John Lennon)

**Regel:** *während*: Gleichzeitigkeit in Vergangenheit und Gegenwart.

Als sie in den Ferien war, telefonierte sie jeden Tag mit ihrer Freundin.
Als ich gestern im Theater war, hustete eine Frau die ganze Zeit.

**Regel:** *als* + Nebensatz = nur in der Vergangenheit.

### 1.2 Nachzeitigkeit mit *nach, nachdem, bevor* ▶E6, E8 ▶GR20

Nach meinem Studium habe ich gleich einen Job in einer großen Firma gefunden.
Ich habe nach meinem Studium gleich einen Job in einer großen Firma gefunden.

Nachdem Hannah studiert hatte, hat sie gleich einen Job in einer großen Firma gefunden.
Sie fand einen Job in einer IT-Firma, nachdem sie neun Bewerbungen geschrieben hatte.

Er machte seine Arbeit fertig, bevor er nach Hause ging.
Bevor wir Plätzchen backen, kaufen wir ein.
Wollen wir einen Tisch reservieren, bevor wir ins Restaurant gehen?

**Regel:** Zwei Ereignisse: **1.** Sie hat studiert. **2.** Sie hat einen Job gefunden.

**Zeitenfolge:** Hauptsatz im Präsens: Nebensatz im Perfekt
Hauptsatz im Perfekt oder Präteritum: Nebensatz im Plusquamperfekt

### 1.3 Häufigkeit. *Nie, ..., immer* ▶E2

Ich gehe regelmäßig ins Theater.
Manchmal gehe ich ins Theater.
Gehst du ab und zu auch ins Theater? Ja, aber selten.
Ich gehe sehr selten ins Theater, aber oft ins Kino.
In die Oper gehe ich nie. Ich interessiere mich nicht für Musik.
Am Sonntag gehe ich meistens spazieren.
Jeden Sonntag gehe ich spazieren. Ich gehe immer am Sonntag spazieren.
Am Samstag gehe ich nicht immer schwimmen, aber meistens.

**Häufige Wendungen**

Das geht nicht. Das haben wir noch nie so gemacht.
Das war bis jetzt nie ein Problem.
So etwas habe ich noch nie gesehen.
Ab und zu trinke ich mal ein Bier.

# GRAMMATIK

## 2  Gründe, Folgen, Widersprüche und Gegensätze

### 2.1  Gründe nennen mit *deshalb*, *darum* und *deswegen*  ▶ E3

Es gibt nicht genug Wohnungen. Deshalb/Darum/Deswegen sind die Mieten so hoch.
Es gibt nicht genug Wohnungen, deshalb/darum/deswegen sind die Mieten so hoch.

**Regel:**  Hauptsätze mit *deshalb*, *darum* und *deswegen* nennen Gründe.

### 2.2  Gründe in Nebensätzen mit *weil* und *da*  ▶ E12  ▶ A2 GR2

Carina nimmt am liebsten das Fahrrad, weil die Fahrt mit dem Bus länger dauert.
Der Film *Metropolis* wurde kein Erfolg, da die Menschen ihn damals nicht verstanden.
Da die *Menschen* den Film Metropolis nicht verstanden, wurde er kein Erfolg.

> **Minimemo**
> *Da* verwendet man meistens in schriftlichen Texten.

🗨 Warum wurde der Film von Fritz Lang eigentlich kein Erfolg?
🗨 Weil die Menschen den Film damals nicht verstanden haben.

> *Es ist nicht wahr, dass Menschen aufhören, Träume zu verfolgen, weil sie alt werden.*
> *Sie werden alt, weil sie aufhören, Träume zu verfolgen.* – Gabriel García Márquez

### 2.3  Gründe und Gegensätze in Hauptsätzen mit *wegen* und *trotz* + Nomen im Genitiv  ▶ E5  ▶ GR13.3  ▶ A2 GR7

**Grund**
Wegen des schlechten Wetters war die Fahrt über den Atlantik oft gefährlich.
Ich konnte wegen meines Impftermins heute nicht zur Arbeit gehen.
Wegen der Pandemie musste das Café schließen.

**Widerspruch/Gegengrund**
Trotz der Gefahr machten sich viele Auswanderer auf den Weg über den Atlantik.
Trotz der hohen Kosten fahren die Menschen immer noch viel mit dem Auto.
Der Marathonlauf fand trotz des schlechten Wetters statt.
Trotz der Corona-Pandemie ging sie jeden Tag ins Büro.

**Regel:**  *trotz/wegen* + Nomen im Genitiv

### 2.4  Widersprüche und Gegensätze mit *obwohl*, *trotz*, *trotzdem*  ▶ E4, E5, E10  ▶ GR6

Obwohl die Reise über das Meer gefährlich war, wanderten im 19. Jahrhundert viele Menschen aus Deutschland, Österreich und der Schweiz nach Amerika aus. Trotz der hohen Preise und der Gefahren machten sie sich auf den Weg über das Meer.

| Hauptsatz | Nebensatz |
|---|---|
| Viele Menschen wanderten nach Amerika aus, | obwohl die Reise gefährlich war. |

| Nebensatz | Hauptsatz |
|---|---|
| Obwohl die Reise gefährlich war, | wanderten viele Menschen nach Amerika aus. |

**Regel:**  Mit *obwohl* beginnt ein Nebensatz. Der *obwohl*-Satz drückt einen Gegensatz aus. Er kann vor oder nach dem Hauptsatz stehen.

| Hauptsatz | Hauptsatz |
|---|---|
| Die Reise über das Meer war gefährlich. | Trotzdem wanderten sie nach Amerika aus. |
| | Trotz der Gefahren wanderten die Menschen aus. |

## 2.5 Auf einen Blick: Sätze mit Gründen/Folgen, Widersprüchen/Gegensätzen

|  | Präposition + Nomen | Konjunktion + Verb | Adverb |
|---|---|---|---|
| Grund/Folge | Wegen* des Regenwetters bleiben wir zuhause. | Wir bleiben zuhause, weil es regnet. | Es regnet. Deshalb/Darum/Deswegen bleiben wir zuhause. |
| Widerspruch/ Gegensatz | Trotz des Regenwetters gehen wir spazieren. | Wir gehen spazieren, obwohl es regnet. | Es regnet. Trotzdem gehen wir spazieren. |

*Wegen wird mündlich oft mit dem Dativ verwendet: Wegen dem Regenwetter …

## 3 Alternativen. *Entweder … oder* ▶E8

Ich möchte entweder in Göttingen oder in Jena studieren.
Einen Konflikt kann man entweder ignorieren oder lösen.
Der Deutschkurs findet entweder online oder im Kursraum statt.

*Wir müssen uns jetzt entscheiden: Entweder links oder rechts.*

## 4 Bedingungen und Wünsche. Nebensätze mit *wenn* + Konjunktiv II ▶E3 ▶GR18 ▶A2 GR19

| real | Wenn ich Zeit habe, (dann) fahre ich ans Meer. |
| nicht real/Wunsch | Wenn ich Zeit hätte, würde ich ans Meer fahren. |
|  | Ich würde ans Meer fahren, wenn ich Zeit hätte. |
| real | Ich habe aber keine Zeit, deshalb kann ich nicht ans Meer fahren. |
| nicht real/Wunsch | Wenn ich Geld hätte, (dann) würde ich in den Urlaub fliegen. |
| real | Aber ich habe kein Geld und keine Zeit. Deshalb bleibe ich zuhause. |

### Häufige Wendungen

Ich wäre froh, wenn der Winter endlich vorbei wäre.
Ich würde mich freuen, wenn du mich anrufen würdest.
Es wäre schön, wenn du mir beim Umzug helfen könntest.

# GRAMMATIK

## 5 Ziele oder Konsequenzen mit *damit, sodass, je ..., desto*
▶ E9 ▶ A2 GR23

### 5.1 *damit, sodass*

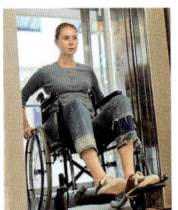

Die Eingangstüren öffnen sich automatisch, sodass niemand eine schwere Tür öffnen muss.
Die Eingangstüren öffnen sich automatisch, damit niemand eine schwere Tür öffnen muss.
Auf Bahnhöfen gibt es Aufzüge, sodass auch Rollstuhlfahrer bequem zum Zug kommen.
Damit auch Rollstuhlfahrer bequem zum Zug kommen, gibt es auf Bahnhöfen Aufzüge.

**Regel:** Nebensätze mit *damit* drücken Ziele aus. Nebensätze mit *sodass* drücken Konsequenzen aus. Sie stehen nie am Anfang.

### 5.2 Handlungen und Konsequenzen mit *je ..., desto*

| Handlung | Konsequenz |
|---|---|
| Je länger ich schlafe, | desto entspannter bin ich. |
| Je mehr ich trainiere, | desto fitter werde ich. |
| Je weniger ich lese, | desto weniger weiß ich. |
| Je weniger ich schlafe, | desto nervöser bin ich. |

> *Je länger ich lebe, desto uninformierter fühle ich mich. Nur die Jungen haben für alles eine Erklärung.*
> (Isabel Allende)

## 6 Informationen verbinden ▶ E6, E7, E8, E10

### 6.1 Wörter, Wendungen und Sätze verbinden mit *nicht nur ..., sondern auch / sowohl ... als auch / weder ... noch / entweder ... oder / zwar ..., aber*

Nicht nur eine Schule, sondern auch ein Museum und eine Straße tragen den Namen von Konrad Duden.
Dudens Wörterbuch hat sich zwar im Laufe der Zeit verändert, aber es ist immer noch ein Bestseller.
Konrad Duden arbeitete sowohl in Thüringen als auch in Hessen.
Ihre Eltern konnten ihr weder ein Studium noch eine Ausbildung finanzieren.
Wir gehen entweder ins Museum oder wir machen eine Stadtrundfahrt.

> *Man reist nicht nur um anzukommen, sondern vor allem, um unterwegs zu sein.*
> (Johann Wolfgang von Goethe)

### 6.2 Auf einen Blick: Konjunktionen, die Nebensätze einleiten

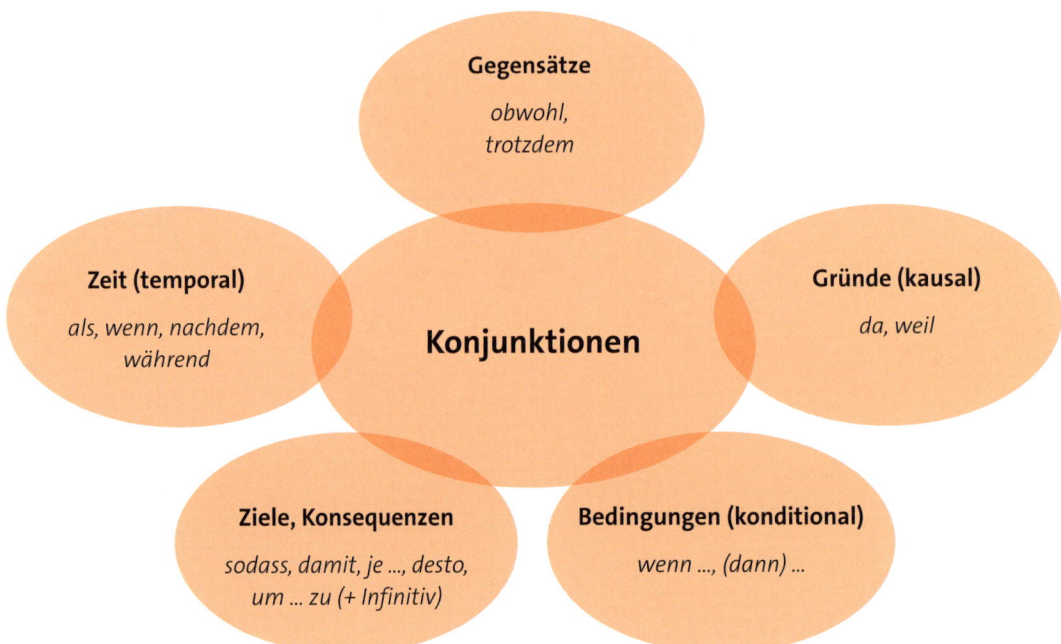

### 6.3 Auf einen Blick: Konjunktionen, die Informationen verbinden

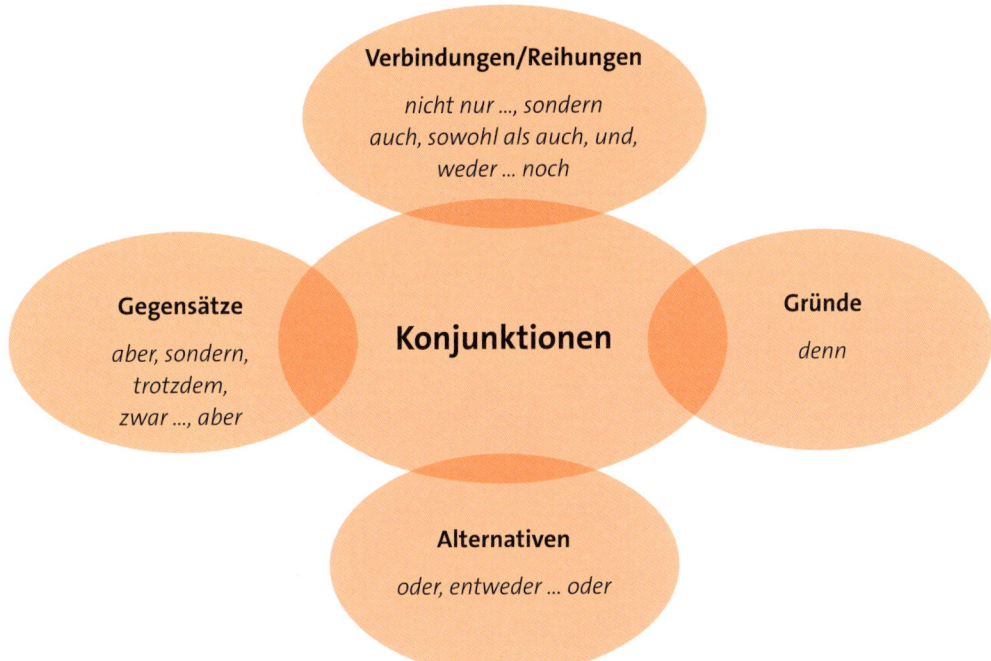

### 7 Personen und Sachen genauer beschreiben: Relativsätze ▶ A2 GR6, GR25

#### 7.1 Relativsätze mit Relativpronomen ▶ E10 ▶ A2 GR6

| | |
|---|---|
| Parvati Singh hat einen Masterabschluss gemacht, | der gute Karrierechancen bietet. |
| Sie arbeitet in einem Team, | das sich auch privat nach der Arbeit trifft. |
| Merle Sutter ist eine Personalmanagerin, | die oft im Homeoffice arbeitet. |
| Das Berghotel Haydn hat einen Wellnessbereich, | den man kostenlos nutzen kann. |
| Sie ist eine Freundin, | der ich die Hoteladresse gegeben habe. |
| Das Schlossparkhotel ist ein Hotel, | dessen Frühstücksbuffet sehr gut ist. |

#### 7.2 Relativsätze mit Präposition und Relativpronomen ▶ E4, E10 ▶ A2 GR25

| | |
|---|---|
| Parvati Singh hat einen Masterabschluss, | mit dem sie beste Karrierechancen hat. |
| Sie arbeitet in Teams, | in denen sie sich sehr wohl fühlt. |
| Merle Sutter arbeitet in einer Firma, | in der sie sich weiterentwickeln kann. |
| Das Berghotel ist ein Hotel, | für das sich besonders Sportler interessieren. |
| Es gibt hier viele Hotels, | in deren Restaurants man sehr gut essen kann. |

#### 7.3 Relativsätze in der Satzmitte ▶ E4, E10

| | | |
|---|---|---|
| Der Schlosspark, | der neben dem Hotel beginnt, | ist ein Ort zum Entspannen. |
| Das Hotel, | das ich meinen Freunden empfohlen habe, | wird gerade renoviert. |
| Die alte Hütte, | in der ich übernachtet habe, | hat keinen Handyempfang. |
| Der Urlaub, | für den ich lange gespart habe, | war leider viel zu kurz. |
| Den Autor, | dessen Buch ich gelesen habe, | kenne ich aus der Schulzeit. |
| Die Autorin, | deren Bücher sehr erfolgreich sind, | wohnt in Berlin. |
| Die Autorinnen, | deren Bücher sehr erfolgreich sind, | treffen sich auf der Buchmesse. |

## GRAMMATIK

### 7.4 *Wo* und *was* als Relativpronomen ▶ E5

| | |
|---|---|
| Heimat ist da, | wo meine Freunde sind. |
| Ich mache dort Ferien, | wo es warm ist. |
| Ein Urlaub am Meer ist das, | was mich am meisten entspannt. |
| Ein Picknick im Wald ist das, | was ich im Sommer liebe. |

**Regel:** Relativsätze stehen hinter den Wörtern oder Satzteilen, die sie erklären.

## 8 Fragen mit Präpositionen. *An wen / Woran denkst du?*

### 8.1 Fragen nach Personen mit *über, an, mit, auf, ...* ▶ E5

| | |
|---|---|
| Über wen schreibt die Autorin? | Über Auswandererfamilien. |
| An wen denkst du? | An meine Mutter. |
| Mit wem gehst du ins Kino? | Mit meiner besten Freundin. |
| Auf wen wartest du? | Auf den Zusteller mit dem Paket. |

### 8.2 Fragen nach Sachen. *Wo* + Präposition ▶ A2 GR21

| | |
|---|---|
| Worüber schreibt die Autorin? | Über das Thema Auswanderung. |
| Woran denkst du? | An meine Ferien. |
| Womit fährst du zur Arbeit? | Meistens mit dem Rad. |
| Worum geht es in dem Text? | Um die Umwelt. |
| Worauf wartest du? | Auf ein Paket von meinen Eltern. |

**Häufige Wendungen**

Worüber regst du dich auf? Das ist doch nicht wichtig!
Worum geht es in dem Film?
Ein Baumhaus? Wozu soll das denn gut sein?

## 9 Infinitiv mit *zu* im Satz ▶ E2

Hast du vor, Winterurlaub zu machen?
Ich habe Lust, Theater zu spielen.
Es macht mir Spaß, ins Theater zu gehen.
Ich habe vergessen, den Impfpass mitzunehmen.

**Nach diesen Wendungen stehen oft Infinitive mit *zu***

Ich habe Angst, Fehler zu machen.
Ich habe keine Zeit, Urlaub zu machen.
Ich habe keine Lust, mit dir auszugehen.
Es ist wichtig, fit zu bleiben.
Es ist nicht leicht, unsere Lehrerin zu verstehen.
Kannst du nicht aufhören, in der Küche zu rauchen?

der Impfpass

## 10 Dativ- und Akkusativergänzungen im Satz ▶E6 ▶A2 GR9, GR15, GR24

|  | Dativergänzung | Akkusativergänzung |  |
|---|---|---|---|
| Sarah schenkt | ihrer Freundin | ein Buch. | |
| Ich zeige | dem neuen Kollegen | seinen Arbeitsplatz. | |
| Carola gibt | mir | ihren Autoschlüssel. | |
| Kannst du | uns | eine Pizza | mitbringen? |
| Schenkt die Oma | den Kindern | Geld? | |

**Regel:** Dativergänzung vor Akkusativergänzung

**Lerntipp**

*schenken, kaufen, (mit-)bringen, geben, zeigen, leihen*
immer mit **Dativ- und Akkusativergänzung**.

|  |  | Akkusativergänzung Pronomen | Dativergänzung |  |
|---|---|---|---|---|
| (das Buch) | Sarah schenkt | es | ihr. / ihrer Freundin. | |
| (der Arbeitsplatz) | Ich zeige | ihn | ihm. / dem neuen Kollegen. | |
| (der Schüssel) | Carola gibt | ihn | mir. | |
| (die Pizza) | Kannst du | sie | uns | mitbringen? |
| (das Geld) | Schenkt die Oma | es | ihnen? / den Kindern? | |

**Regel:** Akkusativergänzung als Pronomen vor Dativergänzung

### Wörter und Wendungen

## 11 Pronomen

### 11.1 Unpersönliches Pronomen *man* ▶E9

| **Man will oder kann die Person nicht nennen** | Man muss zuerst den Akku aufladen und dann das Handy einschalten. Passwörter vergisst man oft. |
|---|---|
| **Passivfunktion** | Man backt Kuchen mit Eiern, Mehl und Zucker. Kuchen wird mit Eiern, Mehl und Zucker gebacken. |
| **Pronomen *man* in allgemeinen Aussagen** | Man darf hier nicht parken! Hier ist das Parken verboten! Es ist verboten, hier zu parken. |

**Regel:** *man* + 3. Person Singular: Er/Es/Sie/Man darf ...

*Man darf hier nicht parken.*

**Häufige Wendungen**

Das kann man so nicht sagen.
Wenn man das wüsste ...
Man sollte weniger Fleisch essen.
Man weiß nicht, wie das Wetter wird.
Das kann man leider nicht machen.

## GRAMMATIK

### 11.2 Indefinitpronomen *irgend-* ▶E1

Hast du irgendwas im Kühlschrank? Ich habe Hunger.
Ich kenne den Mann. Ich habe ihn irgendwo schon gesehen.
Hast du irgendwann mal Zeit? Ich muss mit dir reden.
Kennst du irgendwen, der ein Auto hat?
Hat irgendwer mein Handy gesehen? Ich finde es nicht.

> *Irgendwie fängt irgendwann irgendwo die Zukunft an.*
> (Songtext von Nena, 1984)

*irgend-* = unbestimmt, ungenau

### 11.3 Auf einen Blick: Pronomen

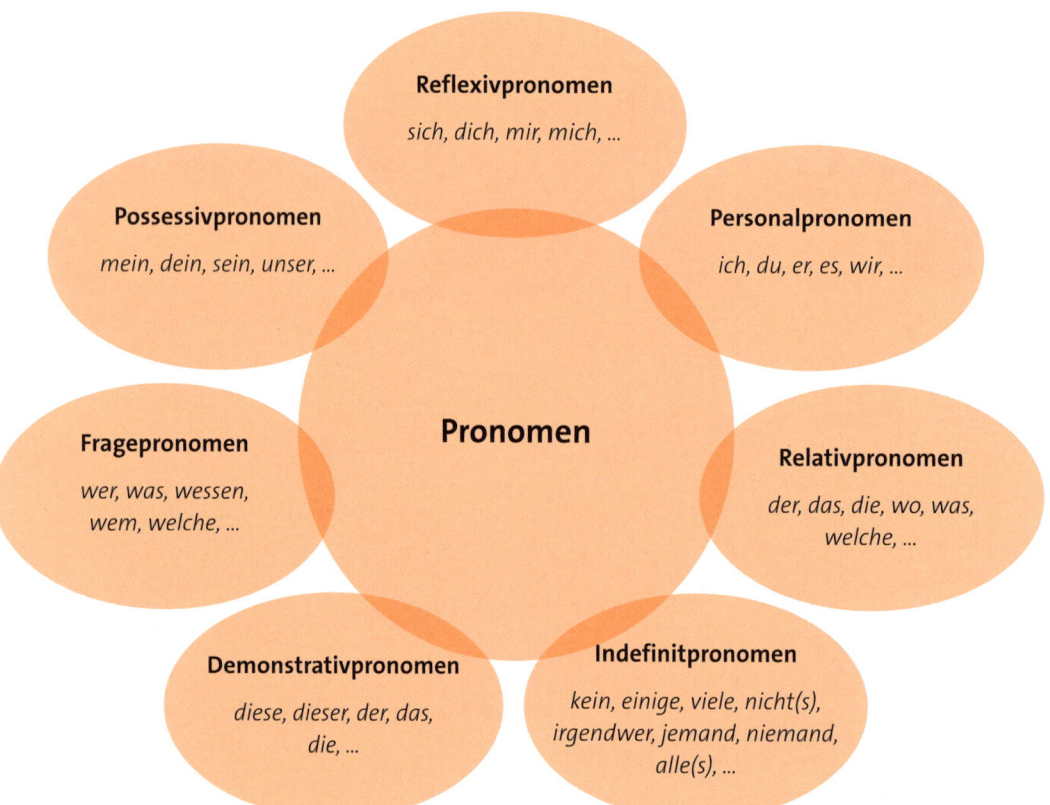

## 12 Wortbildung ▶ A2 GR13

### 12.1 Diminutive. *Das Haus – das Häuschen / das Häuslein* ▶E6

das große Haus   das kleine Haus:  das Häuschen, das Häuslein
der große Baum   der kleine Baum:  das Bäumchen, das Bäumlein

die Wurst        das Würstchen
der Schirm       das Schirmchen
der Stern        das Sternchen
die Katze        das Kätzchen

das Brötchen (kleines Brot)
das Mädchen (Kind, weiblich)
das Plätzchen (kleines Gebäck)

**Minimemo**

Es gibt regionale Formen, z. B.
das Würsterl (A, Bayern)
das Würstli (CH)

**Regel:** Diminutive haben immer den Artikel *das*. Die Endung *-lein* (das Tischlein) wird seltener verwendet. Bei *a, u* und *au* im Nomen: Diminutiv mit Umlaut (das Würstchen).

## 12.2 Adjektive als Nomen. *Etwas Wichtiges* ▶ E12

Ein Urlaub im Tannheimer Tal ist etwas Besonderes.
An diesem Ort ist etwas Wichtiges passiert.

**Häufige Wendungen**

Zieh doch mal etwas Anderes an, nicht immer nur Jeans.
Man sollte jeden Tag etwas Gutes tun.
Hast du etwas Neues von Bianca gehört?

## 12.3 Adjektive in Nomen mit *-heit* und *-keit* ▶ E7

| | | | |
|---|---|---|---|
| die Gesundheit | gesund | die Arbeitslosigkeit | arbeitslos |
| die Krankheit | krank | die Teamfähigkeit | teamfähig |
| die Vergangenheit | vergangen | die Langsamkeit | langsam |
| die Klugheit | klug | die Fröhlichkeit | fröhlich |

**Regel:** In Nomen mit *-heit* und *-keit* findet man meistens Adjektive. Der Artikel ist immer *die*.

## 12.4 Adjektive mit *-los, -reich, -frei, -voll* ▶ E7, E9

| | |
|---|---|
| Der Autor war erfolglos. | Der Autor hatte keinen Erfolg mit seinen Büchern. |
| Der Autor war erfolgreich. | Der Autor hatte viel Erfolg mit seinen Büchern. |
| Er war arbeitslos. | Er hatte keine Arbeit mehr. |
| Es war ein arbeitsreicher Tag. | Es gab an diesem Tag viel Arbeit. |
| Die Familie war kinderlos. | Die Familie hatte keine Kinder. |
| Die Meiers sind eine kinderreiche Familie. | Sie haben drei Töchter und zwei Söhne. |
| Ich bin sprachlos. | Ich weiß nicht, was ich sagen soll. |
| In Zukunft gibt es fahrerlose Autos. | Diese Autos bauchen keinen Fahrer mehr. |
| Der 1. Mai ist in Deutschland ein arbeitsfreier Tag. | Man muss an diesem Tag nicht arbeiten. |
| Der Bahnhof ist barrierefrei. | Es gibt keine Barrieren (z. B. Treppen). |
| Es wäre sinnvoll, den Zug zu nehmen. | Es ist vernünftig, mit der Bahn zu fahren. |
| Lara schaute sorgenvoll in die Zukunft. | Sie machte sich Sorgen wegen der Zukunft. |
| Er war sehr liebevoll zu seinen Kindern. | Er liebte seine Kinder sehr. |

# 13 Der Genitiv ▶ A2 GR7

### 13.1 Possessivartikel, Nomen und unbestimmter Artikel im Genitiv ▶ E7

| Nominativ | Genitiv | |
|---|---|---|
| Singular | bestimmter Artikel | unbestimmter Artikel / Possessivartikel |
| der Direktor | der Name des Direktors | der Name (m)eines Direktors |
| das Museum | der Name des Museums | der Name (s)eines Museums |
| das Kind | der Name des Kindes | der Name (m)eines Kindes |
| die Schule | der Name der Schule | der Name (m)einer Schule |
| Plural | | |
| die Direktoren/ Museen/Häuser | die Namen der Direktoren/ Museen/Häuser | seiner/ihrer Direktoren/Museen/Häuser |

# GRAMMATIK

### 13.2 Adjektivendungen im Genitiv ▶ E5, E7

*Wortreich* ist der Name einer interessant**en** Ausstellung in Bad Hersfeld.

| der Direktor | (der Name) des/eines neu**en** Direktors |
| das Museum | (der Name) des/eines neu**en** Museums |
| die Kollegin | (der Name) der neu**en** Kollegin |
| die Schulen | (die Namen) der neu**en** Schulen |

**Regel:** Adjektive im Genitiv mit Artikel: Die Endung ist immer *-en*.

### 13.3 *Trotz, wegen, während* mit Genitiv ▶ E5 ▶ GR2.3

Trotz des Regens machten wir eine Bergwanderung.
Trotz der großen Gefahren machten sich die Menschen auf den Weg über das Meer.
Wegen der Armut wanderten viele Menschen im 19. Jahrhundert aus Europa aus.
Wegen des schlechten Wetters mussten die Schiffe im Hafen bleiben.
Während des Stadtfestes* bleibt die Innenstadt autofrei.
Während der Ferien bleiben die Schulen offen, obwohl kein Unterricht stattfindet.

*des Festes: Einsilbige Nomen im Genitiv oft mit *-es*.

### 13.4 Auf einen Blick: Genitiv

Man nennt Konrad Duden den Vater der deutschen Rechtschreibung. Er war Direktor des Gymnasiums in Bad Hersfeld. Konrad Dudens Denkmal steht dort im Kurpark. Wegen der vielen verschiedenen Schreibweisen wollte Duden die Rechtschreibung reformieren.

**a)** Das Genitiv *-s* ▶ A2 GR7

Das Genitiv *-s* verbindet zwei Nomen (Person + Person, Person + Sache), die zusammengehören.

Vaters Fahrrad ist kaputt.
Frau Meyers Auto ist in der Werkstatt.
Lisas Mutter arbeitet in einem Labor.
Familie Meyers Hund heißt Waldi.

**b)** Das Genitivattribut ▶ E7 ▶ A2 GR7.2

die Grenzen des Landes
der Club der toten Dichter
der Besuch der alten Dame
das Wörterbuch der deutschen Sprache
das Haus meiner Eltern / ihrer Eltern

*Welcher Club?*  *Wessen Besuch?*
*Welches Wörterbuch?*  *Wessen Haus?*

**Regel:** Das Genitivattribut beschreibt ein Nomen genauer oder sagt, wem etwas gehört. Das Genitivattribut steht nach dem Nomen.

# 14 Adjektive verstärken oder abschwächen mit *ganz, relativ, ziemlich, besonders, wirklich, sehr, total, absolut* ▶ E1, E6

*Das finde ich süß!*

*Das ist wirklich sehr süß!*

*Das ist cool!*

*Das ist ziemlich cool!*

*Das ist kitschig!*

*Ich finde das total kitschig!*

*Das Räuchermännchen ist absolut witzig!*

# 15 Auf einen Blick: Adverbien

In Hamburg habe ich damals gern gewohnt. Dort lebt jetzt meine Schwester. Deshalb fahre ich oft nach Hamburg. Wir machen immer eine Hafenrundfahrt. Möglicherweise zieht sie bald nach München um. Da sind die Wohnungen leider noch teurer. Jetzt sucht sie eine Wohnung am Stadtrand.

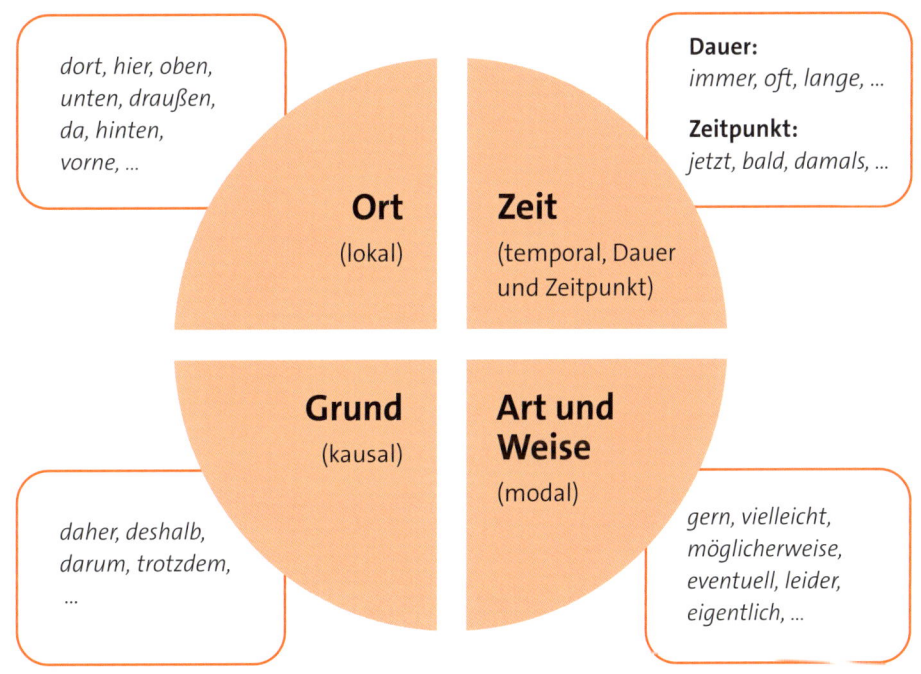

**Ort** (lokal)
dort, hier, oben, unten, draußen, da, hinten, vorne, …

**Zeit** (temporal, Dauer und Zeitpunkt)
**Dauer:** immer, oft, lange, …
**Zeitpunkt:** jetzt, bald, damals, …

**Grund** (kausal)
daher, deshalb, darum, trotzdem, …

**Art und Weise** (modal)
gern, vielleicht, möglicherweise, eventuell, leider, eigentlich, …

Ich fahre möglicherweise bald nach Berlin.
Ich fahre immer nach Berlin.
Dort arbeite ich.
Darum fahre ich nach Berlin.
Ich bleibe immer lange in Berlin.
Ich habe eigentlich kein Geld. Trotzdem fahre ich nach Berlin.

**Minimemo**

Mit Adverbien kann man sagen, wo, wann, warum oder wie etwas passiert. Sie verändern sich nicht.

## GRAMMATIK

### 16. Wo- und da- + Präposition. *An wen / Woran denkst du?* ▶GR8

**16.1 *Über wen, an wen?*** ▶E5

| | |
|---|---|
| Über wen schreibt die Autorin? | Sie schreibt über Auswandererfamilien. |
| | Sie schreibt seit drei Jahren über sie. |
| An wen denkst du? | An meine Mutter. |
| | An sie denke ich sehr oft. |
| Mit wem gehst du ins Kino? | Mit meiner Freundin. |
| | Mit ihr treffe ich mich jeden Sonntag. |
| Auf wen wartest du? | Auf den Zusteller mit dem Paket. |
| | Ich warte seit einer Stunde auf ihn. |

**16.2 *Worüber – darüber? Woran – daran?*** ▶E12 ▶A2 GR21

| | |
|---|---|
| Worüber schreibt die Autorin? | Über das Thema Auswanderung. |
| | Darüber schreibt sie seit drei Jahren. |
| Woran denkst du? | Ich denke an meine Ferien. |
| | Daran denke ich jeden Tag. |
| Womit fährst du zur Arbeit? | Meistens mit dem Rad. |
| | Damit fahre ich am liebsten. |
| Worum geht es in dem Text? | Um die Umwelt. |
| | Darum geht es in den Texten, die sie schreibt. |
| Worauf wartest du? | Ich warte auf ein Paket von meinen Eltern. |
| | Ich warte seit einer Woche darauf. |

**Häufige Wendungen**

Worin liegt/besteht der Unterschied zwischen Obst und Gemüse?
+ Kümmerst du dich um die Getränke? - Darum kümmere ich mich morgen.

### 17. Verb *brauchen + zu* ▶E11

Ich brauche heute nicht in die Uni zu gehen. Heute ist Nationalfeiertag.
(Ich muss nicht in die Uni gehen.)

Du brauchst mich nur anzurufen. Dann komme ich und helfe dir.
(Du musst mich nur anrufen. Dann …)

Du brauchst dich nicht zu ärgern. In 10 Minuten kommt der nächste Bus.
(Du musst dich nicht ärgern.)

Ihr braucht keine Tickets zu reservieren. Das haben wir schon gemacht.
(Ihr müsst keine Tickets reservieren.)

*brauchen + zu*: Bedeutung und Gebrauch wie Modalverb *müssen*

# 18 Konjunktiv II. Bitten, Ratschläge, Wünsche ▶E1, E3 ▶GR4

### 18.1 Verwendung des Konjunktivs

| | |
|---|---|
| **Ratschläge** | Du solltest mal wieder Urlaub machen. |
| **(höfliche) Bitten** | Könnten Sie mir bitte helfen? |
| | Ich hätte gern zwei Brötchen. |
| **nicht real / Wünsche** | Ich hätte gern mehr Zeit. Dann müsste ich nicht so viel arbeiten. |
| | Ich würde Urlaub machen und könnte morgens länger schlafen. |
| | Wenn ich nicht so viel arbeiten müsste, hätte ich mehr Zeit. |
| **real** | Ich habe keine Zeit. Ich muss viel arbeiten und morgens früh aufstehen. Ich mache keinen Urlaub. |

**Regel:** Konjunktiv II der meisten Verben im Präsens: *würde* + Verb im Infinitiv
Ich würde gern weniger arbeiten.
Ich würde gern mehr Urlaub machen.

### 18.2 Konjunktiv II von *haben, sein, werden* und Modalverben ▶A2 GR31

| | Präteritum | Konjunktiv II | Präteritum | Konjunktiv II | Präteritum | Konjunktiv II |
|---|---|---|---|---|---|---|
| | **haben** | | **sein** | | **werden** | |
| ich | hatte | hätte | war | wäre | wurde | würde |
| du | hattest | hättest | warst | wärst | wurdest | würdest |
| er/es/sie/man | hatte | hätte | war | wäre | wurde | würde |
| wir | hatten | hätten | waren | wären | wurden | würden |
| ihr | hattet | hättet | wart | wärt | wurdet | würdet |
| sie/Sie | hatten | hätten | waren | wären | wurden | würden |

**Regel:** Konjunktiv von *haben, sein, werden* und Modalverben: Präteritum + Umlaut
hatte → hätte, konnte → könnte, musste → müsste, ... **Aber:** sollte → sollte

# 19 Partizip I und Partizip II als Adjektiv und Nomen

### 19.1 Partizip I ▶E11

**Bildung**   Verb + d
schlafen → schlafend
leuchten → leuchtend
überzeugen → überzeugend

**Partizip I als Adjektiv**

Das Argument ist sehr überzeugend.
Das ist ein sehr überzeugendes Argument.
(Das ist ein Argument, das überzeugt.)
Für Spaghetti braucht man kochendes Wasser.
(Für Spaghetti braucht man Wasser, das kocht.)

**Partizip I als Nomen**

die Studierenden (Menschen, die studieren)
die Lesenden (Menschen, die gerade lesen)

*Der denkende Mensch ändert seine Meinung.*
(Friedrich Nietzsche, 1844–1900)

die Studierenden

**Häufige Wendungen**

Man soll keine schlafenden Hunde wecken.
Carolina spricht fließend Deutsch, Italienisch und Griechisch.

# GRAMMATIK

**19.2 Partizip II** ▶E10

| | | | |
|---|---|---|---|
| handeln | gehandelt | wegwerfen | weggeworfen |
| kochen | gekocht | trinken | getrunken |
| lieben | geliebt | mahlen | gemahlen |
| flüchten | geflüchtet | backen | gebacken |

**Partizip II als Adjektiv**

Der Kaffee ist fair gehandelt, das heißt die Kaffeebauern bekommen einen fairen Preis.
Im Supermarkt kann man fair gehandelten Kaffee kaufen.
(Im Supermarkt kann man Kaffee kaufen, der fair gehandelt wurde.)
Die frisch gebackenen Brötchen sind noch warm.
(Die Brötchen, die frisch gebacken wurden, sind noch warm.)
Viele mögen den Duft von frisch gemahlenen Kaffeebohnen.
(Viele mögen den Duft von Kaffeebohnen, die frisch gemahlen wurden.)
Ich trinke am liebsten frisch gepressten Orangensaft.
(Ich trinke am liebsten Orangensaft, der frisch gepresst wurde.)

*Lecker, frisch gepresster Orangensaft!*

**Partizip II als Nomen**

der/die Geflüchtete (der Flüchtling)
Ich habe das Gelernte vergessen.

## 20 Plusquamperfekt ▶E8 ▶GR1.2

2022 hatte Dora ihren Abschluss gemacht. Danach schrieb sie viele Bewerbungen. Nachdem sie die achte Bewerbung geschrieben hatte, bekam sie eine positive Antwort von einer Firma in Hamburg. Danach suchte sie eine Wohnung. Als sie eine hübsche Wohnung gefunden hatte, zog sie um. Nachdem sie umgezogen war, konnte sie mit der Arbeit beginnen.

**Lerntipp**
*Sein* oder *haben*?
Wie beim Perfekt.

**Regel:** Mit dem Plusquamperfekt verbindet man zwei Ereignisse in der Vergangenheit. Das Plusquamperfekt sagt, was zuerst passiert ist. Das Plusquamperfekt bildet man mit der Präteritumform von *sein* oder *haben* (*war* oder *hatte*) und dem Partizip II.

| Zuerst | Danach |
|---|---|
| Dora machte ihren Abschluss. | Dora schrieb Bewerbungen. |
| Nachdem Dora ihren Abschluss gemacht hatte, | schrieb sie Bewerbungen. |

| Danach | Zuerst |
|---|---|
| Sie konnte mit der Arbeit beginnen, | nachdem sie umgezogen war. |

Kellner: „Wie fanden Sie das Steak?"
Gast: „Ganz zufällig, als ich den Salat schon fast gegessen hatte."

## 21 Über die Zukunft sprechen, Prognosen machen. Das Futur I

▶E12 ▶A2 GR29

| | |
|---|---|
| **Zukunft** (mit Präsens) | Wir fahren nach Tirol. |
| **Zukunft** (mit Zeitadverb) | Nächsten Sommer/Bald/Morgen fahren wir nach Tirol. |
| **Zukunft** (mit Futur I) | Herr Hulot wird (nächsten Sommer) nach Tirol fahren. |
| **Prognosen** (mit Futur I) | Wir werden bestimmt/vielleicht/irgendwann mal nach Tirol fahren. |
| | Ich werde unseren Kurs vermissen. |
| | Die Menschen werden noch sehr lange von einer Zeitmaschine träumen. |

**Zukunft**
1. (meistens) mit Zeitadverb + Verb (Präsens)
   Morgen besuche ich meine Tante.
2. mit *werden* + Verb im Infinitiv. Mit Futur I kann man auch Prognosen ausdrücken.
   2050 wird es selbstfahrende Autos geben.

# LISTE DER UNREGELMÄSSIGEN VERBEN

*Perfekt mit *sein*

| | er/es/sie | |
|---|---|---|
| ab\|brechen | brach ab | abgebrochen |
| ab\|hängen | hing ab | abgehangen |
| ab\|schließen | schloss ab | abgeschlossen |
| ab\|waschen | wusch ab | abgewaschen |
| an\|bieten | bot an | angeboten |
| an\|erkennen | erkannte an | anerkannt |
| an\|fangen | fing an | angefangen |
| an\|kommen | kam an | angekommen* |
| an\|nehmen | nahm an | angenommen |
| an\|rufen | rief an | angerufen |
| an\|sehen | sah an | angesehen |
| an\|sprechen | sprach an | angesprochen |
| an\|wenden | wandte an | angewandt/angewendet |
| an\|ziehen (sich) | zog sich an | angezogen |
| auf\|laden | lud auf | aufgeladen |
| auf\|fallen | fällt auf | aufgefallen* |
| auf\|fangen | fing auf | aufgefangen |
| auf\|geben | gab auf | aufgegeben |
| auf\|gießen | goss auf | aufgegossen |
| auf\|stehen | stand auf | aufgestanden* |
| auf\|treten | trat auf | aufgetreten* |
| aus\|brechen | brach aus | ausgebrochen* |
| ausf\|allen | fiel aus | ausgefallen* |
| aus\|geben | gab aus | ausgegeben |
| aus\|gehen | ging aus | ausgegangen* |
| aus\|schlafen | schlief aus | ausgeschlafen |
| aus\|sehen | sah aus | ausgesehen |
| aus\|ziehen (sich) | zog sich aus | ausgezogen |
| befinden (sich) | befand sich | befunden |
| begeben (sich) | begab sich | begeben |
| beginnen | begann | begonnen |
| bekommen | bekam | bekommen |
| beraten | beriet | beraten |
| beschließen | beschloss | beschlossen |
| bestehen | bestand | bestanden |
| beweisen | bewies | bewiesen |
| bewerben (sich) | bewarb sich | beworben |
| bieten | bot | geboten |
| bitten | bat | gebeten |
| bleiben | blieb | geblieben* |
| brechen (sich) | brach sich | gebrochen |
| brennen | brannte | gebrannt |
| bringen | brachte | gebracht |
| dazukommen | kam dazu | dazugekommen* |
| denken | dachte | gedacht |
| dürfen | durfte | gedurft |
| ein\|fallen | fiel ein | eingefallen* |
| ein\|frieren | fror ein | eingefroren |
| ein\|geben | gab ein | eingegeben |
| ein\|laden | lud ein | eingeladen |

## LISTE DER UNREGELMÄSSIGEN VERBEN

| | | |
|---|---|---|
| einziehen | zog ein | eingezogen* |
| empfehlen | empfahl | empfohlen |
| enthalten | enthielt | enthalten |
| entscheiden | entschied | entschieden |
| entstehen | entstand | entstanden* |
| entwerfen | entwirft | entworfen |
| erfahren | erfuhr | erfahren |
| erhalten | erhielt | erhalten |
| erkennen | erkannte | erkannt |
| essen | aß | gegessen |
| fahren | fuhr | gefahren* |
| finden | fand | gefunden |
| fliegen | flog | geflogen* |
| frieren | fror | gefroren* |
| geben | gab | gegeben |
| gefallen | gefiel | gefallen |
| gehen | ging | gegangen* |
| genießen | genoss | genossen |
| geschehen | geschieht | geschehen* |
| gewinnen | gewann | gewonnen |
| gießen | goss | gegossen |
| greifen | griff | gegriffen |
| haben | hatte | gehabt |
| halten | hielt | gehalten |
| hängen | hing | gehangen |
| heben | hob | gehoben |
| heißen | hieß | geheißen |
| helfen | half | geholfen |
| heraus\|finden | fand heraus | herausgefunden |
| heraus\|nehmen | nahm heraus | herausgenommen |
| herein\|kommen | kam herein | hereingekommen |
| herunter\|laden | lud herunter | heruntergeladen |
| hin\|fahren | fuhr hin | hingefahren* |
| hin\|fallen | fiel hin | hingefallen* |
| hin\|gehen | ging hin | hingegangen* |
| hin\|kommen | kam hin | hingekommen* |
| hinter\|lassen | hinterließ | hinterlassen |
| hoch\|laden | lud hoch | hochgeladen |
| kennen | kannte | gekannt |
| klingen | klang | geklungen |
| kommen | kam | gekommen* |
| können | konnte | gekonnt |
| laden | lud | geladen |
| laufen | lief | gelaufen* |
| leid\|tun | tat leid | leidgetan |
| leihen | lieh | geliehen |
| lesen | las | gelesen |
| liegen | lag | gelegen |
| los\|gehen | ging los | losgegangen* |
| lügen | log | gelogen |
| mit\|bringen | brachte mit | mitgebracht |
| mit\|helfen | half mit | mitgeholfen |

## LISTE DER UNREGELMÄSSIGEN VERBEN

| | | |
|---|---|---|
| mit\|kommen | kam mit | mitgekommen* |
| mit\|nehmen | nahm mit | mitgenommen |
| mögen | mochte | gemocht |
| müssen | musste | gemusst |
| nach\|denken | dachte nach | nachgedacht |
| nach\|schlagen | schlug nach | nachgeschlagen |
| nach\|sprechen | sprach nach | nachgesprochen |
| nehmen | nahm | genommen |
| nennen | nannte | genannt |
| raten | riet | geraten |
| raus\|bringen | brachte raus | rausgebracht |
| raus\|schmeißen | schmiss raus | rausgeschmissen |
| recht haben | hatte recht | recht gehabt |
| rennen | rannte | gerannt* |
| riechen | roch | gerochen |
| runter\|bringen | brachte runter | runtergebracht |
| schaffen | schuf | geschaffen |
| scheinen | schien | geschienen |
| schlafen | schlief | geschlafen |
| schlagen | schlug | geschlagen |
| schließen | schloss | geschlossen |
| schneiden | schnitt | geschnitten |
| schreiben | schrieb | geschrieben |
| schwimmen | schwamm | geschwommen* |
| sehen | sah | gesehen |
| sein | war | gewesen* |
| singen | sang | gesungen |
| sitzen | saß | gesessen |
| sitzen\|bleiben | blieb sitzen | sitzengeblieben* |
| sollen | sollte | gesollt |
| spinnen | spann | gesponnen |
| sprechen | sprach | gesprochen |
| stattfinden | fand statt | stattgefunden |
| stechen | stach | gestochen |
| stehen | stand | gestanden |
| steigen | stieg | gestiegen* |
| sterben | starb | gestorben* |
| streichen | strich | gestrichen |
| streiten | stritt | gestritten |
| teil\|nehmen | nahm teil | teilgenommen |
| tragen | trug | getragen |
| treffen | traf | getroffen |
| trinken | trank | getrunken |
| tun | tat | getan |
| überdenken | überdachte | überdacht |
| übernehmen | übernahm | übernommen |
| übertreiben | übertrieb | übertrieben |
| überweisen | überwies | überwiesen |
| umgehen | umging | umgegangen* |
| um\|sehen (sich) | sah sich um | umgesehen |
| um\|steigen | stieg um | umgestiegen* |
| um\|ziehen | zog um | umgezogen* |

## LISTE DER UNREGELMÄSSIGEN VERBEN

| | | |
|---|---|---|
| unterhalten (sich) | unterhielt sich | unterhalten |
| unterschreiben | unterschrieb | unterschrieben |
| verbieten | verbot | verboten |
| verbringen | verbrachte | verbracht |
| vergehen | verging | vergangen |
| vergessen | vergaß | vergessen |
| vergleichen | verglich | verglichen |
| verlassen | verließ | verlassen |
| verlieren | verlor | verloren |
| vermeiden | vermied | vermieden |
| verraten | verriet | verraten |
| versprechen | versprach | versprochen |
| verstehen | verstand | verstanden |
| vertragen | vertrug | vertragen |
| vorbei|gehen | ging vorbei | vorbei gegangen* |
| vorschlagen | schlug vor | vorgeschlagen |
| vorübergehen | ging vorüber | vorübergegangen |
| wachsen | wuchs | gewachsen* |
| waschen | wusch | gewaschen |
| weg|bringen | brachte weg | weggebracht |
| weg|fahren | fuhr weg | weggefahren* |
| weglaufen | lief weg | weggelaufen* |
| weg|werfen | warf weg | weggeworfen |
| weh|tun (sich) | tat sich weh | wehgetan |
| weiter|empfehlen | empfahl weiter | weiterempfohlen |
| werden | wurde | geworden* |
| werfen | warf | geworfen |
| wiegen | wog | gewogen |
| wissen | wusste | gewusst |
| wollen | wollte | gewollt |
| ziehen | zog | gezogen |
| zurück|fahren | fuhr zurück | zurückgefahren* |
| zurück|kommen | kam zurück | zurückgekommen* |
| zurück|rufen | rief zurück | zurückgerufen |
| zusammen|sitzen | saß zusammen | zusammengesessen |

## LISTE DER VERBEN MIT PRÄPOSITIONEN

Diese Verben werden in „Das Leben" A2 mit Präpositionen und Akkusativ- oder Dativergänzung verwendet.
Lernen Sie die Verben immer zusammen mit den Präpositionen.

**Akkusativ**

| Verb | Präposition | Beispiel |
|---|---|---|
| achten | auf | Man muss auf die Radfahrer achten. |
| anmelden (sich) | für | Hast du dich schon für den Sprachkurs angemeldet? |
| ärgern (sich) | über | Ich ärgere mich oft über meinen Chef. |
| berichten | über | Sie möchte über ihre Ferien berichten. |
| beschweren (sich) | über | Der Junge beschwert sich über seine Lehrerin. |
| bewerben (sich) | um | Er bewirbt sich um eine Stelle als Krankenpfleger. |
| bitten | um | Sie bittet ihn um Hilfe. |
| da sein | für | Sie ist immer da für mich. |
| demonstrieren | gegen | Sie demonstrieren gegen das neue Gesetz. |
| denken | an | Ich denke oft an meine Schulzeit. |
| diskutieren | über | Wir diskutieren viel über Ernährung. |
| engagieren (sich) | für | Die Firma engagiert sich für ihre Interessen. |
| einsetzen (sich) | für | Die Partei setzt sich für Klimaschutz ein. |
| erinnern (sich) | an | Sie erinnert sich oft an die Schulzeit. |
| freuen (sich) | über | Ich freue mich über das Geschenk. |
| freuen (sich) | auf | Die Kinder freuen sich auf die Ferien. |
| führen | durch | Wir führen Sie durch die Berge. |
| hoffen | auf | Ich hoffe auf gutes Wetter am Wochenende. |
| interessieren (sich) | für | Interessierst du dich für Literatur? |
| kämpfen | für | Sie kämpfen für eine bessere Zukunft. |
| konzentrieren (sich) | auf | Meine Tochter konzentriert sich auf ihr Abitur. |
| kümmern (sich) | um | Mein Mann kümmert sich um den Haushalt. |
| nachdenken | über | Ich denke über einen neuen Laptop nach. |
| protestieren | gegen | Sie protestieren gegen die neue Schulreform. |
| reagieren | auf | Wie hat er auf deine Frage reagiert? |
| sorgen | für | Meine Schwester muss für ihren Sohn sorgen. |
| steigen | auf | Wir sind im Urlaub auf die Zugspitze gestiegen. |
| streiten (sich) | über | Meine Eltern streiten sich immer über die gleichen Themen. |
| treffen | auf | Er hat im Zug auf einen alten Freund getroffen. |
| unterhalten (sich) | über | Ich möchte mich mit dir über deine Zukunft unterhalten. |
| verlieben (sich) | in | Ich habe mich in dich verliebt. |
| verschicken | an | Hast du das Dokument an Frau Meyer verschickt? |
| weiterleiten | an | Hast du das Dokument an Frau Meyer weitergeleitet? |
| wenden | an | Dafür wenden Sie sich bitte an Frau Miller. |
| wickeln | um | Sie wickelt das Ende des Bands um den Zeigefinger. |
| wundern (sich) | über | Er wundert sich über seine Kinder. |

**Dativ**

| Verb | Präposition | Beispiel |
|---|---|---|
| abhalten | von | Ich will euch nicht von der Arbeit abhalten. |
| abhängen | von | Das Reiseziel hängt vom Wetter ab. |
| ausbrechen | aus | Man kann immer aus dem Alltag ausbrechen |
| auskennen (sich) | mit | Kennst du dich mit Technik aus? |
| basieren | auf | Die Daten basieren auf Studien. |
| bedanken (sich) | bei | Er hat sich bei mir bedankt. |
| beschäftigen (sich) | mit | In meiner Freizeit beschäftige ich mich mit Kunst. |
| beschweren (sich) | bei | Du musst dich bei deiner Chefin beschweren. |
| bestehen | aus | Das Gericht besteht aus Nudeln und Spinat. |
| chatten | mit | Meine Tochter chattet viel mit ihren Freundinnen. |

## LISTE DER VERBEN MIT PRÄPOSITIONEN

| | | |
|---|---|---|
| einverstanden sein | mit | Ich bin mit dem Ergebnis einverstanden. |
| erholen (sich) | von | Ich erhole mich vom stressigen Alltag. |
| fertig sein | mit | Bist du schon fertig mit den Hausaufgaben? |
| halten | von | Sie halten nicht viel von ihm. |
| klingen | nach | Dieses Lied klingt nach Sommer. |
| melden | bei | Melden Sie sich bitte bei Herrn Krüger. |
| rechnen | mit | Ich hatte nicht mit diesem Problem gerechnet. |
| teilnehmen | an | Wir nehmen an der Feier teil. |
| träumen | von | Sie träumt von einem Haus in Spanien. |
| umgehen | mit | Sie ist gut mit der Situation umgegangen. |
| unterhalten (sich) | mit | Ich unterhalte mich gerne mit ihm. |
| verabreden (sich) | mit | Morgen bin ich mit Hannes verabredet. |
| verabschieden (sich) | von | Übermorgen müssen wir uns von Frau Müller verabschieden. |
| verstehen (sich) | mit | Ich verstehe mich gut mit meiner Chefin. |
| vertragen (sich) | mit | Er hat sich mit seiner Freundin vertragen. |
| vorbeifahren | an | Du musst an dem großen Haus vorbeifahren. |
| zusammenarbeiten | mit | Ich arbeite gerne mit meinen Kolleginnen zusam-men. |

# PHONETIK AUF EINEN BLICK

### Wortakzent in Komposita ▶E3, E9

das **E**hrenamt, der Nat**u**rschutz, der F**u**ßballverein, das Erh**o**lungsgebiet, der Informati**o**nsabend

das **Au**ßenohr, die Sch**a**llwelle, die H**ö**rschnecke

### Kontrastakzent ▶E7

**Elena** meint, man kann mit den Augen sprechen.         Das ist Elenas Meinung, nicht Alis.

Elena meint, man kann mit den **Augen** sprechen.         Mit den Augen, nicht nur mit dem Mund.

Elena meint, man kann mit den Augen **sprechen**.         Nicht nur sehen, sondern auch kommunizieren.

### Satzakzent und Satzmelodie (Hauptsatz + Nebensatz) ▶E2

💬 Während ich telefon**ie**re, räume ich **auf**.

💬 Du räumst **auf**, während du telefon**ie**rst?

💬 Ja, ich räume **auf**, während ich telefon**ie**re.

### Höfliches und unhöfliches Sprechen – Der Ton macht die Musik! ▶E1

*Könntest du bitte das Fenster zu machen?*

*Sie sollten mehr Obst essen.*

### Emotionales Sprechen ▶E8

💬 Können Sie nicht aufpassen?!         💬 Das finde ich unmöglich!

💬 Oh, das tut mir leid. Das wollte ich nicht.         💬 Entschuldigung! Das war nicht meine Absicht.

### Die Aussprache von *-heit* ▶E7

In der Endung *-heit* hört man den Konsonanten *h*.

die Ges**u**ndheit – die Kr**a**nkheit – die Sch**ö**nheit – die Verg**a**ngenheit – die Kl**u**gheit

### Die Aussprache von *-ig* ▶E7

Am Silbenende spricht man *-ig* als [iç].         die Kl**ei**nigkeit – die T**ä**tigkeit – die **A**rbeitslosigkeit

### Die Aussprache der Adjektivendungen *-chen* und *-lein* ▶E6

das W**ü**rmchen    das Sch**i**rmchen    das **Ä**rmchen    das T**ü**rmchen

das W**ü**rmlein    das Sch**i**rmlein    das **Ä**rmlein    das T**ü**rmlein

### Die Aussprache von *k, c, ck* und *g* ▶ E10

Mit Koffein im Kaffee kann ich mich gut konzentrieren.

Ich genieße meinen Kaffee gerne in einem gemütlichen Café.

Kalt gebrühter Kaffee hat mir schon immer gut geschmeckt.

### Die Aussprache von *tz, ts, z* und *s* ▶ E5, E12

Trotz der Dunkelheit ist die Katze nachts nicht anders als mittags.

Am zehnten Zehnten zogen zehn zahme Ziegen zehn Zentner Zucker zum Zoo.

### Die Aussprache von *-end-* ▶ E11

| | |
|---|---|
| Am Silbenende spricht man [t] | überzeugend, quietschend |
| In der Silbenmitte spricht man [d] | ein überzeugendes Argument, eine laut quietschende Tür |

### Konsonantenhäufungen ▶ E4

Jeder ist verantwortlich für seinen ökologischen Fußabdruck.

Eigentlich lebe ich sehr umweltfreundlich.

## HÖRTEXTE

### Einheit 7: Worte und Orte

**3.02**

Ich begrüße Sie zu unserer Stadtführung durch Bad Hersfeld. Ich bin Bruder Heiko, Ihr Stadtführer. Und ich habe mich heute so angezogen wie ein Mönch im 8. Jahrhundert. Mein Bruder, der Mönch Sturmius, hat im Jahr 736 in Haerulfisfelt, also auf dem Feld des Härulf, die ersten Häuser gebaut. 769 hat dann der Bischof Lullus hier ein Kloster gegründet. Um das Kloster herum hat sich im Laufe der Zeit die Stadt Hersfeld entwickelt. Den Lullus sehen wir hier. Wir stehen am Lullusbrunnen vor dem Rathaus, im Zentrum von Bad Hersfeld. Unsere Tour führt uns gleich an der Stadtkirche vorbei zum Linggplatz. Auf dem Linggplatz ist heute Markt. Einen Marktplatz gibt es auch, aber der ist heute ein Parkplatz. Vom Linggplatz ist es nicht weit zur Stiftsruine. Die Stifts-„Ruine", Sie hören es, ist zwar eine „kaputte" Kirche, aber eine ganz besondere! Leider können wir nicht hineingehen, weil gerade die Festspiele stattfinden. Wir laufen einmal um die Ruine herum und vielleicht hören wir eine Theaterprobe. Dann gehen wir hinunter in den Kurpark und probieren im Kurhaus das gesunde Hersfelder Wasser. Nach der Pause im Kurpark laufen wir dann zurück zur Stiftsruine und sehen uns noch das Duden-Denkmal an, das an Konrad Duden erinnert. Den Duden kennen Sie vielleicht schon, heute lernen Sie seinen Autor kennen. So viel zum Programm in den nächsten 90 Minuten. Wollen wir? Ja? Dann folgen Sie mir jetzt bitte. Den Turm der Stadtkirche sehen Sie schon hinter mir ...

**3.03**

Er ist gelb und jedes Kind kennt ihn – den Duden der Rechtschreibung. Im neuen Duden kann man von A bis Z 148.000 Wörter nachschlagen. Das ist ein Rekord, so dick war er noch nie! Man findet aber weder alle Wörter der deutschen Sprache, noch sagt der Duden, wie sich die Wörter entwickelt haben. Das gelbe Wörterbuch nimmt Trends, Ereignisse und Themen aus dem Leben auf, die unsere Welt und unsere Sprache verändern. In der Auflage von 2020 gab es 3.000 neue Wörter, zum Beispiel, *Corona*, *der Lockdown* oder *Covid-19*. Aber nicht nur die Pandemie hat Einfluss auf die deutsche Sprache und den Duden. Neue Wörter wie *bienenfreundlich*, *Fridays for Future*, *Netflixserie* oder *WhatsApp-Gruppe* zeigen, dass im Alltag viel über Natur und Umwelt oder über Computer und Medien gesprochen und geschrieben wird. Und circa 300 Wörter sind veraltet. Sie werden nicht mehr gebraucht und sind deshalb nicht mehr im neuen Duden. Man findet also weder das *Lehrmädchen* noch den *Bäckerjungen*. Beide machen heute eine Ausbildung und deshalb steht im Duden nur noch das Wort *Auszubildende*.

**3.04**

● Sie kommen gerade aus dem Konrad-Duden-Museum, darf ich Sie fragen, wie es war? Lohnt sich der Besuch?
● Doch, ja, auf jeden Fall! Ich habe mich keine Minute gelangweilt. Man kann sich viel ansehen und auch die Führung war sehr informativ. Wir hatten am Ende sogar Zeit, alleine durchs Museum zu gehen.
● Ich finde es nur schade, dass es zu Dudens Zeit nur Schwarz-Weiß-Fotos gab, keine Farbfotos. Ein Interview mit Duden, also seine echte Stimme zu hören, wäre auch toll. Gab es beides um 1900 herum aber nicht.
● Genau! Aber wir haben viel über Duden persönlich erfahren. Ich hätte nicht gedacht, dass er verheiratet war. Ich dachte immer, er war Single und hatte keine Kinder.
● Nee, gar nicht. Unser Vater der deutschen Rechtschreibung hatte sogar sechs Kinder! Aber das erfahren Sie, wenn Sie ins Museum gehen!

**3.05**

Guten Tag, hier ist das Museum wortreich in Bad Hersfeld. Wir freuen uns, dass Sie bei uns eine Führung am 18.11. um 14:00 Uhr gebucht haben. Leider ist die Führerin für Ihre ausgewählte Sprache krank. Damit Ihre Führung nicht ausfallen muss, möchten wir Ihnen entweder einen neuen Termin am 19.11. um 14:00 Uhr anbieten oder Sie nehmen am 18.11. um 14.30 Uhr an der Führung auf Englisch teil. Bitte rufen Sie uns zurück, welche Möglichkeit Sie nutzen möchten. Bitte rufen Sie uns auch zurück, wenn weder der eine noch der andere Termin passt. Wir finden dann sicher eine Lösung. Vielen Dank für Ihren Rückruf und auf Wiederhören!

**3.09**

● Warum siehst du mich so an? Ist irgendwas?
● Nee, was soll denn sein?
● Das weiß ich doch nicht. Du guckst nur so.
● Ich? Nö, ich gucke wie immer, ganz normal. Ich habe so ein Gesicht.
● Stimmt nicht. Wenn du so guckst, ist immer irgendwas. Immer!
● Achtung, pass auf! Ich gucke mal ganz anders – besser jetzt?

## Einheit 7 Übungen

### 3.10

Ich begrüße Sie zu unserer Stadtführung durch Bad Hersfeld. Ich bin Schwester Anke, Ihre Stadtführerin. Ich möchte Ihnen heute die schönsten Orte und Plätze meiner Stadt zeigen. Wir beginnen hier im Stadtzentrum am Rathaus. Hinter mir sehen Sie den Lullusbrunnen, der an den Bischof Lullus erinnert. Er hat hier im Jahr 769 ein Kloster gegründet.

Hier gegenüber sehen Sie die Stadtkirche. Unsere Tour führt uns zuerst zum Duden-Museum. Konrad Duden ist sehr berühmt. Sicher kennen Sie sein Buch schon … Vom Museum gehen wir dann in den schönen Kurpark. Hier im Kurpark kann man das gesunde Wasser von Bad Hersfeld trinken. Von da aus gehen wir weiter zum Stadtmuseum und zur Stiftsruine. In der Stiftsruine finden zurzeit die Festspiele statt. Vielleicht hören wir eine Probe. Weiter geht's zum Linggplatz, auf dem der Wochenmarkt stattfindet. Am Ende laufen wir zum *wortreich*. Was das ist? Das erkläre ich Ihnen, wenn wir da sind. Also, los geht's!

### 3.11

1 Ich musste nicht nur gestern, sondern auch heute früh aufstehen.
2 Anna schmeckt weder Fisch noch Fleisch.
3 Sebastian liebt nicht nur den Sommer, sondern auch den Winter.
4 Das Baby kann weder laufen noch sprechen.
5 Ich mag weder Rockmusik noch Jazz.

### 3.12

- Schönen guten Tag! Sie kommen gerade aus dem *wortreich*. Darf ich Ihnen ein paar Fragen stellen?
- Hallo! Ja klar, gern.
- Wie fanden Sie die Ausstellung?
- Klasse! Mal etwas ganz anderes!
- Ach schön! Was hat Ihnen denn am besten gefallen?
- Hm, das Theaterkaraoke war echt toll, aber die anderen Stationen fand ich auch spannend.
- Theaterkaraoke? Was macht man da? Können Sie uns das kurz erklären?
- Ja, klar. Wir konnten uns da verkleiden und verschiedene Rollen nachsprechen. So was macht mir immer total Spaß.
- Das klingt aber gar nich' so einfach.
- Stimmt. Ich hab' erst hier gemerkt, dass man auch gut mit den Augen kommunizieren kann.
- Wie meinen Sie das jetzt? *Mit den Augen kommunizieren*?
- Na ja, ich mein', dass man auch an den Augen sehen kann, ob jemand lächelt oder böse guckt. Und dann gibt es ja noch die Gestik, also das, was der Körper macht.
- Da haben Sie recht! Danke fürs Gespräch.

### 3.13

1 die Gesundheit, gesund
2 die Möglichkeit, möglich
3 die Klugheit, klug
4 die Sicherheit, sicher
5 die Krankheit, krank
6 die Schönheit, schön
7 die Mehrsprachigkeit, mehrsprachig
8 die Zufriedenheit, zufrieden

## Einheit 8: Talente gesucht!

### 3.14

- Frau Prof. Mao, Sie sind Expertin für den Arbeitsmarkt und haben ein Buch über die Zukunft der Arbeitswelt geschrieben. Über die Wünsche und Vorstellungen der Generation Z, also die jungen Menschen, die ab 1995 geboren wurden, wird in den Medien sehr viel berichtet. Zunächst einmal: Wer sind diese jungen Menschen und was wollen sie?
- Jede Generation hat ihren eigenen Namen und ihre eigenen Ideen vom Leben – sowohl beruflich als auch privat. Die Generation Z ist die erste Generation, die mit den digitalen Technologien groß geworden ist. Sie ist immer online und tauscht sich hauptsächlich über soziale Netzwerke, Snapchat, Instagram usw. aus. Deshalb sprechen manche auch von der Generation YouTube. Fernsehen, Kino, Zeitschriften und Zeitungen spielen in ihrem Leben keine große Rolle. Den jungen Menschen dieser Generation sind Familie, Gesundheit, Freiheit und Freundschaft besonders wichtig.

### 3.15

- Welche Erwartungen hat die Generation Z an den Job?
- Aktuelle Studien zeigen, dass die unter 25-Jährigen sich vor allem eine Arbeit mit interessanten Inhalten wünschen, die ihnen Spaß machen. Sie möchten nicht für Unternehmen arbeiten, die etwas produzieren, das schlecht für die Umwelt ist. Sie möchten am liebsten in Teams mit netten Kolleginnen und Kollegen zusammenarbeiten sowie mit einer guten Chefin bzw. einem guten Chef, die sie fördern. Den meisten ist außerdem ein

○ sicherer Arbeitsplatz mit einem guten Einkommen wichtig. Natürlich möchten sie sich im Beruf auch weiterentwickeln können.
● Was unterscheidet die Generation Z von den früheren Generationen?
○ Der Generation Z sind flexible Arbeitszeiten und Homeoffice sehr wichtig. Das unterscheidet sie nicht von früheren Generationen. Allerdings achtet die Generation Z auf Pausen und möchte nach der Arbeit nicht immer erreichbar sein. Um 17 Uhr beginnt für sie die Freizeit. Diese jungen Menschen möchten ihre Arbeit definitiv nicht mit nach Hause nehmen und abends noch schnell Mails checken oder am Wochenende Berichte schreiben. Das bedeutet aber nicht, dass sie weniger arbeiten möchten. Sie trennen klar zwischen Arbeit und Privatleben. Für die Generation Z ist außerdem die Familie genauso wichtig wie die Karriere. Ein hohes Gehalt spielt keine so große Rolle für sie.
● Wie können Arbeitgeber denn dann diese jungen Menschen für ihr Unternehmen begeistern? Wie muss man also mit der Generation Z umgehen?
○ Die Generation Z bewegt sich in den sozialen Medien. Hier müssen Unternehmen sich präsentieren, das heißt interessante Inhalte teilen und Stellen anbieten. Die jungen Fachkräfte können oft zwischen verschiedenen Unternehmen wählen. Deshalb müssen Unternehmen deutlich machen, was sie den jungen Talenten bieten können. Nur so können sie den Kampf um Talente gewinnen.
● Frau Prof. Mao, vielen Dank für das interessante Interview.
○ Sehr gerne!

## 3.16

● Guten Tag, Frau Fischer.
○ Guten Tag.
● Nehmen Sie bitte Platz. Ich bin Francesca Colombo. Ich leite die Personalabteilung. Schön, dass Sie hier sind. Haben Sie den Weg zu uns gut gefunden?
○ Ja, mit Google Maps war das kein Problem.
● Schön. Möchten Sie etwas trinken? Einen Kaffee oder ein Wasser?
○ Ja, gern. Bitte eine Tasse Kaffee. Vielen Dank.
● Nur kurz zu Ihrer Information: Heute führen wir das Gespräch alleine. Reto Egli, das ist unser Marketing-Teamleiter, wäre beim nächsten Gespräch dabei und dann würden Sie auch das Marketing-Team kennenlernen.
○ Ah, o. k.
● Also, wir suchen eine Junior-Produktmanagerin, die das Marketing-Team bei der Planung und Entwicklung von neuen Marketingaktivitäten unterstützt.
○ Ja, die Stelle hört sich richtig spannend an.
● Erzählen Sie doch bitte mal etwas über sich.
○ Ja ... also, nachdem ich mein Abitur in Bonn gemacht hatte, habe ich Wirtschaftswissenschaften in Berlin studiert. Denn Wirtschaft hat mich schon immer interessiert. Während meines Studiums habe ich auch am Erasmus-Programm teilgenommen und ein Semester in Utrecht in den Niederlanden studiert.
● Und warum in Utrecht?
○ Ich hatte mich für Utrecht entschieden, weil die Unterrichtssprache dort Englisch ist. Ich wollte mein Englisch verbessern. Utrecht ist eine tolle Stadt zum Studieren. Ich habe in dem Semester viel gelernt. Ja ... und letztes Jahr habe ich in den Semesterferien ein achtwöchiges Praktikum bei *Sinn* in Frankfurt gemacht. *Sinn* stellt Uhren her. Dort konnte ich erste praktische Erfahrungen im Produktmanagement sammeln.
● Was haben Sie im Praktikum gemacht?
○ Ich habe das Marketingteam bei der Analyse von Marktdaten unterstützt und geholfen, einen Marketingplan für eine neue Uhr zu entwickeln. In meiner Masterarbeit habe ich dann untersucht, wie die Firma *Sinn* ihre Uhren online vermarktet. Und wie Sie ja wissen habe ich im Sommer nach vier Semestern meinen MA abgeschlossen.
● Und mit einer sehr guten Abschlussnote – 1,3.
○ Ja, ich habe mich über die Note sehr gefreut. Und jetzt suche ich eine Stelle in einem Unternehmen, das zu mir passt.
● Wunderbar. Warum haben Sie sich bei uns beworben?
○ Also, ich liebe Schokolade und die Marke *Kägi* kenne ich schon seit meiner Kindheit. Deshalb hat mich Ihr Stellenangebot sofort begeistert. Nachdem ich die Anzeige gelesen hatte, habe ich mich gleich bei Ihnen beworben. Es wäre für mich eine tolle Chance, in einem internationalen Unternehmen mitzuarbeiten.
● Wie würden Sie sich beschreiben?
○ Ich glaube, ich bin sehr flexibel und kann gut in Teams arbeiten. Um das Projekt abzuschließen, haben wir bei *Sinn* auch manchmal am Wochenende gearbeitet. Und wir haben es geschafft. Das war ein tolles Gefühl!
● Ja, das kann ich mir gut vorstellen. Haben Sie noch Fragen an uns?

- Ja. Wie viele Mitarbeiterinnen und Mitarbeiter hat das Team, in dem ich arbeiten würde?
- Das sind ca. acht Kolleginnen und Kollegen aus vier Ländern. Es ist ein junges und sehr engagiertes Team.
- Mhm. Schön.
- Also ... wir führen in den nächsten Tagen noch weitere Gespräche. Wir melden uns aber spätestens Ende der nächsten Woche bei Ihnen.
- Ich würde mich sehr freuen, wenn Sie mich zu einem zweiten Gespräch mit dem Teamleiter Marketing einladen würden.
- Vielen Dank, dass Sie gekommen sind. Auf Wiedersehen, Frau Fischer.
- Auf Wiedersehen, Frau Colombo, und vielen Dank für die Einladung.

### 3.17

- Liebe Kolleginnen und Kollegen, schön dass ihr alle pünktlich zu unserer wöchentlichen Teamsitzung gekommen seid. Clara hat mich eben angerufen. Sie ist krank. Erkältung. Ich habe heute nur eine halbe Stunde Zeit, denn um elf habe ich eine Besprechung mit Frau Colombo. Wer schreibt heute das Protokoll? Julia, könntest du das bitte machen?
- Reto, ich habe erst letzte Woche Protokoll geschrieben.
- Stimmt. Das hatte ich vergessen.
- Ich glaube, ich war dran. Ich kann's machen.
- Danke dir, Mario. Ich habe euch ja gestern die Tagesordnung gemailt. Gibt es zur Tagesordnung noch Fragen? ... Gut. Also zuerst möchte ich unsere neue Kollegin Dora Fischer im Team begrüßen. Die meisten von euch haben sie ja schon gestern kennengelernt. Dora wird erst mal Yusuf bei der Marketingplanung für unsere neue vegane Schokolade unterstützen. Dora, vielleicht stellst du dich im Team noch einmal kurz vor? Gestern waren ja nicht alle da.
- Ja, also ich komme aus Deutschland – das hört ihr ja. Ich habe in Berlin Marketing studiert und nach meinem Master habe ich mich auf die offene Stelle bei euch beworben. Ich hatte Glück und freue mich sehr, hier im Team mitarbeiten zu können. Natürlich muss ich noch viel lernen.
- Wir freuen uns alle, dass du hier bist. Arbeit gibt es bei uns mehr als genug!
- Das kannst du laut sagen!
- Also kommen wir zum Tagesordnungspunkt 2: Die Plakataktion für unsere neue vegane Schokolade. Wo stehen wir?
- Das sieht ganz gut aus. Die Designagentur hat jetzt zwei verschiedene Plakate für die Winteraktion erstellt. Wir müssen uns aber entscheiden. Entweder nehmen wir den ersten oder den zweiten Vorschlag.
- Mir gefällt der erste besser. Mir auch. Ja, auf jeden Fall der erste.
- Also gut. Wir starten also unsere Plakataktion im November mit dem ersten Vorschlag. Wunderbar. Und ist schon klar, auf welchen Flughäfen und Bahnhöfen die Plakate hängen sollen?
- Nein, noch nicht ganz.
- Könntest du das bitte bis Ende der Woche klären? Wir haben nicht mehr viel Zeit.
- Das mache ich bis Freitag und schicke dir dann die Liste mit allen Flughäfen und Bahnhöfen in Deutschland, Österreich und der Schweiz.
- Sehr gut, danke dir. Die Werbeaktion wird bestimmt ein großer Erfolg. Und jetzt zu unserer Instagram-Influencerin. Natalie, hast du schon mit Jana Sommaruga gesprochen?
- Entschuldigung. Wie schreibt man den Nachnamen? Somma ...?
- Som-ma-ru-ga mit zwei M – Jana Sommaruga.
- Danke.
- Also, ich habe vor ein paar Tagen mit ihr telefoniert. Ich muss ihr aber noch einige Tafeln zum Probieren schicken, damit sie weiß, wie lecker die neue vegane Schokolade wirklich ist. Das mache ich noch in dieser Woche.
- Hast du dich auch schon um ihren Vertrag gekümmert?
- Ja, aber sie hat ihn noch nicht unterschrieben zurückgeschickt. Ich schicke ihr heute noch eine Erinnerung.
- Sehr gut. Es ist gleich elf Uhr. Ich schlage vor, dass wir den letzten Punkt auf der Tagesordnung, die Weihnachtsfeier, dann nächste Woche besprechen. Frohes Schaffen und bis zum nächsten Mal.
- Ja, danke, bis zum nächsten Mal, tschüss, ciao.

### 3.18

**1**
- Das finde ich unmöglich!
- Entschuldigung. Das war nicht meine Absicht.

**2**
- Das nervt total!
- Oh, Verzeihung.

**3**
- Das kann doch nicht wahr sein!
- Wir bitten um Ihr Verständnis und entschuldigen uns.

# HÖRTEXTE

**4**
- Können Sie nicht aufpassen?!
- Oh, das tut mir leid. Das wollte ich nicht.

## Einheit 8 Übungen

### 3.19

**Dialog 1**
- Hi, Dora. Oh Mann! Die Mensa ist mal wieder total voll.
- Hallo, Finn. Ja, stimmt. Hast du deine Masterarbeit schon abgegeben?
- Ja, gestern.
- Toll. Du, am Wochenende findet eine Jobmesse im Olympiastadion statt. Hast du Lust, mit mir hinzugehen? Da sind ganz viele Unternehmen, mit denen man über Jobmöglichkeiten sprechen kann.
- Hört sich gut an. Klar, ich komm mit. Wann?

**Dialog 2**
- Du, Alicia, was hältst du von dieser Stellenanzeige. Die Franz Kägi ...
- Ach, der Schweizer Schokoladenhersteller?
- Ja, genau. Die suchen eine Junior Produktmanagerin mit Kenntnissen in der Marktforschung. Allerdings ist die Stelle in Basel.
- Wow! Das wäre doch die perfekte Stelle für dich. Basel ist cool! Du solltest dich auf jeden Fall bewerben. Ich besuch dich dann ganz sicher.

**Dialog 3**
- Hast du Zeit? Ich habe meine Bewerbung für die Stelle bei Franz Kägi fast fertig. Wie findest du meinen Lebenslauf?
- Hm. Sehr schön. Gefällt mir. Aber möchtest du denn keine Hobbys angeben?
- Och, ich weiß nicht. Lesen oder Joggen – das is' doch langweilig, oder?
- Ich würde schon etwas schreiben. Und vergiss nicht, den Lebenslauf noch zu unterschreiben.
- Klar! Mach ich.

**Dialog 4**
- Hallo?
- Guten Tag, Francesca Colombo von Franz Kägi. Frau Fischer?
- Oh ja, hallo!
- Frau Fischer, Ihre Bewerbung hat uns gut gefallen. Wir würden Sie gern kennenlernen. Könnten Sie am 23.09. um 10 Uhr zu einem Gespräch nach Basel kommen?
- Am 23.09. um zehn? Ja, das passt.
- Das freut mich. Ich schicke Ihnen dann alle Informationen in einer E-Mail.
- Super, vielen Dank!

**Dialog 5**
- Guten Tag. Ich bin Dora Fischer. Ich habe einen Termin bei Frau Colombo.
- Einen Moment, bitte. Frau Colombo, eine Frau Fischer ist hier für Sie. Ja, o.k. Nehmen Sie dort bitte kurz Platz. Frau Colombo holt Sie gleich ab.
- Vielen Dank.

### 3.20

- Hey Alicia. Hast du gerade Zeit?
- Na klar, was ist denn los?
- Ich bin gerade in meinem Hotel in Basel angekommen – und: Ich bin total aufgeregt vor dem Bewerbungsgespräch morgen.
- Oh, das kenne ich sehr gut, das ist ganz normal. Alles wird gut!
- Ja, ich weiß, aber jetzt gerade bin ich wirklich nervös. Ich habe mir sogar schon Tipps gegen Lampenfieber vor einem Bewerbungsgespräch durchgelesen.
- Also manche können echt helfen. Hast du es mal mit Entspannungsübungen versucht? Mir hat das wirklich geholfen.
- Entspannungsübungen? Das könnte ich auch probieren. Schickst du mir mal ein paar?
- Ja, mach ich! Und ganz wichtig: Weißt du schon, wie du morgen zum Unternehmen kommst?
- Ja, ich habe mir schon eine Buslinie ausgesucht. Zum Glück ist es nicht so weit und ich muss nicht umsteigen.
- O.k., plane auf jeden Fall genug Zeit ein, damit du wirklich pünktlich dort bist. Und: Weißt du schon, was du im Bewerbungsgespräch fragen möchtest?
- Ich habe schon ein paar Fragen notiert, aber mir fallen bestimmt noch mehr ein.
- Ja, das ist doch super! Und was ziehst du an? Die richtige Kleidung ist total wichtig, aber das weißt du ja auch.
- Ja. Ich ziehe eine schwarze Hose und meine Lieblingsbluse an.
- Na dann, viel Erfolg! Ich denk' an dich.

### 3.22

- Du, hast du mal kurz Zeit? Ich habe echt ein Problem mit deiner Unordnung. Hier liegt überall Papier und der Mülleimer ist voll. Ich kann so nicht arbeiten.
- Hm, na ja. So schlimm ist das doch auch nicht. Es ist doch mein Schreibtisch.
- Ja, aber guck doch mal: Es liegt auch total viel auf dem Boden. Zettel, Ordner, Briefe, ... Räum doch

endlich mal auf! Es nervt mich total, wenn ich morgens ins Büro komme und dann sieht es hier so aus.
- O.k., vielleicht hast du recht. Ich wusste ja nicht, dass es dich so sehr stört.
- Ja, das stört mich wirklich. Am besten räumst du die Sachen immer gleich auf.
- Tschuldigung, ich versuch's.
- Danke, das wäre toll!

## Einheit 9: Geht nicht? Gibt's nicht!

### 3.23

- Hallo, ihr hört wieder den Podcast von der Friedberg-Sekundarschule. Und, klar, heute geht es um unseren Projekttag zum Thema Inklusion. Natürlich waren wir auch dabei.
  So, jetzt bin ich hier in der Projektgruppe Sport. Aber im Moment ist hier irgendwie gar nichts los. Die sehen auch alle schon ziemlich kaputt aus. Ich frag mal nach. Was ist los? Warum passiert hier nichts?
- Wir haben gerade Sitzvolleyball gespielt und brauchten mal 'ne Pause.
- Sitzvolleyball?
- Genau. Das ist voll krass! Alle müssen sich auf den Boden setzen und dann Volleyball spielen. Also ohne laufen und so. Ich hab' das schon mal im Fernsehen gesehen. Bei den Paralympics sieht das ziemlich cool aus. Aber ganz ehrlich: Das ist echt nicht einfach!
- Ja, kann man sich vorstellen.
  Jetzt bin ich auf dem Parkplatz für unsere Lehrer und Lehrerinnen angekommen. Heute sind hier mal keine Autos, sondern Barrieren. Denn ... ich bin hier bei der Projektgruppe Barrierefreiheit. Und da kommt auch schon eine Schülerin mit einem Rollstuhl. Hallo, wie heißt du?
- Marie.
- Hallo, Marie, was macht ihr hier?
- Wir üben Rollstuhlfahren.
- Und dann?
- Dann wollen wir testen, ob unsere Schule überall barrierefrei ist.
- Klingt spannend.
- Isses auch. Ich hab' zum Beispiel noch keine Ahnung, wie ich gleich mit dem Rollstuhl in die Bibliothek komme. Die ist zwar im Erdgeschoss, aber ich glaube, da sind mindestens zwei Stufen.
- Stimmt. Da ist eine Treppe. Na, dann viel Erfolg! Und ich gehe jetzt noch zur Projektgruppe *Hör mal!* Die machen da Experimente. Mal sehen ...

So, das war's schon von unserem Projekttag. Leider konnten wir euch nicht alle Projekte vorstellen. Aber auf jeden Fall war der Tag für alle sehr interessant. Fotos und Texte aus den Projektgruppen findet ihr übrigens schon bald auf unserer Webseite, oder, Frau Seemann?
- Genau. Aber noch interessanter finde ich das Ergebnis: Je mehr wir auf andere achten, desto besser funktioniert unser Alltag. Für alle! Wir haben also zusammen viel gelernt. Ganz ohne Unterricht!
- Das meint also unsere Schulleiterin. Wir sehen das genauso.

### 3.24

- Wir sprechen heute mit der Hörakustikerin Alma Siebert, herzlich willkommen, Frau Siebert.
- Guten Tag, vielen Dank für die Einladung!
- Frau Siebert, ich frage Sie mal gleich als Expertin: Wie gut hören wir eigentlich?
- Na ja, das ist sehr unterschiedlich. Untersuchungen haben gezeigt, dass in Deutschland 19 Prozent der Bevölkerung schwerhörig ist.
- 19 Prozent von 83 Millionen Menschen, die heute in Deutschland leben?
- Ja, genau. Schwerhörigkeit ist gar nicht so selten, wie viele meinen.
- Sie haben also immer viel zu tun. Wie sieht Ihr Arbeitsalltag denn aus?
- Ganz normal. Sicher fragen Sie mich das, weil ich im Rollstuhl sitze, oder?
- Ja, Tschuldigung.
- Das ist schon in Ordnung. Also, ich habe eine ganz normale Ausbildung gemacht. 2021 war ich fertig und konnte zum Glück in meinem Ausbildungsbetrieb weiterarbeiten. Mein Arbeitstag hat acht Stunden. Genau wie bei den anderen drei Kolleginnen, die in unserem Team arbeiten. Ich mache Kundentermine, betreue unsere Kundinnen und Kunden und führe viele Hörtests durch.
- Ich stelle mir gerade vor, dass in erster Linie ältere Menschen zu Ihnen kommen. Ist das richtig?
- Ja. Allgemein kann man sagen, dass die Schwerhörigkeit, also die Probleme mit dem Hören, so ab circa 70 beginnen. Das ist ganz normal. Aber es kommen auch immer mehr junge Leute zu uns.
- Jugendliche mit Hörproblemen?
- Wundert Sie das wirklich? Haben Sie noch nie im Bus oder in der U-Bahn gesessen und sich über die Musik aus den Kopfhörern von anderen Fahrgästen geärgert? Das passiert mir ziemlich oft. Und das kann auch bei jungen Menschen zu Hörproblemen, also zu Schwerhörigkeit führen.

🗨 Das hört sich nicht gut an ... Wir machen jetzt eine kurze Pause mit etwas Musik und sprechen dann über Hörtests und moderne Lösungen bei Schwerhörigkeit. Bleiben Sie dran.

### 3.25
1 🗨 Was gibt's denn heute?
🗨 Gemüsecurry. Total lecker! Kann ich empfehlen!
2 Achtung an Gleis 8. Der ICE 10582 von Hamburg nach Köln über Hannover und Münster fährt heute aus Gleis 18. ICE 10582 nach Köln heute aus Gleis 18.
3 Und nun das Wetter: Morgen wird es mit nur drei bis fünf Grad kalt und windig, aber es bleibt trocken.

## Einheit 9 Übungen

### 3.28
🗨 Wer ist eigentlich dein Vorbild? Hast du eins?
🗨 Mein Vorbild? Wie kommst du denn auf diese Frage?
🗨 Wir haben heute im Unterricht über Vorbilder gesprochen.
🗨 Ach so. Also, ich würde sagen, dass mein Opa Werner mein Vorbild ist.
🗨 Dein Opa?
🗨 Genau. Er hatte nicht immer Glück in seinem Leben und hat trotzdem viel geschafft. Er war immer ehrlich und nett zu allen. Und er hat sich auch immer für andere engagiert. Für mich ist er deshalb ein gutes Beispiel. Ich versuche, auch so zu sein.
🗨 Hm. Das schaffst du aber nicht immer ...
🗨 Das muss man auch gar nicht. Aber man kann es immer wieder versuchen.
🗨 Stimmt ...
🗨 Was ist?
🗨 Na ja. Das hätte ich jetzt nicht gedacht. Ich dachte, du nennst mir den Namen von einem berühmten Fußballspieler oder so.
🗨 Ach so, ja. Also ... als ich noch jünger war, also so 14 oder 15, da war das auch so. Da war Diego Maradonna mein großes Vorbild! Der konnte echt toll Fußball spielen. Aber als ich älter wurde, fand ich das gar nicht mehr so wichtig.
🗨 Echt nicht? Wieso?
🗨 Ich glaube, dass die meisten Menschen nicht ihr ganzes Leben lang dasselbe Vorbild haben. Heute finde ich, dass der Charakter wichtiger ist als der Erfolg. Man sollte ehrlich sein, engagiert und, ja, nett. Das finde ich wichtig! Und Opa Werner war so ein Mensch. Ein echtes Vorbild. Das solltest du auch haben. Das ist wichtig und kann dir im Leben bei vielen Entscheidungen helfen!
🗨 Hm.

### 3.29
Eine gemütliche Wohnung, ein schöner Balkon oder Garten sind das, was uns entspannt. Wir fühlen uns wohl und halten unser Zuhause für einen sicheren Ort. Die Straße halten wir für gefährlich. Und das ist sie auch. Wir haben alle schon oft von schweren Verkehrsunfällen gehört oder gelesen. Deshalb lernen Kinder schon früh, dass sie auf dem Weg zur Schule gut aufpassen müssen. Und Sport? Klar, Sport ist gesund! Aber es gibt auch viele Sportunfälle mit zum Teil schweren Verletzungen. Nicht nur beim Fußball. Gehören Sie auch zu den Menschen, die gesagt hätten, dass die meisten Unfälle im Straßenverkehr passieren? Dann sind Sie mit Ihrer Meinung nicht allein. Ein Blick auf die Unfallstatistik zeigt aber ein anderes Bild, denn die meisten Unfälle passieren tatsächlich zu Hause. Jedes Jahr verletzen sich in Deutschland etwa 3 Millionen Menschen in den eigenen vier Wänden. Messer, Scheren, Sägen und Leitern gehören hier zu den häufigsten Unfallursachen. Aber auch Feuer und Hitze können im Haushalt zu Unfällen mit schweren Verletzungen führen. Die Pfanne mit dem heißen Öl oder der Wasserkocher fallen aus der Hand und schon ist es passiert! Und auch mit Putz- und Waschmitteln sollte man sehr vorsichtig sein. Sie gehören auf keinen Fall in Kinderhände!
Wenn Sie sich für Haushalt und Garten Zeit nehmen, ohne Stress und mit Vorsicht arbeiten, können Sie sich auch zu Hause sicher fühlen. Und wenn doch mal etwas passiert, bleiben Sie ruhig und rufen Sie Hilfe, zum Beispiel über den Notruf 112.

### 3.30
🗨 Hallo, darf ich Ihnen eine Frage stellen?
🗨 Worum geht es denn?
🗨 Ah so, ja, Entschuldigung. Wir machen eine Umfrage zum Thema Inklusion. Menschen mit Behinderung können in der Gesellschaft viel leisten.
🗨 Das stimmt! Ich bin für Inklusion, wenn Sie das meinen.
🗨 Genau, das wollte ich Sie eigentlich fragen.
🗨 Na, dann ...
🗨 Vielen Dank!
Wir machen eine Umfrage zum Thema Inklusion. Hätten Sie einen Moment Zeit?

- 🗨 Klar, das Thema finde ich sehr wichtig! Ich glaube, dass wir uns alle besser kennenlernen müssen. Ich bin ganz klar für mehr Inklusion! Barrierefreie Kindergärten, Schulen und Arbeitsplätze müssen ganz normal sein!
- 🗨 Sie klingen so engagiert.
- 🗨 Ja, das bin ich auch. Ich leite bei uns im Schwimmverein eine Gruppe, in der alle gemeinsam Sport treiben. Und das macht echt Spaß!
- 🗨 Und Sie? Wie sehen Sie das?
- 🗨 Ich? Ganz ehrlich? Ich bin jetzt 78 und froh, dass ich noch so gut gehen kann und keinen Rollstuhl brauche. Aber wer weiß, wie lange ich das noch so kann. Für ältere Menschen sind zum Beispiel die vielen Treppen hier gar nicht gut. Weniger Treppen und mehr Rampen sind ein Vorteil für alle, auch für Eltern mit kleinen Kindern!
- 🗨 Ja, das stimmt. Da müsste die Stadt mal was machen.
- 🗨 Genau. Und eins will ich Ihnen noch sagen. Ohne meine Brille geht nichts! Ich könnte nicht mehr alleine mit dem Bus zum Einkaufen fahren, weil ich den Fahrplan nicht lesen könnte. Irgendwie ist das doch auch eine Behinderung, oder?
- 🗨 Ja? Ich habe auch eine Brille.
- 🗨 Sehen Sie? Und trotzdem können wir überall mitmachen und dabei sein. Und so muss das in unserer Gesellschaft auch sein. Das ist meine Meinung.
- 🗨 Vielen Dank!
  Sehen Sie das auch so? Was halten Sie denn von mehr Inklusion im Alltag?
- 🗨 Ich weiß nicht … Sicher wäre es besser, wenn alle immer und überall dabei sein könnten. Aber das kostet! Man hört ja auch oft, dass das alles viel zu kompliziert und viel zu teuer ist. Wer soll das denn alles bezahlen? Schließlich gibt es ja auch noch viele andere Probleme.
- 🗨 Aha. Welche denn?
- 🗨 Wir brauchen hier zum Beispiel endlich mal einen Spielplatz für unsere Kinder. Da fehlt dann das Geld … Zu dem Thema sollten Sie mal eine Umfrage machen!
- 🗨 Gute Idee. Ein Spielplatz für alle Kinder …

## 3.32

1
- 🗨 Das verstehe ich nicht. Das Café Sonnenschein muss hier doch irgendwo sein …
- 🗨 Brauchen Sie Hilfe? Suchen Sie das Café Sonnenschein?
- 🗨 Kennen Sie das? Könnten Sie mir vielleicht sagen, wo es ist?
- 🗨 Klar. Die sind umgezogen. Das Café ist seit zwei oder drei Wochen am Bahnhof.
- 🗨 Und wie komme ich da jetzt hin?
- 🗨 Das ist nicht weit. Sie gehen hier geradeaus bis zum Ende der Fußgängerzone. Da können Sie den Bahnhof schon sehen. Das Café finden Sie dann bestimmt.
- 🗨 Ach, vielen Dank!

2
- 🗨 Entschuldigen Sie, darf ich das für Sie machen?
- 🗨 Vielen Dank, aber so schwer sind die Koffer jetzt auch nicht. Das schaffe ich schon.
- 🗨 Na, dann beeilen Sie sich mal. Der Zug fährt gleich ab!

3
- 🗨 Kann ich Ihnen irgendwie helfen?
- 🗨 Ich habe meine Brille vergessen und kann den Fahrplan nicht lesen.
- 🗨 Kein Problem. Was suchen Sie denn?
- 🗨 Das ist aber nett. Ich möchte wissen, wann die Linie 6 in Richtung Zentrum abfährt.
- 🗨 Die Linie 6 in Richtung Zentrum … Hier ist es. 15:58 Uhr, also in drei Minuten.
- 🗨 Ach, dann dauert es ja nicht mehr lange. Vielen Dank!

4
- 🗨 Endlich kommt mal jemand.
- 🗨 Was kann ich denn für Sie tun?
- 🗨 Haben Sie auch umweltfreundliche Putzmittel?
- 🗨 Ja, die sind hier oben.
- 🗨 Danke.

## Plateau 3

### 3.35

Hallo Sebastian, was gibt's?

…

Und deshalb rufst du mich an?

…

Ach so. Keine Ahnung. Nico ist heute auch irgendwie komisch.

…

Na gut. Wenn du nach Hause kommst, können wir ja mal fragen.

…

Tschüss!

# HÖRTEXTE

## Einheit 10: Wir lieben Kaffee!

### 4.02

Liebe Hörerinnen und Hörer, wussten Sie, dass heute der internationale Tag des Kaffees ist? Seit 2006 wird er am 1. Oktober gefeiert. Auf der ganzen Welt starten Millionen von Menschen mit einer Tasse Kaffee in den Tag. Und der Büroalltag wäre ohne Kaffee für viele auch undenkbar! Kaffee liegt voll im Trend und ist das Lieblingsgetränk der Deutschen – noch vor Mineralwasser und Bier. Fast 90 % trinken täglich Kaffee – so zwei bis vier Tassen am Tag.

Aber wie trinken die Deutschen ihren Kaffee eigentlich am liebsten? Unsere Reporterin, Aylin Ertürk, ging für uns auf die Straße und hat Menschen gefragt, wie und wann sie ihren Kaffee trinken.

### 4.03

- Guten Tag. Ich bin von Radio 31. Wir machen eine Umfrage. Haben Sie einen Moment Zeit?
- Ja, wenn's nicht zu lange dauert.
- Ich sehe, Sie trinken Coffee-to-go. Wie trinken Sie ihn am liebsten?
- Wie ich meinen Kaffee trinke? Also … schwarz und ohne Zucker.
- Und zu Hause?
- Zu Hause trinke ich morgens zum Frühstück fast immer ein oder zwei Tassen Filterkaffee. Eher stark als schwach.
- Und warum trinken Sie Kaffee?
- Ganz einfach: Er schmeckt mir. Und ohne Kaffee kann ich nicht arbeiten. Ich muss los! Meine U-Bahn kommt.
- Vielen Dank für das Gespräch!
  Guten Tag. Hätten Sie vielleicht einen Moment Zeit, um an einer kleinen Straßenumfrage teilzunehmen? Ich bin von Radio 31.
- Ja, gern.
- Heute ist der internationale Tag des Kaffees. Trinken Sie gern Kaffee?
- Was? Es gibt einen internationalen Tag des Kaffees?
- Ja, seit 2006.
- Ach so, das wusste ich nicht. Also, ich trinke gern und oft Kaffee – nur nicht am Abend. Morgens trinke ich lieber Tee. Und im Büro gibt's entweder einen Cappuccino oder einen Latte Macchiato. Espresso mag ich nicht. Der ist mir zu bitter.
- Und warum trinken Sie gern Kaffee?
- Ich liebe den Duft von frisch gekochtem Kaffee. Ich finde es schön, bei einer Tasse Kaffee zu entspannen und mich mit den Kollegen zu unterhalten.
- Entschuldigung. Darf ich Ihnen ein paar Fragen stellen? Ich mache eine Straßenumfrage für Radio 31.
- Ja, o. k.
- Trinken Sie Kaffee?
- Nein, gar nicht. Trotzdem werde ich jeden Morgen wach. Trinke lieber grünen Tee. Der ist gesund! Ich habe es immer wieder probiert, aber Kaffee schmeckt mir einfach nicht. Zu bitter. Und nachts konnte ich nicht schlafen. Außerdem ist Kaffeetrinken in Cafés viel zu teuer.
- Vielen Dank.
  Hallo. Ich komme von Radio 31 und mache eine Straßenumfrage zum Thema Kaffeetrinken. Trinken Sie Kaffee?
- Ja, klar. Morgens brauche ich nach dem Aufstehen erst einmal einen Kaffee zum Wachwerden. Ich mag ihn mit Hafermilch und ein bisschen Zucker, nicht zu stark. Und nach einem leckeren Essen gehört für mich ein Espresso einfach dazu.
- Warum trinken Sie gern Kaffee?
- Er schmeckt mir einfach.
- Vielen Dank. Ich glaube, ich brauche jetzt erst mal einen Kaffee!

### 4.04

- Ich begrüße Sie, liebe Hörerinnen und Hörer, zu unserer Sendung „Wirtschaft und Gesellschaft". Ich bin Katharina Horvat. Heute geht es um das Thema Kaffee und Kaffeekonsum. Die Kaffeehersteller haben einen Bericht über die neuesten Kaffeetrends in Österreich für das heurige Jahr veröffentlicht. Emil Löffler hat ihn für uns gelesen. Emil, welche Entwicklungen gibt es denn auf dem Kaffeemarkt? Was gibt's Neues rund um die braunen Bohnen?
- Ja, Katharina. In den letzten Jahren hat sich beim Kaffeekonsum eine Menge verändert. Der erste Trend heißt Nachhaltigkeit und Qualität. Noch vor wenigen Jahren war der Kaffeepreis für die meisten Menschen sehr wichtig. Die Packung Kaffee im Supermarkt oder der Becher Coffee-to-go sollte vor allem billig sein. Aber immer mehr wollen biologisch angebauten und fair gehandelten Kaffee trinken. Auch wenn er etwas teurer ist. Sie möchten wissen, woher ihr Kaffee kommt, unter welchen Bedingungen die Kaffeebauern arbeiten und welchen Lohn sie für ihre Arbeit bekommen.
- Also Fairtrade-Kaffee und Qualität liegen heuer voll im Trend.

🟠 Ja, vor allem bei den Jüngeren. Ob im Kaffeehaus, im Coffeeshop oder in den eigenen vier Wänden – die Menschen wollen ihren Kaffee umweltbewusster genießen.

⚪ Und welche Trends gibt es noch?

🟠 Abwechslung und neue Kaffeerezepte werden immer wichtiger. Zum zweiten Trend gehört, dass immer mehr Österreicherinnen und Österreicher neue kreative Kaffeespezialitäten probieren wollen. So hat sich zum Beispiel der Cold Brew zum absoluten Trendgetränk entwickelt. Auch der vietnamesische Eierkaffee, also *egg coffee*, wird immer beliebter.

⚪ Egg Coffee?

🟠 Ja, er wird mit Eiern, Milch und sehr viel Zucker zubereitet. Der Kaffee schmeckt allen, die ihren Kaffee gern süß trinken. Und auch Filterkaffee mit etwas Butter, wird seit einiger Zeit immer häufiger getrunken.

⚪ Kaffee mit Butter ... schmeckt der denn wirklich?

🟠 Seine Fans sagen Ja. Und schließlich der dritte Trend: Kaffee muss nicht nur gut schmecken, sondern auch gut aussehen! Das erwarten vor allem die Gäste in den Cafés.

⚪ Ah ja, das sind also die neusten Kaffeetrends. Vielen Dank, Emil!

## Einheit 10 Übungen

### 4.07

1 Marina mag sowohl Tee als auch Kaffee.
2 Aber sie mag weder Bier noch Wein.
3 Kilian trinkt mittags entweder einen Espresso oder einen Cappuccino.
4 Viele trinken Kaffee nicht nur zu Hause, sondern auch unterwegs.
5 Yanara versucht zwar weniger Kaffee zu trinken, aber das ist nicht einfach.
6 Je mehr Kaffee ich nachmittags trinke, desto schlechter schlafe ich.

### 4.08

⚪ Hallo liebe Kaffeefans und herzlich willkommen zu einer neuen Folge meines Kaffee-Podcasts über aktuelle Kaffeetrends. Ich freue mich, dass ihr wieder dabei seid. Mein Gast heute ist Steffi Mayr. Die gelernte Barista war in ihrem ersten Leben Managerin und ihrem zweiten ist sie seit fünf Jahren Besitzerin des Café Musil. ... Herzlich willkommen, Steffi.

🟠 Hi Jonas, schön, dass ich dabei sein darf.

⚪ Bevor wir starten habe ich drei kurze Fragen zum Kennenlernen. Also ... nur Kaffee oder auch schon mal Tee?

🟠 Ehm ... in der Regel Kaffee, aber ab und zu trinke ich auch gerne schwarzen oder grünen Tee. Aber ohne alles. Ohne Milch und ohne Zucker.

⚪ Wann trinkst du deinen ersten Kaffee am Tag? Und was für ein Kaffee ist das?

🟠 Mein erster Kaffee am Tag ist eigentlich ein Cappuccino direkt nach dem Aufstehen so um 6:00 Uhr. Im Café trinke ich dann meistens nur noch Espresso.

⚪ Und wie sieht ein perfekter Cappuccino für dich aus?

🟠 Also ganz klassisch wie in Italien: Ein Drittel Espresso, ein Drittel warme Milch – nicht zu heiß – und ein Drittel Milchschaum in einer Tasse, die nicht zu groß ist.

⚪ Was war der schönste Ort, an dem du jemals einen Kaffee getrunken hast?

🟠 Hm ... da muss ich mal kurz überlegen. ... Ich war vor zwei Jahren in Japan und habe in Tokio in einer kleinen Kaffeebar einen ganz wunderbaren von Hand gemachten Filterkaffee getrunken. Das Café war nicht besonders hipp, aber es gab da eine ganz besondere Atmosphäre.

⚪ Kaffee in Japan?

🟠 Ja, auf jeden Fall!

⚪ Dein Café, das Café Musil, hat vor wenigen Tagen sein fünfjähriges Jubiläum gefeiert. Was war dein größtes Problem auf dem Weg zum Erfolg?

🟠 Zu denken, dass ich es vielleicht nicht schaffen kann. Es ist ja nicht leicht, ein Café zu führen und Gewinn zu machen. Viele Cafés mussten ja in den letzten Jahren in ganz Österreich schließen. Du kannst den besten Kaffee der Welt anbieten, aber wenn die Lage von deinem Café nicht stimmt, wird es schwer, erfolgreich zu sein.

⚪ Wie würdest du dein Erfolgsrezept beschreiben?

🟠 Ich glaube, man braucht ein klares Konzept. Man muss seinen Gästen das bieten, was sie sich wünschen. Und man muss sehr viel arbeiten. Am Anfang stand ich von morgens früh bis abends spät in meinem Café. Für den Erfolg sind natürlich auch meine Mitarbeiter und Mitarbeiterinnen verantwortlich. Ohne freundliches Personal geht gar nichts.

⚪ Danke, Steffi. Ich wünsche dir noch viel Erfolg.

🟠 Danke dir.

# HÖRTEXTE

## Einheit 11: Einfach genial

### 4.10

Meine Damen und Herren, ich freue mich, dass Sie zu unserer Präsentation gekommen sind. Kennen Sie das auch – Sie stehen morgens auf und brauchen ganz schnell einen Kaffee? Also gehen Sie in die Küche, suchen das Kaffeepulver, geben das Wasser in die Maschine und dann warten Sie und warten ... Ab heute brauchen Sie nicht mehr zu warten, ab heute werden Sie von köstlichem Kaffeeduft geweckt! Denn ich darf Ihnen unsere neue Espressomaschine ProntoSX3000 vorstellen. Sie ist nicht nur eleganter als das alte Modell. Sie ist auch noch viel schneller und leiser. Der größte Vorteil aber ist, dass Sie bestimmen, wann der Kaffee fertig ist. Sie brauchen nur über die App die Uhr einzustellen und den Kaffee und das Wasser in die Maschine zu geben – fertig! Mir gefällt aber besonders der wunderbare Espresso-Geschmack. Gerne können Sie ihn am Stand probieren. Ich hoffe, ich habe Sie neugierig gemacht auf unsere neue ProntoSX3000. Jetzt freue ich mich auf Ihre Fragen.

### 4.11

- Oh ja, sehr schön, es gibt einige Fragen. Bitte schön.
- Ja, danke für die Präsentation. Mich interessiert, ob die Maschine nur Espresso kochen kann.
- Aha, danke und Sie?
- Ich habe da ein Problem. Ich brauche eine wirklich leise Maschine, weil mein Schlafzimmer nah an der Küche ist – deshalb möchte ich wissen, wie viel Lärm die Maschine macht.
- Stimmt, ich möchte auch gerne wissen, ob man die Maschine hören kann. Oder hat sie die neue Flüstertechnik?
- Ja, und wenn mal was kaputt geht – gibt es einen Reparaturservice?
- Danke, danke für die Fragen. Die ProntoSX3000 macht drei Kaffeespezialitäten. Espresso, Cappuccino und Latte macchiato. Für Cappuccino und Latte macchiato brauchen Sie nur zusätzlich Milch in die Maschine zu geben. Ja, und wenn mal etwas kaputt ist, gibt es für alle unsere Kaffeemaschinen unseren schnellen Reparaturservice. Sie brauchen die Maschine nur in den Shop zu bringen. Weitere Fragen bitte gerne ...

## Einheit 11 Übungen

### 4.12

- Schön, dass ihr wieder eingeschaltet habt zu *Matzes Lifehacks*. Jeden Dienstag und nur hier bei uns.
- Hey Leute! Ja, herzlich willkommen zu einer neuen Folge meiner Lifehacks. Heute habe ich euch Ideen mit Alufolie mitgebracht, die ich natürlich für euch selbst ausprobiert habe.
- Ach cool, mit der silbernen Folie, die jeder in der Küche hat? Da bin ich jetzt aber gespannt ...
- Genau, passt auf! Ihr kennt das sicher: Ihr habt gerade erst Bananen gekauft und schon sind sie braun. Doof! Mit Alufolie bleiben deine Bananen länger frisch.
- Ach, das ist ja super! Das teste ich gleich nach dem nächsten Einkauf!
- Sehr gut. Und nun Trick Nummer zwei: Eure Schere schneidet nicht mehr gut. Dann braucht ihr nur mit der Schere Alufolie zu schneiden und sie schneidet wieder super.
- Echt? Das wusste ich auch nicht. Danke für den Tipp!
- Gern geschehen! Und nun mein Lieblings-Lifehack: Stellt euch vor, ihr sitzt mit dem Handy zu Hause auf dem Sofa und das WLAN ist zu langsam.
- Oh ja, das kenn' ich! Und da hilft auch Alufolie?
- Richtig! Ihr klebt Alufolie auf ein Stück dickes Papier. Dann braucht ihr es nur so hinter den Router zu stellen, dass das WLAN in eure Richtung geht. Probiert's mal aus! Viel Spaß mit *Matzes Lifehacks* und bis nächsten Dienstag!

### 4.13

1 lächeln – lächelnd – der lächelnde Polizist
2 quietschen – quietschend – die quietschende Tür
3 hupen – hupend – das hupende Auto
4 bellen – bellend – die bellenden Hunde

### 4.14

Guten Tag und herzlich willkommen zur Präsentation meiner Lieblingserfindung, die auch noch nachhaltig ist. Sie kennen das sicher: Auf dem Weg zur Arbeit oder in die Uni haben Sie Lust auf einen Kaffee und holen sich einen leckeren Cappuccino-to-go. Aber Einwegbecher sind wirklich schlecht für die Umwelt. Das geht auch anders! Darf ich Ihnen meine Lösung vorstellen: den Mehrwegbecher!

Dieser Becher ist nachhaltig, weil man ihn immer wieder verwenden kann und so Müll vermeidet. Mir gefällt auch, dass man ihn überall und in vielen Farben kaufen kann. Holen Sie sich auch Ihren umweltfreundlichen Kaffeebecher!

Ich hoffe, ich konnte Ihr Interesse wecken. Vielen Dank für Ihre Aufmerksamkeit. Gerne beantworte ich jetzt Ihre Fragen.

## Einheit 12: Gestern – heute – morgen

### 4.15

– Willkommen bei Zukunft heute, dem Podcast zu unserem Magazin. Unser Studiogast heute ist der Zeitforscher Axel Lübcke. Dr. Lübcke, Sie beschäftigen sich intensiv mit der Zukunft. Kann man das so sagen?

– Ja und nein. Ich sage eigentlich immer, dass ich mich für Prognosen interessiere. Da es in Prognosen immer um etwas geht, das es in Zukunft möglicherweisegeben wird, gab es natürlich auch früher schon Prognosen. Anfang des 20. Jahrhunderts gab es beispielsweise ziemlich viele Prognosen darüber, wie wir heute leben. Manche stimmten, andere nicht. Und natürlich gibt es heute auch Prognosen darüber, wie wir in 100 Jahren leben werden. Das ist ganz normal. Wir Menschen suchen immer nach neuen Lösungen, die unser Leben angenehmer machen.

– Wie beispielsweise Roboter?

– Genau. Lange hat man sich Roboter nur als „Mensch-Maschine" vorgestellt. Die Roboter, die wir heute aus der Produktion kennen, sehen aber gar nicht aus wie Menschen. Eigentlich sind sie nichts anderes als automatisierte Arme, die genauer und auch schneller arbeiten als wir. Und wo früher viele Menschen gearbeitet haben, stehen heute nur wenige Roboter.

– Na ja, sicher ist es ein Vorteil, dass Roboter genauer oder schneller sind, aber wenn viele Menschen dadurch ihre Arbeit verlieren, dann ist das doch auch ein Nachteil, oder?

– Ich weiß nicht. Es könnte ja auch *so* sein, dass wir in Zukunft weniger arbeiten müssen. Oder, dass Roboter die gefährlichen Arbeiten machen, zum Beispiel bei der Feuerwehr. Das wäre doch gut, oder?

– Sie meinen also, dass die Zukunft den Robotern gehört?

– Ja. Es wird meiner Meinung nach immer mehr Roboter geben. In der Industrie, im Verkehr, aber auch in der Pflege und in der Medizin. Gar keine Frage.

– Na, dann. Es bleibt also spannend. Vielen Dank für das Interview.

– Vielen Dank für die Einladung!

### 4.16

Montagsthema heute: Unser Zeitgefühl

Tick, tack, tick, tack, … Die Uhren ticken für alle gleich. In einer Minute vergehen genau 60 Sekunden, in einer Stunde 60 Minuten. Ein Tag hat 24 Stunden und eine Woche sieben Tage. Das ist immer gleich. Und trotzdem sagt uns unser Zeitgefühl oft etwas anderes. Wenn ich am Wochenende arbeiten muss, habe ich das Gefühl, dass die Tage besonders lang sind. Am Dienstag und Mittwoch vergeht die Zeit schon etwas schneller. Und meine freien Tage, also Donnerstag und Freitag, sind dann immer ganz schnell vorbei. Und das geht nicht nur mir so. Auch für viele andere Menschen vergehen die Arbeitstage langsamer. Sogar dann, wenn wir montags bis freitags bei der Arbeit Stress haben. Dann wünschen wir uns, dass wir es bald geschafft haben und freuen uns schon auf die Freizeit und das Wochenende!

### 4.17

Die Zeit ändert ihr Tempo nicht. Sie ist immer gleich. Aus der Forschung wissen wir aber, dass die gefühlte Zeit für uns Menschen tatsächlich nicht immer gleich ist. Jeder von uns weiß beispielsweise, dass ein Fußballspiel zweimal 45 Minuten dauert. Für Fußballfans, die das Spiel spannend finden, vergeht es sehr schnell. Wer das Spiel uninteressant findet, denkt bestimmt, dass es viel zu lange dauert. Hier noch ein anderes Beispiel: Wenn wir es sehr eilig haben und auf den Bus warten müssen, vergeht die Zeit sehr langsam. Wir schauen gestresst auf die Uhr und sind genervt. Wenn wir es aber nicht eilig haben und an der Haltestelle eine nette Kollegin treffen, mit der wir uns zum Beispiel über den geplanten Urlaub unterhalten, vergeht die Zeit viel schneller. So ähnlich ist es auch, wenn wir beim Arzt warten müssen. Obwohl uns klar ist, dass es etwas länger dauern kann, langweilen wir uns. Dann vergeht die Zeit auch langsam. Was passiert aber, wenn wir im Wartezimmer beim Arzt einen interessanten Artikel in einer Zeitschrift entdecken oder noch ein Formular ausfüllen müssen? Richtig, die Wartezeit vergeht schneller! Das liegt daran, dass wir etwas zu tun haben. Unser Zeitgefühl hängt also von Situationen und Emotionen ab. Interessant, oder?

### 4.19

Ich habe vor ein paar Tagen in meinem alten Zimmer bei meinen Eltern im Nachttisch eine Zeitkapsel gefunden! Oben auf der Kiste stand in meiner Handschrift „Nicht vor dem 1.1.2020 öffnen!". Die hatte ich schon lange vergessen und wusste auch nicht mehr, was darin sein könnte. Die Überraschung war nicht schlecht. In der Kiste war Krimskrams aus den 80er Jahren wie zum Beispiel mein alter Zauberwürfel. Damit habe ich früher viel Zeit verbracht. Und dann war da noch mein oranger Taschenrechner, der schon vor meinem Abi kaputt war. Damit kann man schon lange nichts mehr machen! Unter dem Taschenrechner lagen französische Kinokarten. Die sind bestimmt noch von unserer Klassenfahrt nach Paris. Zuerst wollte ich gar nicht teilnehmen, aber dann war es so toll! Davon haben wir noch lange gesprochen. Dann war da noch ein Ohrring, den anderen habe ich auf einer Party verloren. Darüber habe ich mich damals sehr geärgert! Die Musikkassette habe ich gleich mitgenommen. Keine Ahnung, ob ich zu Hause noch ein Gerät habe, mit dem ich sie anhören kann. Am meisten habe ich mich aber über den Autoschlüssel gewundert. War das vielleicht der Ersatzschlüssel von meinem ersten Auto? Komisch ... ich habe nie danach gesucht. Auf jeden Fall werde ich wieder eine Zeitkapsel packen. Darauf hab ich jetzt echt Lust bekommen! Mal sehen ...

### Einheit 12 Übungen

#### 4.20

Hallo Leute! In der Zeitschrift *Zukunft heute* habe ich vor ein paar Tagen einen kurzen Gastbeitrag von Axel Lübcke gelesen, in dem es um ein Buch und um einen Rekord aus dem Jahr 1910 geht. Wusstet ihr schon, dass es zu Beginn des 20. Jahrhunderts Elektroautos gab, die über 100 km/h schnell waren? Ich nicht. Sehr schade, dass man Diesel- und Benzinmotoren dann irgendwie praktischer fand und noch nicht an die Folgen für das Klima und die Umwelt dachte. Aber über die Zukunft dachte man damals auch schon nach.
1910 konnte der Journalist Arthur Bremer zum Beispiel 22 Autorinnen und Autoren für sein Buch *Die Welt in 100 Jahren* gewinnen. Darin beschreibt Robert Sloss ein drahtloses Taschentelefon, mit dem man nicht nur telefonieren, sondern auch Zeitungsartikel anhören kann. Spannend! Das musste ich lesen! Zum Glück konnte ich das Buch in unserer Bibliothek ausleihen. So habe ich erfahren, dass Sloss in seiner Prognose sogar noch ein paar Schritte weiter ging. Denn er beschreibt, dass man 2010 nicht mehr am selben Ort sein muss, um sich in einem Meeting zu sehen und zu hören. Außerdem war er überzeugt, dass man heute Dokumente drahtlos verschicken kann. Und das ist meiner Meinung nach echt erstaunlich!
Die meisten anderen Beiträge zu Themen wie Mobilität, die Rolle der Frau in der Gesellschaft und Sport fand ich nicht so spannend. Trotzdem lautet mein Fazit: Die Vorstellungen von der Zukunft von damals sorgen heute für gute Unterhaltung!

#### 4.21

- Hallo Oskar, was gibt's?
- Hallo Isa. Sag mal, du vergisst ja nie einen Geburtstag. Vielleicht kannst du mir helfen. Ich habe nämlich einen neuen Geburtstagskalender ...
- Aha. Was brauchst du denn?
- Mal sehen. Tom hat doch am siebzehnten Januar, oder?
- Genau.
- Und seine Freundin Lena?
- Lenas Geburtstag ... Warte mal .... Der ist im Herbst. Genau. Die hat am dritten Oktober.
- Danke. Und Mike?
- Der hat auch im Herbst Geburtstag. Am dreiundzwanzigsten September.
- O.k. ... Anna ist irgendwann im Sommer dran, oder?
- Ja, genau, am siebenundzwanzigsten Juli.
- Alles klar. Dann fehlt mir noch Amir.
- Amir, der hat am siebten März. War's das jetzt? Ich muss gleich in eine Videokonferenz.
- Fast. Ehm, Isa, und du? Deinen Geburtstag habe ich leider auch vergessen. Der ist im Winter, oder? Ich glaube, im Dezember oder so ...
- Oder so ... Du bist echt unmöglich! Ich habe am dreizehnten Dezember Geburtstag. So, jetzt muss ich aber los. Mach's gut!
- Du auch! Und danke!

#### 4.22

1 Manuel kann heute nicht am Unterricht teilnehmen, weil er krank ist.
2 Weil ich heute kein Auto habe, kann ich nicht zum Meeting kommen.
3 Weil es morgen Nachmittag regnet, fällt die Gartenparty aus.

#### 4.23

1 Wenn wir im Supermarkt etwas vergessen haben, können wir später zurückgehen und es noch kaufen. Das ist zwar ärgerlich, aber kein Problem.
2 Unsere Vorstellungen von Zeitmaschinen sind unterschiedlich. Sie hängen davon ab, welches Buch wir gelesen oder welchen Film wir gesehen haben.
3 Die Schule, in der wir unseren Abschluss gemacht haben, kann heute in der Nähe liegen oder ziemlich weit weg sein. Den Ort können wir immer wieder besuchen.
4 Im Leben gibt es leider keine Wiederholungstaste für besonders schöne Momente. Aber zum Glück gibt es Fotos, Videos und die Erinnerung.

5 In ihrer Fantasie beschäftigen sich viele Menschen gerne mit Dingen, die in der Realität nicht möglich sind.
6 Die Forscher möchten herausfinden, wohin wir Menschen gerne reisen würden, wenn wir Zeitmaschinen hätten.

## 4.24

🔘 Bei uns im Studio von Radio 31 begrüße ich heute Dr. Nguyen, Leiter des Forschungsprojekts „Menschheitstraum Zeitmaschine". Herzlich willkommen!
🟢 Guten Tag.
🔘 Dr. Nguyen, in Ihrem Projekt geht es um einen alten Traum vieler Menschen.
🟢 Das stimmt. Fast alle haben sich schon einmal in ihrem Leben vorgestellt, wie es wäre, wenn Sie durch die Zeit reisen könnten.
🔘 Sie auch?
🟢 Natürlich!
🔘 Darf ich Sie nach Ihrem Zeitreiseziel fragen?
🟢 Sicher. Ich würde gerne in das frühe 19. Jahrhundert reisen.
🔘 Aha. Und der Ort wäre Ihnen egal?
🟢 Nein, natürlich nicht. Ich möchte nach Weimar. Genauer gesagt möchte ich am 28. August 1813 nach Weimar.
🔘 Warum muss es dieses Datum sein?
🟢 Das können Sie sich nicht denken? Das ist Goethes Geburtstag! Und an diesem Tag gab es in Weimar zum ersten Mal ein großes Fest für Goethe. Das gibt es heute übrigens immer noch.
🔘 Ach so, interessant. Und wie lange möchten Sie bleiben?
🟢 Ein Tag wäre schon genug. Ich möchte ihm zum Geburtstag gratulieren und ihn fragen, wie er sich die Zukunft vorstellt.
🔘 Interessant. Würden Sie alleine reisen, oder ...?
🟢 Na ja, meine Frau ist Germanistin. Die müsste ich natürlich unbedingt mitnehmen.
🔘 Verstehe. Ja, liebe Zuhörerinnen und Zuhörer, jetzt gibt's ein bisschen Musik zum Träumen und dann geht es hier mit Dr. Nguyen weiter. Bleiben Sie dran.

## 4.25

1 Mal sehen, ob ich morgen vorbeikomme. Es hängt davon ab, wie lange ich beim Arzt bin.
2 Im Test gab es auch eine Aufgabe zur Relativitätstheorie. Damit hatte ich nicht gerechnet!
3 Du brauchst keine Getränke zur Party mitzubringen. Dafür habe ich schon gesorgt.
4 Mein Chef macht Urlaub auf den Malediven. Davon kann ich nur träumen.
5 Nervige Anrufe mit unbekannter Nummer? Darauf reagiere ich schon lange nicht mehr.
6 Dein Garten sieht echt traurig aus! Du solltest dich wirklich mehr darum kümmern!

## 4.26

1 in Zukunft – in Zukunft in der Schweiz arbeiten – Ich werde in Zukunft in der Schweiz arbeiten.
2 bald – bald nette Leute kennenlernen – Du wirst bald nette Leute kennenlernen.
3 später – später mit Susanne in Basel leben – Er wird später mit Susanne in Basel leben.
4 im Juli – im Juli den Abschluss machen – Wir werden im Juli den Abschluss machen.
5 nächste Woche – nächste Woche in Zürich sein – Ihr werdet nächste Woche in Zürich sein?
6 übermorgen – übermorgen die Tickets buchen – Sie werden übermorgen die Tickets buchen.

# VIDEOTEXTE

## Einheit 7: Worte und Orte

### Clip 2.01

**Miray:** Hallo ... ach, hey! Schön dich zu sehen!

**Lerner\*in:** Hallo Miray, ich freue mich auch dich zu sehen! Wie geht's dir?

**Miray:** Heute geht einfach alles schief. Beim Frühstück hatte ich keine Milch für den Cappuccino, dann ist mein Fahrrad kaputt gegangen und jetzt finde ich mein Handy nicht mehr.

**Lerner\*in:** Das ist ja doof! Kann ich dir helfen?

**Miray:** Nein ... Das Schlimmste ist eigentlich, dass ich den Mathetest nicht bestanden habe und ich es meinen Eltern sagen muss. Ich würde am liebsten den Kopf in den Sand stecken!

**Lerner\*in:** Den Kopf in den Sand stecken?! Wie meinst du das?

**Miray:** Na ja, ich muss es denen ja sagen. Die sind bestimmt sauer.

**Lerner\*in:** Verstehe. Aber guck mal, ist das nicht dein Handy?

**Miray:** Mein Handy? Wo?

**Lerner\*in:** Da, in deiner Jacke!

**Miray:** Ach, das gibt's ja gar nicht! Manchmal hab' ich echt Tomaten auf den Augen!

**Lerner\*in:** Tomaten auf den Augen? Wie meinst du das?

**Miray:** Na ja, das sagt man so, wenn man etwas nicht sieht, obwohl es die ganze Zeit da war.

## Einheit 8: Talente gesucht!

### Clip 2.02

**Emma:** Oh, hey! Schön dich zu sehen.

**Lerner\*in:** Hallo Emma. Hast du dich auf die Stelle als Programmiererin beworben?

**Emma:** Ja! Ich hatte gestern das Vorstellungsgespräch in der Design Agentur SANA.

**Lerner\*in:** Und, wie war's? Warst du sehr aufgeregt?

**Emma:** Ja, total. Ich habe vorher sogar ein paar Entspannungsübungen gemacht. Das hat etwas geholfen.

**Lerner\*in:** Und wie war das Gespräch?

**Emma:** Zuerst gab es ein bisschen Smalltalk und dann habe ich mich vorgestellt. Alles kein Problem, ich habe mich gut vorbereitet.

**Lerner\*in:** Stimmt. Gute Vorbereitung ist ganz wichtig.

**Emma:** Ja, und ich habe auch viele Fragen gestellt, z.B. ob Homeoffice möglich ist. Das ist mir genauso wichtig wie ein nettes Team.

**Lerner\*in:** Genau, ich finde eine gute Zusammenarbeit auch sehr wichtig.

**Emma:** Auf jeden Fall. Ich wünsche mir auch flexible Arbeitszeiten und verantwortungsvolle Aufgaben.

**Lerner\*in:** Und hast du das Team auch schon kennengelernt?

**Emma:** Nein, noch nicht. Mal schauen, ob sie mich zum zweiten Gespräch einladen.

**Lerner\*in:** Na dann, viel Glück! Wo hast du die Stellenanzeige eigentlich entdeckt?

**Emma:** Auf Social Media! Die Agentur ist da sehr aktiv. Sie zeigen viel von ihrer Arbeit und stellen Mitarbeiter\*innen vor. Das gefällt mir ganz gut.

**Lerner\*in:** Ach so, klar. Da suche ich auch mal.

## Einheit 9: Geht nicht? Gibt's nicht!

### Clip 2.03

Hallo zusammen! In meiner Präsentation geht es um das Thema *Wie wir hören*. Hört mal! Sicher ist nicht alles, was wir hören, so schön, oder? Bestimmt könntet ihr mir jetzt sagen, was ihr gehört habt und vielleicht wisst ihr sogar, welcher Vogel das ist und was es in der Nähe noch gibt. Aber wisst ihr auch, wie ihr das gehört habt? Das möchte ich euch, wie gesagt, in meiner Präsentation kurz erklären. Die große Frage lautet also: Wie hören wir?

Klar, mit unseren Ohren! Aber unsere Ohren sind viel mehr als das, was wir sehen. Denn das, was wir sehen können, ist nur das Außenohr. Das ganze Ohr ist viel größer, wie hier von der Grafik gezeigt wird. Aber wie hören wir denn jetzt und was haben Schallwellen mit dem Hören zu tun?

Das ist wieder der kleine Vogel aus dem Video. Obwohl er so klein ist, singt er ganz schön laut! Und beim Singen produziert er Töne, die wir hören können, denn die Töne werden als Schallwellen von der Luft transportiert. Und diese Schallwellen nehmen wir dann mit unserem Außenohr auf.

Hier seht ihr noch einmal, wie die Schallwellen vom Außenohr aufgenommen werden.

Und vom Außenohr kommen die Schallwellen in das sogenannte Mittelohr. Das seht ihr hier in der Mitte. Im Mittelohr ist das Trommelfell. Das ist eine dünne Haut. Und die Schallwellen werden vom Trommelfell an die Gehörknöchelchen weitergeleitet. Die Gehörknöchelchen sind hier. Wie ihr seht, sind sie sehr klein, aber wichtig!

Hier könnt ihr das Mittelohr mit dem Trommelfell und den Gehörknöchelchen noch einmal etwas größer sehen. Und das passiert hier: Die Schallwellen kommen, wie gesagt, durch das Mittelohr zum Trommelfell. Das seht ihr hier in Blau. Vom Trommelfell werden sie an die drei Gehörknöchelchen weitergeleitet. Das ist aber noch nicht alles ... Denn jetzt geht es im Innenohr weiter.

Im Innenohr ist die Hörschnecke. Die Hörschnecke heißt so, weil so ähnlich aussieht wie eine Schnecke. Also, eigentlich wie eine Schnecke mit einem Schneckenhaus. Hier kann man das ganz gut sehen. Ja, und von der Hörschnecke wird jetzt ein Signal produziert. Und nun verlässt dieses Signal das Ohr, denn es wird von der Hörschnecke an das Gehirn weitergeleitet. Und das alles passiert ständig und in einem Megatempo! Ich fasse den Hörprozess noch einmal zusammen: Töne sind Schallwellen, die von der Luft transportiert und vom Außenohr aufgenommen werden. Im Mittelohr werden die Schallwellen zum Trommelfell geleitet und dann vom Trommelfell an die Gehörknöchelchen im Innenohr weitergegeben. Von den Gehörknöchelchen werden sie dann an die Hörschnecke weitergeleitet und die Hörschnecke produziert ein Signal, das sie an das Gehirn schickt. Das alles passiert pausenlos, automatisch und superschnell. Und im Gehirn geht es dann auch ganz schnell mit dem Verstehen weiter. Aber das ist ein anderes Thema ...
Vielen Dank fürs Zuhören! Habt ihr noch Fragen?

### Clip 2.04

**Elia:** Hi! Na, wie geht's?
**Lerner*in:** Ganz gut. Was machst du da?
**Elia:** Das ist ein Experiment. Willst du's mal sehen?
**Lerner*in:** Klar, gerne. Bin gespannt.
**Elia:** Also, als Erstes man braucht einen Luftballon, den schneidet man mit einer Schere in der Mitte durch. Ungefähr so. Und dann braucht man ein Glas. Moment, jetzt wird es schwierig. Deshalb habe ich das schonmal vorbereitet. Jetzt nimmt man etwas Reis ...
**Lerner*in:** Was willst du denn mit dem Reis machen?
**Elia:** Jetzt warte doch mal. Das siehst du gleich. Das ist echt cool! Habe ich in irgendeinem Video gesehen. Mal sehen, ob es auch funktioniert, wenn ich das mache.
**Lerner*in:** Ach so. Du probierst das jetzt zum ersten Mal aus?
**Elia:** Ja, genau. Pass auf! Ich schlage jetzt mit dem Löffel (auf) den Topf. Der muss aber aus Metall sein. Achtung, los geht's.
**Lerner*in:** Das ist wirklich krass! Der Reis tanzt ja richtig!
**Elia:** Klasse, oder? Ich frage mich die ganze Zeit, wie das funktioniert.
**Lerner*in:** Ach, das kann ich dir erklären. Du schlägst mit dem Löffel auf den Topf.
**Elia:** Klar. Aber ...
**Lerner*in:** So entsteht eine Schallwelle, die wir hören, aber nicht sehen können.
**Elia:** Und was hat das mit dem Reis zu tun?
**Lerner*in:** Pass auf. Die Schallwelle wird von der Luft transportiert.
**Elia:** Und dann?
**Lerner*in:** Der Luftballon wird von der Schallwelle bewegt, sodass der Reis zu tanzen beginnt.
**Elia:** Toll, was du alles weißt!

## Plateau 3

### Clip 2.05

**Nico:** Mein Bruder hat sich total verändert. Die letzten Wochen waren ... großartig mit ihm.
**Selma:** Apropos großartig: Ich hab' eine Zusage für das Praktikum!
**Nico:** Wirklich? Wow!
**Selma:** Ja!
**Nico:** Davon hast du mir gar nichts erzählt. Wann war denn das Bewerbungsgespräch?
**Selma:** Heute Vormittag. Es war gar nicht so schlimm, sondern eigentlich sogar ziemlich angenehm. Mit Lisas Hilfe war ich wirklich gut vorbereitet. Sie hat mir gesagt, um bei Bewerbungsgesprächen zu überzeugen, muss man auf ein paar Sachen achten.
**Nico:** Zum Beispiel?
**Selma:** Du solltest dich vorher über die Ausbildung und die Schule informieren. Das hab' ich auch gemacht und deshalb war ich wohl auch gar nicht so aufgeregt und habe alle Fragen sofort verstanden!
**Nico:** Du bist unglaublich!
**Selma:** Sie haben sofort zugesagt. Ich muss ihnen nur noch ein paar Dokumente schicken, um schnell anfangen zu können.
**Nico:** Das müssen wir feiern. Hm?
**Selma:** Ich würde gerne, aber ... ich muss jetzt gehen, damit ich rechtzeitig zu Hause bin. Wir sehen uns!
**Max:** Und du glaubst, dass es eine gute Idee ist?
**Inge:** Ja, wieso denn nicht? Im Gegensatz zu den meisten Männern ist Jacques rücksichtsvoll, charmant, humorvoll, romantisch ...
**Tarek:** Was heißt denn *im Gegensatz zu den meisten Männern*?
**Nico:** Hi!
**Inge:** Hallo Nico!
**Tarek/Max:** Hi Nico!
**Max:** Warum haben wir deinen Jacques eigentlich noch nicht gesehen? Hast du kein Foto von ihm?
**Tarek:** Oder sieht er vielleicht gar nicht so gut aus, wie du immer sagst?
**Inge:** Jetzt werd' bloß nicht frech! Jacques ist sehr attraktiv. Er ist groß und schlank, er hat schöne Augen und ... Moment! Hier.
**Nico:** Kann ich das bitte noch mal sehen? Das ist Otto.

# VIDEOTEXTE

**Inge:** So ein Quatsch! Das ist Jacques!
**Nico:** Ich sag' ja nur, dass er so aussieht.
**Inge:** Wieso red' ich überhaupt mit euch?
**Max:** Weil du uns magst, liebe Inge!
**Tarek:** Und weil wir immer noch die besten Köche sind, die du kennst.

## Clip 2.06

**Nina:** Möchtest du ein Plätzchen? Hab' ich heute Morgen frisch gebacken.
**Nico:** Vielen Dank!
**Sebastian:** Also, ich will auch eins!
**Nina:** Weil du so lieb *Bitte* gesagt hast?
**Sebastian:** Hm ... Die sind aber nicht von dir!
**Nina:** Wieso nicht?
**Sebastian:** Weil die so wahnsinnig lecker sind.
**Nico:** Ja! Lecker!
**Nina:** Gut. Das war dein Letztes. Lisa, möchtest du auch ein Plätzchen?
**Lisa:** Danke!
**Sebastian:** Was machst 'n du da?
**Lisa:** Ich muss morgen das Thema Recycling und Umweltschutz im Unterricht behandeln. Aber ich weiß noch nicht, wie.
**Nina:** Und wieso? Wo ist das Problem?
**Lisa:** Das Thema ist total wichtig. Aber wenn der Unterricht nicht spannend ist, dann ist es total langweilig.
**Sebastian:** Langweilig? Also, pass mal auf: Wenn wir unseren Planeten weiterhin so ausbeuten, dann brauchen wir 2030 mindestens zwei Erden. Und du kannst deinen Schülern auch sagen, dass jeden Tag 130 Tierarten aussterben. Nur mal so.
**Nico:** Was?
**Sebastian:** Mhm. Insekten zählen auch dazu.
**Lisa:** Also, je statistischer das Thema, desto langweiliger wird es.
**Sebastian:** Stimmt überhaupt nicht.
**Lisa:** Doch, das ist viel zu abstrakt. Meine Schüler sollen ja selber aktiv werden. Die sollen ein Umweltbewusstsein entwickeln und sich über ihr Konsumverhalten klar werden.
**Nina:** Na ja, es reicht ja eigentlich schon, wenn du mal 'ne Woche kein Plastik kaufst. Das Zeug ist so was von umweltschädlich.
**Lisa:** Ja, das ist super!
**Sebastian:** Ach, das ist super? Das ist ultralangweilig!
**Lisa:** Also, wenn die mal eine Woche auf Plastik verzichten würden, dann würden sie ja merken, was alles aus Plastik ist. Das ist toll!
**Lisa:** Ihr sollt nicht euer ganzes Leben lang auf Plastik verzichten, sondern nur eine Woche. Kommt schon! Plastik ist eine wahnsinnig große Umweltbelastung. Wusstet ihr, dass viele Tonnen Plastik im Meer schwimmen? Die Fische werden krank davon. Wir essen die Fische, dann werden wir krank davon. Das ist ein Kreislauf. Also, macht ihr mit?
**Schüler:** Sie auch, Frau Brunner!
**Lisa:** Natürlich!

## Clip 2.07

**Sebastian:** Selma!
**Selma:** Hallo Sebastian!
**Sebastian:** Ey, schön, dich zu sehen. Geht's dir gut?
**Selma:** Danke, mir geht's gut. Ich bin auf dem Weg zu meinem Praktikum. Und du?
**Sebastian:** Ja, ich treff' mich jetzt mit 'ner Freundin zum Frühstück. Und wie gefällt dir das Praktikum?
**Selma:** Die Arbeitsbedingungen in der Firma sind toll, obwohl die Arbeitszeiten an manchen Tagen ziemlich lang sind.
**Sebastian:** Und dein Chef? Ist der nett?
**Selma:** Er ist streng, aber hilfsbereit und verständnisvoll. Und ich find es gut, dass ich viele verantwortungsvolle Aufgaben habe.
**Sebastian:** Cool, das klingt super.
**Selma:** Wie geht es Nico?
**Sebastian:** Nico? Ja, du, Nico geht's eigentlich ganz gut. Der ist immer noch auf der Suche nach 'nem Ausbildungsplatz. Soll ich ihn von dir grüßen?
**Selma:** Besser nicht.
**Sebastian:** O. k. Dann wünsch' ich dir viel Spaß auf der Arbeit!
**Selma:** Danke.
**Sebastian:** Bis bald!
**Selma:** Bis bald, Sebastian!
**Sebastian:** Ciao!
**Nina:** Steckt ihr in einer Beziehungskrise?
**Nico:** Eine was?
**Sebastian:** Was Nina meint, ist: Habt ihr euch gestritten?
**Nico:** Nein.
**Nina:** Selma antwortet nicht. Na und?
**Sebastian:** Ich denke, sie ist doch sauer. Vielleicht hast du irgendwas Falsches gesagt?
**Nico:** Nein, wir haben nur über ihr Praktikum geredet.
**Nina:** Jetzt warte mal ab, sonst nervst du sie nur.
**Sebastian:** Vielleicht ist Selma sauer, obwohl für dich alles o.k. ist. Oder ihr ist irgendwas passiert. Das kann natürlich auch sein.
**Nina:** Sebastian!
**Sebastian:** Was denn?
**Nina:** Mann! Du sollst ihn nicht verunsichern, sondern ihm helfen.

**Sebastian:** Ich helf' ihm doch!
**Nico:** Hm. Ich muss das klären.

## Einheit 10: Wir lieben Kaffee!

### Clip 2.08

**Adrian:** Oh, hi. Wie war dein Wochenende?
**Lerner*in:** Hey Adrian. Ganz gut, aber sag mal: Was machst du denn hier?
**Adrian:** Das hier? Wir haben Besuch für ein Projekt und ich habe leider gefragt, ob sie Kaffee möchten.
**Lerner*in:** Sieht so aus, als wollen sie alle einen.
**Adrian:** Das kannst du laut sagen. Und alle trinken ihren Kaffee anders! Am liebsten hätte ich sie zum Coffee Shop geschickt. Aber das geht natürlich nicht.
**Lerner*in:** Stimmt. Du hast auch schon mal als Barista gearbeitet, oder?
**Adrian:** Genau. Während des Studiums.
**Lerner*in:** ... und was machst du jetzt hier?
**Adrian:** Also, ich mach einen Filterkaffee mit frisch gemahlenen Bohnen und einen Cappuccino mit Hafermilch. Hier mache ich den Espresso für den Cappuccino. Und diese Bohnen sind super für einen Flat White. Den trinkt Franziska besonders gerne. Weil sie gleich aber los muss, zu einem anderen Meeting, mache ich ihr einen Coffee-to-go.
**Lerner*in:** Wow, du bist ja fleißig. Gehen wir heute Mittag in die Kantine?
**Adrian:** Gern. So um halb eins?
**Lerner*in:** Gut, bis dann.
**Adrian:** Super, dann mach' ich mal weiter.

## Einheit 11: Einfach genial!

### Clip 2.09

Locker und gut riechend – so kennt ihr Rasierschaum. Aber wusstet ihr, dass man mit ihm auch den Spiegel nach dem Duschen nie mehr putzen muss? Oder eine quietschende Tür reparieren kann? Wir zeigen euch geniale Lifehacks mit Rasierschaum.
Hack Nummer eins: Jeder kennt es - nach dem Duschen könnt ihr im Spiegel nichts mehr sehen? Hier ist Rasierschaum total hilfreich! Ihr sprüht ihn auf den Spiegel und wartet kurz. Dann müsst ihr den Spiegel nur noch mit einem Tuch abwischen, fertig! Ihr braucht nach dem Duschen keinen Spiegel mehr zu putzen – cool, oder?
Hack Nummer zwei: Eure quietschende Zimmertür nervt? Kein Problem! Ihr braucht nur den Rasierschaum auf die Scharniere zu sprühen. Dann noch kurz warten, abwischen und das nervende Geräusch ist weg. Genial, oder?

So, das war's für heute. Wenn ihr noch vier geniale Life-Hacks mit Alufolie sehen wollt, braucht ihr nur hier oben auf das Video zu klicken. Wenn euch das Video gefallen hat, gebt ihm einen Like und abonniert den Kanal – wir freuen uns! Ciao, tschüss und bis zum nächsten Mal!

### Clip 2.10

**Emma:** Hey, schön dich zu sehen! Aber ... du, es passt grad nicht so ... ich bin voll im Stress!
**Lerner*in:** Hallo! Aber warum bist du so gestresst?
**Emma:** Na ja, ich muss morgen in meinem Kurs eine Präsentation halten, aber ich bin noch nicht fertig. Außerdem habe ich Angst, vor so vielen Menschen zu sprechen.
**Lerner*in:** Du musst doch keine Angst haben! Schreib doch Karten mit Stichpunkten.
**Emma:** Wieso das denn?
**Lerner*in:** Na, die Notizen helfen dir, frei zu sprechen.
**Emma:** Oh ja, super Idee! Aber ich weiß auch nicht genau, wie ich anfangen soll.
**Lerner*in:** Wie wär's mit einem Eisbrecher?
**Emma:** Ein Eisbrecher? Was meinst du?
**Lerner*in:** Zum Beispiel ein interessantes Bild oder ein passendes Zitat von einer berühmten Person.
**Emma:** O.k., da fällt mir sicher was ein. Und was mach' ich, wenn jemand eine Frage hat?
**Lerner*in:** Du beantwortest die Frage gleich oder alle Fragen am Ende.
**Emma:** Super, danke für deine Tipps. Da fühle ich mich gleich viel besser! Jetzt brauche ich nur noch einen Tipp gegen Lampenfieber.

## Einheit 12: Gestern – heute – morgen

### Clip 2.11

**Elia:** Hallo, was machst du denn hier?
**Lerner*in:** Mensch, dich habe ich echt lange nicht gesehen! Alles gut?
**Elia:** Ja, passt schon. Und bei dir?
**Lerner*in:** Na ja, viel zu tun, aber ganz o.k. Das kennst du ja.
**Elia:** Hm. Sag mal. Hast du Lust auf Kino?
**Lerner*in:** Gerne, was gibt's denn?
**Elia:** Guck mal hier. Im Schillerhof läuft gerade Metropolis.
**Lerner*in:** Echt? Den Film wollte ich schon immer mal sehen!
**Elia:** Oh! Ich sehe gerade, dass der 150 Minuten dauert. Zweieinhalb Stunden!
**Lerner*in:** Stimmt, das ist ziemlich lange.
**Elia:** Du weißt doch, dass das ein Stummfilm ist, oder?

## VIDEOTEXTE

**Lerner\*in:** Ein was?
**Elia:** Ein Stummfilm. Das heißt, man hört nicht, was die Schauspielerinnen und Schauspieler sagen.
**Lerner\*in:** Der Film ist also ganz ohne Ton? Ohne Sprache?
**Elia:** Nein, natürlich nicht. Man kann ab und zu lesen, was gesagt wird oder was in der nächsten Szene passiert. Ich finde das total spannend!
**Lerner\*in:** Und man hört wirklich gar nichts?
**Elia:** Doch, natürlich. Man hört die ganze Zeit Musik.
**Lerner\*in:** Ach so. Naja, das hört sich doch gut an.
**Elia:** Wann würde es dir denn passen? Ich habe eigentlich fast immer Zeit.
**Lerner\*in:** Ich könnte am … um …
**Elia:** Ach, das ist so ziemlich der einzige Termin, der mir nicht passt.
**Lerner\*in:** Und am … um …?
**Elia:** Ja, da geht's. Treffen wir uns vorher? Auf einen Kaffee oder so?
**Lerner\*in:** Gerne. Kennst du das Café neben dem Schillerhof?
**Elia:** Ja, das kenne ich. Echt gemütlich. Sagen wir eine Stunde vorher?
**Lerner\*in:** O.k. Dann reserviere ich zwei Tickets, einverstanden?
**Elia:** Einverstanden. Ich freu mich. Bis dann!

## Plateau 4

### Clip 2.12

**Selma:** Hey! Spinnst du?
**Nico:** Selma, es tut mir leid …
**Selma:** Was soll das?
**Nico:** Warum antwortest du mir nicht? Ich hab' dir geschrieben, dich angerufen und …
**Selma:** Das hab' ich gesehen.
**Nico:** Ich … ich versteh einfach nicht, was los ist. Entweder du sagst mir, warum du mir nicht antwortest, oder ich bleib den ganzen Tag hier vor deinem Haus stehen.
**Selma:** Nico, wovon sprichst du?
**Nico:** Ich will einfach nicht, dass es irgendwelche Missverständnisse zwischen uns gibt. Hab' ich was Falsches gesagt?
**Selma:** Nico, ich …
**Nico:** Ich weiß, entweder wir treffen uns heimlich in der WG oder in der Stadt, aber … aber ich musste dich sehen. Deshalb bin ich gekommen.
**Selma:** Du hast nichts falsch gemacht, Nico. Es hat nichts mit dir zu tun. Ich fühl mich so … so unglaublich schlecht. Gerade jetzt. Meine Eltern dürfen sich jetzt nicht aufregen.
**Nico:** Aber was ist denn passiert, hm?
**Selma:** Mein Vater ist wieder im Krankenhaus.
**Nico:** Was?

**Lisa:** Danke. Also, erzähl mal: Wie geht's denn mit deiner Brücke voran?
**Selma:** Du meinst die Brücke für den Wettbewerb?
**Lisa:** Ja, genau.
**Selma:** Ich habe ziemlich viel zu tun, trotzdem bin ich schon weitergekommen.
**Lisa:** Und bist du zufrieden?
**Selma:** Hm, noch nicht ganz. Aber ich hatte die Idee, Solarzellen an die Seiten zu montieren. Die können die Lampen auf der Brücke dann mit Strom versorgen. Das fanden ein paar andere gut und machen jetzt mit.
**Lisa:** Cool!
**Selma:** Ich finde alternative Energien sowieso am interessantesten, auch in der Architektur. Man kann auch an Gebäuden viel Energie sparen. Das ist so spannend!
**Lisa:** Ja, ich hab' neulich einen Artikel über intelligente Häuser gelesen.
**Tarek:** So, zweimal die Tagessuppe.
**Lisa:** Also Selma, du und Nico: Was ist denn da los?

### Clip 2.13

**Nico:** Und ich könnte nach der Ausbildung wirklich bei dir arbeiten?
**Yara:** Ja. Das ist mein Angebot. Du müsstest es nur wollen und du müsstest dafür arbeiten.
**Nico:** O.k., ich will es! Also, wie geht's jetzt weiter?
**Yara:** Zuerst müsstest du deine spanischen Zeugnisse übersetzen lassen. Sobald du einen Platz an der Berufsschule hast, kannst du mit der Ausbildung beginnen.
**Nico:** Und ich kann die Ausbildung wirklich bei dir machen?
**Yara:** Ja. Mein Fahrradladen ist ein Meisterbetrieb. Ich darf auch ausbilden.
**Nico:** Und ich wäre nach drei Jahren mit der Ausbildung fertig?
**Yara:** Genau. Und ich hätte einen top Mitarbeiter!
**Nico:** Gut. Hier steht noch, dass ich einen Nachweis über meine Deutschkenntnisse brauche.
**Yara:** Du müsstest die B1-Prüfung machen.
**Nico:** Dann muss ich auf jeden Fall noch 'ne Menge lernen …
**Yara:** Glaubst du, du kannst das schaffen?
**Nico:** Auf jeden Fall!
**Yara:** Ich bin stolz auf dich!

**Jacques:** Bevor ich ein Restaurant hatte, hab' ich lange als Koch gearbeitet. In einem Bistro, das ganz ähnlich aussah wie euer Restaurant.
**Tarek:** Bevor wir das Restaurant aufgemacht haben, hatte ich in einer Firma als Elektriker gearbeitet.
**Max:** Und ich war Bankkaufmann.
**Jacques:** Nein, wirklich? Das ist ja erstaunlich. Da arbeiten Sie jetzt ja in einem ganz anderen Beruf.
**Tarek:** Aber es hat sich gelohnt. Auch wenn die Gastronomie ganz schön anstrengend ist.
**Jacques:** Ja, wem sagen Sie das! Aber man erlebt viel in der Gastronomie. Ich könnte 'n Buch drüberschreiben.
**Inge:** Deine Biografie will doch gar keiner lesen.
**Jacques:** Was? Aber vielleicht interessieren sich die Menschen ja für meine Erfahrungen.
**Tarek:** Jacques, wir würden es lesen. Nicht wahr, Max?
**Max:** Ganz sicher!
**Jacques:** Da! Zwei Käufer haben wir schon!
**Yara:** Hey, habt ihr zufällig Nico gesehen? ... Otto! Was machst du denn hier? Hallo Otto!
**Inge:** Entschuldigung, das muss aber eine Verwechslung sein. Das ist Jacques.
**Yara:** Nein, ganz sicher nicht. Das ist Otto aus Duisburg. Ich kenne ihn schon seit Jahren.
**Jacques:** Inge ...
**Inge:** Sag nicht, dass sie recht hat.
**Yara:** Was ist denn hier los?
**Inge:** Das würde ich auch gerne wissen.
**Jacques:** Lass es mich erklären! Inge! Inge! Inge, warte! Ich ...

### Clip 2.14
**Pepe:** Und?
**Nico:** Ich weiß nicht.
**Pepe:** Wie ist dein Gefühl?
**Nico:** Gut.
**Selma:** Nico!
**Nico:** Selma!
**Lisa:** Ist die Prüfung schon vorbei?
**Nico:** Ja, ich bin gerade fertig geworden.
**Lisa:** Oh, ich dachte schon, wir kommen viel zu spät.
**Selma:** Ich muss mit dir reden!
**Pepe:** Wir warten draußen.
**Lisa:** Ja! Ja.
**Selma:** Nico ...
**Nico:** Du musst nichts sagen. Ich hätte dich niemals in diese Situation bringen dürfen.
**Selma:** Machst du Schluss?
**Nico:** Wir waren nie zusammen, Selma. Nie.
**Max:** Es ist wirklich unglaublich, was du geschafft hast!
**Nico:** Ich weiß doch noch gar nicht, ob ich die Prüfung bestanden habe.
**Max:** Ich bin überzeugt, dass du bestanden hast.
**Nico:** Hoffentlich reicht's. Ich bin mir wegen des Briefs, den ich schreiben musste, nicht sicher. Und ich habe Angst, dass ich im schriftlichen Teil meines Tests zu viele Fehler gemacht habe.
**Pepe:** Du wirst wegen ein paar Fehlern schon nicht durchfallen. Du musst dir keine Sorgen machen.
**Nico:** Ich weiß nicht, ob ich es schaffe, mir keine Sorgen zu machen.
**Pepe:** Bald beginnt dann deine Ausbildung. Da wirst du noch viele Prüfungen machen müssen.
**Nico:** Stimmt. Und ich bin gespannt auf alles, was jetzt kommt.
**Max:** Diese Prüfung ist der erste Schritt auf deinem neuen Weg. Auf Nicos Weg!
**Pepe:** Auf Nicos Weg!

# WORTLISTE

Die alphabetische Wortliste enthält den Wortschatz der Einheiten. Zahlen, grammatische Begriffe sowie Namen von Personen, Städten und Ländern sind nicht in der Liste enthalten. Wörter, die nicht zum Zertifikatswortschatz gehören, sind kursiv ausgezeichnet..

Die Zahlen geben an, wo die Wörter das erste Mal vorkommen – 10/1b bedeutet zum Beispiel Seite 10, Aufgabe 1b.

Die . oder ein _ unter Buchstaben des Worts zeigen den Wortakzent:
a = ein kurzer Vokal; a = ein langer Vokal.

Bei den Verben ist immer der Infinitiv aufgenommen. Bei Nomen finden Sie immer den Artikel und die Pluralform.
(Sg.) = Dieses Wort gibt es (meistens) nur im Singular.
(Pl.) = Dieses Wort gibt es (meistens) nur im Plural.

## A

| | | |
|---|---|---|
| | abbrechen, er bricht ab, er hat abgebrochen | 15/4b |
| das | Abenteuer, die Abenteuer | 11/2b |
| | abenteuerlich | 28/1a |
| die | Abenteuerlust (Sg.) | 76/3a |
| | abhängen (von), es hängt ab (von), es hat abgehangen (von) | 190/2c |
| | abonnieren, er abonniert, er hat abonniert | 176/2b |
| | abräumen, er räumt ab, er hat abgeräumt | 90/2a |
| | abreisen, er reist ab, er ist abgereist | 63/4 |
| | abschließen, er schließt ab, er hat abgeschlossen | 124 |
| die | Absicht, die Absichten | 129/2a |
| der | Abwasch (Sg.) | 90/2a |
| | abwechslungsreich | 60 |
| | abwesend | 128/2b |
| | abwischen, er wischt ab, er hat abgewischt | 176/2b |
| der | Advent, die Advente | 90/1a |
| die | Adventszeit, die Adventszeiten | 90/1a |
| | ahnen, er ahnt, er hat geahnt | 111 |
| das | Akkordeon, die Akkordeons | 77/5a |
| | alkoholfrei | 141/6b |
| | allerbester, allerbeste, allerbestes | 88 |
| | allerdings | 133/9b |
| das | Alltagsproblem, die Alltagsprobleme | 140/2a |
| die | Almhütte, die Almhütten | 62/1a |
| die | Alufolie, die Alufolien | 176/2b |
| der | Amateurfußball (Sg.) | 40/2a |
| die | Analyse, die Analysen | 126/1b |
| | anerkennen, er erkennt an, er hat anerkannt | 61 |
| die | Angst, die Ängste | 138 |
| | anhören, er hört an, er hat angehört | 188 |
| | anmachen, er macht an, er hat angemacht | 20/9a |
| | anregen, er regt an, er hat angeregt | 92/2a |
| | ansprechen, er spricht an, er hat angesprochen | 125 |
| | anstrengen (sich), er strengt sich an, er hat sich angestrengt | 71/11 |
| | anwendbar | 176/1b |
| | anzünden, er zündet an, er hat angezündet | 90/1a |
| das | Apfelmus, die Apfelmuse | 89/5 |
| der/die | Apotheker/in, die Apotheker / die Apothekerinnen | 174/1b |
| | applaudieren, er applaudiert, er hat applaudiert | 25/4a |
| der | Applaus, die Applause | 27/4b |
| der/die | Arbeitgeber/in, die Arbeitgeber / die Arbeitgeberinnen | 124 |
| | arbeitsfrei | 141/6b |
| der/die | Arbeitskollege/Arbeitskollegin, die Arbeitskollegen / die Arbeitskolleginnen | 160/6 |
| die | Arbeitslosigkeit, die Arbeitslosigkeiten | 115/5c |
| der | Arbeitsmarkt, die Arbeitsmärkte | 125 |
| die | Arbeitsstelle, die Arbeitsstellen | 124 |
| die | Architektur, die Architekturen | 15/4a |
| der | Ärger (Sg.) | 129/1 |
| die | Armut (Sg.) | 78/1a |
| die | Art, die Arten | 93/6a |
| | auf der einen Seite... auf der anderen Seite | 92/2c |
| der | Aufbau (Sg.) | 179/4b |
| | auffallen, er fällt auf, er ist aufgefallen | 174/1b |
| | auffangen, er fängt auf, er hat aufgefangen | 143/7b |
| die | Auffassung, die Auffassungen | 42/1c |
| | auffordern, er fordert auf, er hat aufgefordert | 15/5c |
| | aufgeben, er gibt auf, er hat aufgegeben | 138 |
| | aufgießen, er gießt auf, er hat aufgegossen | 162/1b |
| die | Auflage, die Auflagen | 112/1c |

# WORTLISTE

| | | |
|---|---|---|
| | aufmerksam | 129/3a |
| die | Aufnahmeprüfung, die Aufnahmeprüfungen | 12/1b |
| | aufregen (sich), er regt sich auf, er hat sich aufgeregt | 129/1b |
| die | Aufregung, die Aufregungen | 84/11a |
| der | Auftritt, die Auftritte | 24 |
| | ausfallen | 114/4a |
| das | Auslandssemester, die Auslandssemester | 13/3b |
| das | Außenohr, die Außenohren | 143/5b |
| der | Austausch, die Austausche | 10 |
| das | Auswanderermuseum, die Auswanderermuseen | 78/1a |
| | auswandern, er wandert aus, er ist ausgewandert | 75/6 |
| die | Auswanderung, die Auswanderungen | 74 |
| der/die | Auszubildende, die Auszubildenden | 10 |
| | autofrei | 141/6b |
| | automatisch | 13/4c |
| | automatisiert | 189/4b |

## B

| | | |
|---|---|---|
| das | Baby, die Babys | 120/9c |
| der/die | Bäckereifachverkäufer/in, die Bäckereifachverkäufer / die Bäckereifachverkäuferinnen | 11 |
| der/die | Barista, die Baristas | 161 |
| | barrierefrei | 138 |
| die | Barrierefreiheit (Sg.) | 140/2a |
| | basteln, er bastelt, er hat gebastelt | 90/1b |
| die | Bastelschere, die Bastelscheren | 192/2 |
| das | Baumhaus, die Baumhäuser | 62/1a |
| der | Baumwollstoff, die Baumwollstoffe | 174/1b |
| | beauftragen, er beauftragt, er hat beauftragt | 174/1b |
| der | Bedarf, die Bedarfe | 125 |
| | bedienen, er bedient, er hat bedient | 25/1c |
| | befestigen, er befestigt, er hat befestigt | 143/7c |
| | befinden (sich), er befindet sich, er hat sich befunden | 63/2 |
| | begeben (sich), er begibt sich, er hat sich begeben | 24 |
| | begegnen, er begegnet, er hat begegnet | 113/3a |
| der | Beginn (Sg.) | 75 |
| | behandeln, er behandelt, er hat behandelt | 38 |
| die | Behinderung, die Behinderungen | 138 |
| | beispielsweise | 76/3b |
| die | Bekleidungsfirma, die Bekleidungsfirmen | 139/3a |
| der/die | Beleuchter/in, die Beleuchter / die Beleuchterinnen | 25/1c |
| die | Beleuchtung, die Beleuchtungen | 25/1c |
| | bemerken, er bemerkt, er hat bemerkt | 25/1c |
| das | Benzin, die Benzine | 188 |
| die | Beobachtung, die Beobachtungen | 126/1b |
| die | Beratungsstelle, die Beratungsstellen | 76/3b |
| der | Bereich, die Bereiche | 10 |
| der/die | Bergbauer/Bergbäuerin, die Bergbauern / die Bergbäuerinnen | 64/1c |
| | bergig | 60 |
| | berlinerisch | 28/2c |
| der | Berufsalltag (Sg.) | 64/1c |
| der/die | Berufseinsteiger/in, die Berufseinsteiger / die Berufseinsteigerinnen | 125 |
| der/die | Berufsschullehrer/in, die Berufsschullehrer / die Berufsschullehrerinnen | 11/2b |
| | berühren, er berührt, er hat berührt | 164/2a |
| der/die | Beschäftigte, die Beschäftigten | 126/1b |
| der/die | Beschenkte, die Beschenkten / die Beschenkten | 91/4b |
| | beschließen, er beschließt, er hat beschlossen | 113/3a |
| der | Besen, die Besen | 57/2b |
| | besetzen, er besetzt, er hat besetzt | 164/2a |
| die | Besonderheit, die Besonderheiten | 114/1a |
| | besorgen, er besorgt, er hat besorgt | 90/1b |
| die | Besprechung, die Besprechungen | 26/1a |
| die | Beständigkeit, die Beständigkeiten | 93/6b |
| das | Beste (Sg.) | 60 |
| | bestimmen, er bestimmt, er hat bestimmt | 179/3a |
| der | Besuchsdienst, die Besuchsdienste | 39 |
| | beteiligt | 25 |
| die | Bevölkerung, die Bevölkerungen | 142/1a |
| | bewältigen, er bewältigt, er hat bewältigt | 138 |
| der/die | Bewerber/in, die Bewerber / die Bewerberinnen | 125 |
| das | Bewerbungsgespräch, die Bewerbungsgespräche | 127/3b |
| | bewerten, er bewertet, er hat bewertet | 61 |
| die | Bezahlung, die Bezahlungen | 38 |
| | bezeichnen, er bezeichnet, er hat bezeichnet | 100/17a |
| der | Bildschirm, die Bildschirme | 189 |

# WORTLISTE

| | | |
|---|---|---|
| die | **Billion,** die Billionen | 174/1b |
| | biologisch | 163/2a |
| die | **Biosphäre,** die Biosphären | 61 |
| das | **Biosphärenreservat,** die Biosphärenreservate | 60 |
| der | **Bischof,** die Bischöfe | 111 |
| | bitter | 160/5b |
| der | **Blick,** die Blicke | 25 |
| der | **Bord,** die Borde | 78/1a |
| | böse | 114/1a |
| die | **Branche,** die Branchen | 125 |
| die | **Bratwurst,** die Bratwürste | 88 |
| der | **Brauch,** die Bräuche | 111/3a |
| | brauen, er braut, er hat gebraut | 31/4a |
| | brennen, es brennt, es hat gebrannt | 90/1a |
| das | **Brett,** die Bretter (Pl.) | 24 |
| die | **Brücke,** die Brücken | 206/1i |
| | brühen, er brüht, er hat gebrüht | 161 |
| das | **Bühnenbild,** die Bühnenbilder | 24 |
| der/die | **Bühnenhandwerker/in,** die Bühnenhandwerker / die Bühnenhandwerkerinnen | 24 |
| der/die | **Bühnenmaler/in,** die Bühnenmaler / die Bühnenmalerinnen | 24 |
| der | **Bundesstaat,** die Bundesstaaten | 93/6c |
| die | **Burg,** die Burgen | 60 |
| die | **Bürgerinitiative,** die Bürgerinitiativen | 42/1a |

## C

| | | |
|---|---|---|
| die | **Chance,** die Chancen | 11/2b |
| | charmant | 108/3a |
| der/die | **Chefdramaturg/in,** die Chefdramaturge / die Chefdramaturginnen | 26/1a |
| das | **Christkind,** die Christkinder | 90/1a |
| der | **Coffeeshop,** die Coffeeshops | 161 |
| | Corona | 112/1c |
| das | **Couchsurfing** (Sg.) | 62/1a |
| der | **Cup,** die Cups | 41/3a |

## D

| | | |
|---|---|---|
| | da sein (für jmnd.), er ist für jmnd. da, er war für jmnd. da | 39 |
| der | **Dachboden,** die Dachböden | 75 |
| | darin | 192/1e |
| der | **Darm,** die Därme | 111 |
| | darum | 11/3 |
| | das Eis brechen | 15/3 |
| der | **Daumen,** die Daumen | 41/3b |
| | davon | 192/1e |
| | dazukommen, er kommt dazu, er ist dazugekommen | 127/3b |
| der | **Deal,** die Deals | 106/1d |
| | definitiv | 125/4b |
| | demonstrieren (gegen), er demonstriert (gegen), er hat demonstriert (gegen) | 42/1a |
| das | **Denkmal,** die Denkmäler/Denkmale | 110 |
| | deswegen | 43/3b |
| | deutlich | 93/7 |
| | dicht | 60 |
| die | **die** Röntgenstrahlen (Pl.) | 175 |
| der | **Diesel,** die Diesel | 188 |
| der | **Dieselmotor,** die Dieselmotoren | 188 |
| | Dingenskirchen | 28/2a |
| der | **Direktflug,** die Direktflüge | 78/1a |
| die | **Diskussionsrunde,** die Diskussionsrunden | 43/2a |
| die | **Disziplin,** die Disziplinen | 138 |
| | divers | 191/5d |
| der | **Döner,** die Döner | 174/1b |
| | doppelt | 11/2b |
| | drahtlos | 188 |
| | drehen, er dreht, er hat gedreht | 190/1 |
| | drüben | 14/1b |
| der | **Duft,** die Düfte | 88 |
| die | **Dunkelheit** (Sg.) | 79/4a |
| | durchführen, er führt durch, er hat durchgeführt | 41/3b |

## E

| | | |
|---|---|---|
| | ebenfalls | 188 |
| die | **Ecke,** die Ecken | 97/7a |
| | ehemalig | 159 |
| | ehren, er ehrt, er hat geehrt | 38 |
| das | **Ehrenamt,** die Ehrenämter | 38 |
| | ehrenamtlich | 39/1a |
| der | **Eierpunsch,** die Eierpunsche | 89/5 |
| | eilig | 190/2c |
| der | **Eindruck,** die Eindrücke | 111/1 |
| | einerseits… andererseits | 92/2c |
| | einfrieren, er friert ein, er hat/ ist eingefroren | 177/4b |
| die | **Eingangstür,** die Eingangstüren | 140/2b |
| | einheitlich | 113/3a |
| der | **Einklang,** die Einklänge | 61 |
| der | **Einsatz,** die Einsätze | 38 |
| der | **Einsendeschluss,** die Einsendeschlüsse | 206/1i |
| | einsetzen (sich) (für), er setzt sich ein (für), er hat sich eingesetzt (für) | 38 |
| die | **Einstellung,** die Einstellungen | 174 |
| | einteilen, er teilt ein, er hat eingeteilt | 125 |
| der | **Eintrittspreis,** die Eintrittspreise | 78/1a |

| | | |
|---|---|---|
| der Einwegbecher, die Einwegbecher | 162/1b |
| einzigartig | 100/17a |
| das Eisfach, die Eisfächer | 177/4b |
| der Eisklump, die Eisklumpe/Eisklümpe | 174/1b |
| der Elefant, die Elefanten | 191/5d |
| das Elektroauto/E-Auto, die Elektroautos / E-Autos | 188 |
| die Elektronenstrahlen (Pl.) | 174/1b |
| die Elektrotechnik (Sg.) | 124 |
| die E-Mobilität (Sg.) | 124 |
| enden, es endet, es hat geendet | 26/1a |
| das Engagement, die Engagements | 38 |
| engagieren (sich) (für), er engagiert sich, er hat sich engagiert | 41/4a |
| der Engel, die Engel | 92/1a |
| das Engelchen, die Engelchen | 92/1a |
| entfernt | 28/2c |
| die Entfernung, die Entfernungen | 143/7a |
| der Entscheidungsfaktor, die Entscheidungsfaktoren | 62/1b |
| entsorgen, er entsorgt, er hat entsorgt | 162/1b |
| entweder … oder … | 128/2a |
| entwerfen, er entwirft, er hat entworfen | 24 |
| die Entwicklung, die Entwicklungen | 124 |
| erben, er erbt, er hat geerbt | 106/1g |
| der Erdbeerkuchen, die Erdbeerkuchen | 129/4 |
| der/die Erfinder/in, die Erfinder / die Erfinderinnen | 162/1b |
| die Erfindung, die Erfindungen | 174 |
| erfreuen (sich), er erfreut sich, er hat sich erfreut | 93/6b |
| erfüllen, er erfüllt, er hat erfüllt | 164/2a |
| das Ergebnisprotokoll, die Ergebnisprotokolle | 128/2b |
| erhalten, er erhält, er hat erhalten | 38 |
| erholsam | 62/1b |
| das Erholungsgebiet, die Erholungsgebiete | 42/1c |
| die Erholungskur, die Erholungskuren | 111 |
| die Erinnerung, die Erinnerungen | 92/2a |
| die Erkenntnis, die Erkenntnisse | 62/1b |
| erlebnisreich | 114/1a |
| erleichtern, es erleichtert, es hat erleichtert | 176/1b |
| die Ernte, die Ernten | 162/1b |
| ernten, er erntet, er hat geerntet | 162/1b |
| eröffnen, er eröffnet, er hat eröffnet | 164/2a |
| die Eröffnung, die Eröffnungen | 25 |
| erreichbar | 125/4b |
| der Ersatzschlüssel, die Ersatzschlüssel | 192/1c |
| erstaunlich | 188 |
| die Erwartung, die Erwartungen | 11/2b |
| der/die Erzieher/in, die Erzieher / die Erzieherinnen | 39/1a |
| die Europäische Union (Sg.) | 10 |
| eventuell | 193/3b |
| das Examen, die Examen/Examina | 113/3a |
| die Existenz, die Existenzen | 75 |
| exklusiv | 92/2a |
| experimentieren, er experimentiert, er hat experimentiert | 174/1b |
| der Exportschlager, die Exportschlager | 88 |

## F

| | | |
|---|---|---|
| die Fachkraft, die Fachkräfte | 125 |
| die Fahrraddemo, die Fahrraddemos | 42/1a |
| die Fahrtdauer, die Fahrtdauern | 28/5a |
| das Fahrzeug, die Fahrzeuge | 188 |
| fair | 162/1b |
| falten, er faltet, er hat gefaltet | 97/7a |
| familienfreundlich | 63/3a |
| das Farbfoto, die Farbfotos | 113/5a |
| faszinierend | 11/4a |
| fegen, er fegt, er hat gefegt | 57/2b |
| der Feierabend, die Feierabende | 64/1c |
| die Feierstunde, die Feierstunden | 39/3a |
| das Ferienlager, die Ferienlager | 39/4a |
| die Ferne (Sg.) | 60 |
| das Festspiel, die Festspiele | 111 |
| das Festtagslied, die Festtagslieder | 93/7 |
| fettig | 179/6a |
| die FFP2-Maske, die FFP2-Masken | 114/1b |
| die Filiale, die Filialen | 11/2b |
| der Filterkaffee, die Filterkaffees | 160 |
| finanziell | 10 |
| das Fitnessstudio, die Fitnessstudios | 40/1b |
| flach | 60 |
| fleißig | 25 |
| die Flexibilität (Sg.) | 126/1b |
| fließend | 63/2 |
| flirten, er flirtet, er hat geflirtet | 11/4a |
| das Flügelchen, die Flügelchen | 92/2a |
| die Flusslandschaft, die Flusslandschaften | 61/5 |
| der Föhn, die Föhne | 179/6a |
| die Folie, die Folien | 178/2a |
| fördern, er fördert, er hat gefördert | 10 |
| die Förderung, die Förderungen | 10 |
| die Formalität, die Formalitäten | 76/3b |
| formen, er formt, er hat geformt | 176/2b |
| das Formular, die Formulare | 190/2c |
| die Forschung, die Forschungen | 124 |

## WORTLISTE

| | | |
|---|---|---|
| das Forschungsprojekt, die Forschungsprojekte | 191/5b | |
| die Fortbildung, die Fortbildungen | 40/2a | |
| das Fotomotiv, die Fotomotive | 113/3a | |
| die Fotoplatte, die Fotoplatten | 174/1b | |
| frech | 77/5a | |
| der/die Freiwillige, die Freiwilligen / die Freiwilligen | 64/1c | |
| die Freude, die Freuden | 38 | |
| der Freundeskreis, die Freundeskreise | 92/2a | |
| die Freundlichkeit, die Freundlichkeiten | 113/3a | |
| der Friedhof, die Friedhöfe | 113/3a | |
| frieren, er friert, er hat/ist gefroren | 174/1b | |
| frisieren, er frisiert, er hat frisiert | 24 | |
| die Frisur, die Frisuren | 25/1c | |
| der Früchtepunsch, die Früchtepunsche | 89/5 | |
| der Früchtetee, die Früchtetees | 89/5 | |
| das Frühstücksbuffet, die Frühstücksbuffets | 62/1b | |
| das Fünkchen, die Fünkchen | Ü31/4a | |
| für etwas sein, er ist für, er war für | 43/2b | |
| füreinander | 38 | |
| der Fußabdruck, die Fußabdrücke | 60 | |
| der Fußballclub, die Fußballclubs | 40/2a | |
| der Fußballplatz, die Fußballplätze | 40/2a | |

### G

| | | |
|---|---|---|
| die Galle, die Gallen | 111 | |
| der Gartenhandschuh, die Gartenhandschuhe | 90/1c | |
| die Gasse, die Gassen | 61/4b | |
| die Gastfamilie, die Gastfamilien | 11/2b | |
| der/die Gastgeber/in, die Gastgeber / die Gastgeberinnen | 14/2b | |
| gebrauchen, er gebraucht, er hat gebraucht | 192/2 | |
| gegen etwas sein, er ist gegen, er war gegen | 43/2b | |
| das Gegenargument, die Gegenargumente | 93/7 | |
| die Gegenwart (Sg.) | 111/2 | |
| das Gehalt, die Gehälter | 124 | |
| das Gehirn, die Gehirne | 143/5b | |
| das Gehörknöchelchen, die Gehörknöchelchen | 143/5b | |
| gehörlos | 143/5b | |
| der Gehweg, die Gehwege | 140/2a | |
| die Gemeinschaft, die Gemeinschaften | 40/2a | |
| das Geräusch, die Geräusche | 176/2b | |
| gerecht | 162/1b | |
| der Gesang, die Gesänge | 114/1a | |
| die Geschäftsreise, die Geschäftsreisen | 62/1c | |

| | | |
|---|---|---|
| der/die Geschäftsreisende, die Geschäftsreisenden | 62/1b | |
| der Geschäftstermin, die Geschäftstermine | 78/1a | |
| geschehen, er geschieht, er ist geschehen | 191/5b | |
| der Geschmack, die Geschmäcke | 92/3 | |
| die Geschmackssache (Sg.) | 92/2a | |
| der Geschwindigkeitsrekord, die Geschwindigkeitsrekorde | 188 | |
| die Gesellschaft, die Gesellschaften | 38 | |
| das Gesellschaftsspiel, die Gesellschaftsspiele | 91/4b | |
| das Gesicht, die Gesichter | 25/2a | |
| gespannt | 25 | |
| der Gewinn (Sg.) | 164/2a | |
| das Gewürz, die Gewürze | 89/5 | |
| die Glaskanne, die Glaskannen | 162/1b | |
| der Glasreiniger, die Glasreiniger | 57/2b | |
| gleichzeitig | 28/3a | |
| das Glöckchen, die Glöckchen | 88 | |
| der Glockenturm, die Glockentürme | 111 | |
| das Glücksgefühl, die Glücksgefühle | 160 | |
| der Glühwein, die Glühweine | 88 | |
| das Gold (Sg.) | 179/5b | |
| der/die Goldgräber/in, die Goldgräber / die Goldgräberinnen | 174/1b | |
| die Goldmedaille, die Goldmedaillen | 138 | |
| das Grab, die Gräber | 113/3a | |
| das Graffiti, die Graffitis | 92/3 | |
| das Gras, die Gräser | 79/4a | |
| gratis | 164/2a | |
| greifen, er greift, er hat gegriffen | 31/4a | |
| die Grenze, die Grenzen | 139 | |
| die Großtante, die Großtanten | 28/2a | |
| das Grün (Sg.) | 60 | |
| die Gründung, die Gründungen | 106/1g | |
| gucken, er guckt, er hat geguckt | 114/1a | |
| das Gute (Sg.) | 60 | |

### H

| | | |
|---|---|---|
| die Hafermilch, die Hafermilche[n] | 161 | |
| das Häkchen, die Häkchen | 174/1b | |
| halten (von), er hält (von), er hat gehalten (von) | 162/1c | |
| der Hammer, die Hämmer | 176/1a | |
| das Handbike, die Handbikes | 138 | |
| die Handlung, die Handlungen | 28/3a | |
| die Handschrift, die Handschriften | 75 | |
| das Handwerk, die Handwerke | 125 | |
| der Handyempfang, die Handyempfänge | 63/4 | |
| hässlich | 92/1 | |

## WORTLISTE

| | | |
|---|---|---|
| das | Hauptgeschäft, die Hauptgeschäfte | 11/2b |
| die | Hauptrolle, die Hauptrollen | 24 |
| | hauptsächlich | 125 |
| das | Hausboot, die Hausboote | 62/1a |
| | hausgemacht | 164/2a |
| der/die | Hauslehrer/in, die Hauslehrer / die Hauslehrerinnen | 113/3a |
| der | Hausmüll (Sg.) | 162/1b |
| | heben, er hebt, er hat gehoben | 160 |
| das | Heimatgefühl, die Heimatgefühle | 79/5b |
| die | Heiterkeit, die Heiterkeiten | 114/1a |
| | herausnehmen, er nimmt heraus, er hat herausgenommen | 140/1a |
| | heraussuchen, er sucht heraus, er hat herausgesucht | 61/1 |
| | hereinkommen, er kommt herein, er ist hereingekommen | 25/2a |
| der/die | Herrscher/in, die Herrscher / die Herrscherinnen | 189 |
| | herunterdrücken, er drückt herunter, er hat heruntergedrückt | 162/1b |
| die | Heuernte, die Heuernten | 64/1c |
| | hilfsbereit | 158/3c |
| der | Himmel, die Himmel | 85/14c |
| | hinten | 93/7 |
| | hinunter | 111/5a |
| | hinzufügen, er fügt hinzu, er hat hinzugefügt | 42/1c |
| | hip | 160/3b |
| | historisch | 60 |
| die | Hochschule, die Hochschulen | 10 |
| der | Hochschulinformationstag, die Hochschulinformationstage | 12/3a |
| der | Hochzeitstag, die Hochzeitstage | 62/2 |
| die | Hoffnung, die Hoffnungen | 79/7b |
| die | Holzfigur, die Holzfiguren | 92/3 |
| das | Holzfigürchen, die Holzfigürchen | 88 |
| der/die | Hörakustiker/in, die Hörakustiker / die Hörakustikerinnen | 138 |
| das | Hörproblem, die Hörprobleme | 142/1b |
| die | Hörschnecke, die Hörschnecken | 143/5b |
| der | Hörtest, die Hörtests | 142/1b |
| die | Hotelbranche, die Hotelbranchen | 62/1b |
| | hügelig | 60 |
| | husten, er hustet, er hat gehustet | 25 |
| die | Hymne, die Hymnen | 93/6c |

### I

| | | |
|---|---|---|
| | idyllisch | 61/4a |
| | ignorieren, er ignoriert, er hat ignoriert | 129/4 |
| | im Gegensatz zu … | 43/2a |
| | immergrün | 93/6a |
| | immerhin | 76/3a |
| der | Impfpass, die Impfpässe | 164/2a |
| | in die Hose gehen | 174 |
| | in Gang halten | 15/4a |
| die | Industrie, die Industrien | 189/4b |
| der/die | Influencer/in, die Influencer / die Influencerinnen | 128/2a |
| der | Infoabend, die Infoabende | 43/2a |
| | informativ | 113/5a |
| die | Infrastruktur, die Infrastrukturen | 126/1b |
| | inhaltlich | 26/1c |
| die | Inklusion, die Inklusionen | 138 |
| | inklusiv | 138 |
| das | Inland (Sg.) | 126/1b |
| das | Innenohr, die Innenohren | 143/5b |
| | innovativ | 92/2a |
| | integrieren, er integriert, er hat integriert | 39/4a |
| | interaktiv | 78/1a |
| | interkulturell | 126/1b |
| | investieren, er investiert, er hat investiert | 174 |
| der/die | Investor/Investorin, die Investoren / die Investorinnen | 106/1d |
| | inzwischen | 164/2a |
| | irgendwann | 14/1c |
| | irgendwas | 12/1a |
| | irgendwer | 14/1b |
| | irgendwie | 28/2a |
| | irgendwoher | 15/4a |
| der | Irrtum, die Irrtümer | 31/4a |
| | je … desto … | 140/3 |

### J

| | | |
|---|---|---|
| das | Jobticket, die Jobtickets | 126/1b |
| | Jottwehdeh | 28/2a |
| der | Journalismus (Sg.) | 12/1b |
| das | Judo (Sg.) | 40/1b |
| die | Jugend (Sg.) | 164/2a |
| der/die | Junior/Juniorin, die Junioren / die Juniorinnen | 40/2a |

### K

| | | |
|---|---|---|
| die | Kaffeebohne, die Kaffeebohnen | 160 |
| der/die | Kaffeegenießer/in, die Kaffeegenießer / Kaffeegenießerinnen | 161 |
| der | Kaffeegenuss, die Kaffeegenüsse | 162/1 |
| der/die | Kaffeehersteller/in, die Kaffeehersteller / die Kaffeeherstellerinnen | 163/2a |

## WORTLISTE

| | | |
|---|---|---|
| der | Kaffeekonsum (Sg.) | 162/1b |
| das | Kaffeepulver, die Kaffeepulver | 160/2 |
| der | Kaffeesatz, die Kaffeesätze | 162/1b |
| der | Kahn, die Kähne | 61 |
| | kaltstellen, er stellt kalt, er hat kaltgestellt | 91/3 |
| der | Kampf, die Kämpfe | 125 |
| | kämpfen (für), er kämpft (für), er hat gekämpft (für) | 42/1a |
| die | Kapsel, die Kapseln | 162/1b |
| die | Kapselmaschine, die Kapselmaschinen | 162/1b |
| der | Kartoffelpuffer, die Kartoffelpuffer | 89/5 |
| die | Kartoffelstärke, die Kartoffelstärken | 176/2b |
| der | Käsekuchen, die Käsekuchen | 129/4 |
| die | Kerze, die Kerzen | 88 |
| | kilometerweit | 61/4a |
| die | Kinderarbeit, die Kinderarbeiten | 162/1b |
| die | Kindheit (Sg.) | 39 |
| die | Kirche, die Kirchen | 60 |
| die | Kita, die Kitas | 39/1a |
| der | Kitsch (Sg.) | 92/2a |
| | kitschig | 92/2a |
| der | Klang, die Klänge | 88 |
| die | Klarheit, die Klarheiten | 31/4a |
| die | Klassenfahrt, die Klassenfahrten | 192/1c |
| | klatschen, er klatscht, er hat geklatscht | 143/7a |
| | kleben, er klebt, er hat geklebt | 97/7a |
| der | Klebestift, die Klebestifte | 97/7a |
| der | Klebstoff, die Klebstoffe | 174/1b |
| der/die | Kleinbauer/in, die Kleinbauern / die Kleinbäuerinnen | 162/1b |
| die | Klette, die Kletten | 177/4b |
| der | Klettverschluss, die Klettverschlüsse | 174/1b |
| die | Klimaerwärmung (Sg.) | 64/1c |
| | klimafreundlich | 60 |
| die | Klimakrise, die Klimakrisen | 71/11 |
| die | Klugheit, die Klugheiten | 113/3a |
| | knapp | 204 |
| | kneten, er knetet, er hat geknetet | 96/5b |
| das | Koffein (Sg.) | 160 |
| die | Kokosnuss, die Kokosnüsse | 176/1a |
| das | Komitee, die Komitees | 139/3a |
| | kommend | 42/1c |
| die | Kommunikationsfähigkeit, die Kommunikationsfähigkeiten | 126/1b |
| der/die | Konditor/Konditorin, die Konditoren / die Konditorinnen | 108/3a |
| die | Konditorei, die Konditoreien | 108/3a |
| der | Konflikt, die Konflikte | 124 |
| | konkret | 191/5b |
| die | Konsequenz, die Konsequenzen | 139 |
| | konstruieren, er konstruiert, er hat konstruiert | 11/2b |
| der | Kontinent, die Kontinente | 60 |
| | kontinental | 63/2 |
| die | Kooperation, die Kooperationen | 10 |
| die | Körpersprache, die Körpersprachen | 15/4c |
| die | Kosmetik (Sg.) | 91/4b |
| | kostenfrei | 141/6b |
| das | Kostüm, die Kostüme | 24 |
| der/die | Kostümbildner/in, die Kostümbildner / die Kostümbildnerinnen | 24 |
| die | Kraft, die Kräfte | 79/6a |
| | kreieren, er kreiert, er hat kreiert | 174/1b |
| der | Krimskrams (Sg.) | 192/1c |
| | kritisieren, er kritisiert, er hat kritisiert | 140/2b |
| die | Kugel, die Kugeln | 89/6a |
| die | Kulisse, die Kulissen | 24 |
| der | Kult, die Kulte | 160/3 |
| der/die | Kulturliebhaber/in, die Kulturliebhaber / die Kulturliebhaberinnen | 60 |
| | kündigen, er kündigt, er hat gekündigt | 164/2a |
| die | Kunstausstellung, die Kunstausstellungen | 178/1 |
| das | Kunstwort, die Kunstwörter | 174/1b |
| die | Kupferniete, die Kupfernieten | 174/1b |
| das | Kurhaus, die Kurhäuser | 110 |
| der | Kurpark, die Kurparks | 110 |
| der | Kurzurlaub, die Kurzurlaube | 65/6 |
| die | Küste, die Küsten | 61/5 |

### L

| | | |
|---|---|---|
| das | Lampenfieber (Sg.) | 24 |
| | landen, er landet, er ist gelandet | 162/1b |
| die | Landschaft, die Landschaften | 60 |
| das | Landschaftsgemälde, die Landschaftsgemälde | 92/3 |
| die | Landung, die Landungen | 191/5d |
| das | Laufband, die Laufbänder | 189 |
| | lautlos | 61/4b |
| die | Lebenslinie, die Lebenslinien | 75 |
| die | Lebensmittelfarbe, die Lebensmittelfarben | 89/5 |
| die | Lebensqualität, die Lebensqualitäten | 140/2b |
| der | Lebensraum, die Lebensräume | 61 |
| die | Leber, die Lebern | 111 |
| der | Lebkuchen, die Lebkuchen | 88 |
| die | Lehre, die Lehren | 10 |
| | lehren, er lehrt, er hat gelehrt | 93/6b |

| | | |
|---|---|---|
| der/die | Lehrende, die Lehrenden | 10 |
| die | Lehrkraft, die Lehrkräfte | 10 |
| die | Leistung, die Leistungen | 126/1b |
| | leuchten, er leuchtet, er hat geleuchtet | 174/1b |
| die | Lichtfigur, die Lichtfiguren | 92/1a |
| der | Liebesapfel, die Liebesäpfel | 89/5 |
| die | Lieferung, die Lieferungen | 179/5b |
| der | Lifehack, die Lifehacks | 176/1a |
| die | Lizenz, die Lizenzen | 40/2a |
| | loben, er lobt, er hat gelobt | 38 |
| der | Lockdown, die Lockdowns | 112/1c |
| | locker | 11/4a |
| der | Lohn, die Löhne | 163/2a |
| | lohnen (sich), es lohnt sich, es hat sich gelohnt | 61/4b |
| | losgehen, er geht los, er ist losgegangen | 176/2b |
| | löslich | 160/2 |
| der | Luftballon, die Luftballons | 150/18b |
| die | Lüge, die Lügen | 208/3f |

## M

| | | |
|---|---|---|
| das | Mädel, die Mädels | 41/3b |
| der | Magen, die Mägen | 111 |
| die | Magie (Sg.) | 88 |
| | mahlen, er mahlt, er hat gemahlt | 160 |
| die | Mahlzeit, die Mahlzeiten | 78/1a |
| die | Mandel, die Mandeln | 88 |
| | männlich | 191/5d |
| die | Marke, die Marken | 126/1b |
| das | Marketingkonzept, die Marketingkonzepte | 127/3b |
| der | Markttrend, die Markttrends | 126/1b |
| die | Maske, die Masken | 24 |
| der/die | Maskenbildner/in, die Maskenbildner / die Maskenbildnerinnen | 24 |
| der | Master, die Master | 12/3a |
| die | Masterarbeit, die Masterarbeiten | 133/9b |
| die | Mediengeschichte (Sg.) | 12/3a |
| das | Medienrecht, die Medienrechte | 12/3a |
| das | Mehl, die Mehle | 89/5 |
| | mehrmals | 160/6 |
| der | Mehrwegbecher, die Mehrwegbecher | 162/1b |
| der/die | Meister/in, die Meister / Meisterinnen | 41/6 |
| die | Meisterschaft, die Meisterschaften | 40/2a |
| | melancholisch | 54/2a |
| die | Menge, die Mengen | 11/2b |
| | menschenleer | 28/2c |
| | menschlich | 40/2a |
| der/die | Mentor/Mentorin, die Mentoren / die Mentorinnen | 39/4a |
| | mietfrei | 106/1g |
| der | Milchschaum, die Milchschäume | 161 |
| die | Minibar, die Minibars | 62/1b |
| die | Mischung, die Mischungen | 11/4a |
| das | Missverständnis, die Missverständnisse | 129/3a |
| | mitarbeiten, er arbeitet mit, er hat mitgearbeitet | 26/1c |
| der/die | Mitbürger/in, die Mitbürger / die Mitbürgerinnen | 39/3a |
| | miterleben, er erlebt mit, er hat miterlebt | 111 |
| die | Mitmach-Aktion, die Mitmach-Aktionen | 114/1a |
| | mitspielen, er spielt mit, er hat mitgespielt | 41/3b |
| das | Mittel, die Mittel | 176/1b |
| | mittelgroß | 111 |
| das | Mittelohr, die Mittelohren | 143/5b |
| der | Mittelpunkt, die Mittelpunkte | 15/5c |
| die | Möbelmanufaktur, die Möbelmanufakturen | 124 |
| | möglicherweise | 189/4b |
| | monatlich | 10 |
| der | Mönch, die Mönche | 110 |
| das | Monoski (Sg.) | 139/3a |
| | montags | 39/1a |
| das | Moped, die Mopeds | 56/1e |
| die | Motivation, die Motivationen | 142/1b |
| das | Motivationsschreiben, die Motivationsschreiben | 108/3g |
| | motiviert | 124 |
| der | Motor, die Motoren | 56/1e |
| die | Mücke, die Mücken | 62/1a |
| der | Mückenstich, die Mückenstiche | 65/2a |
| die | Mühe, die Mühen | 174 |
| die | Mülltonne, die Mülltonnen | 58/3b |
| die | Mülltüte, die Mülltüten | 58/3b |
| der | Mund, die Münder | 114/4a |
| der | Mund-Nasen-Schutz (Sg.) | 114/1a |
| das | Musical, die Musicals | 111 |
| die | Musikkassette, die Musikkassetten | 192/1c |
| das | Muss (Sg.) | 160 |

## N

| | | |
|---|---|---|
| | nachdem | 127/4a |
| | nachdenklich | 54/2a |
| die | Nachfrage, die Nachfragen | 43/2c |
| die | Nachhaltigkeit (Sg.) | 162/1b |

## WORTLISTE

| | | |
|---|---|---|
| der | **N**achhilfeunterricht, die Nachhilfeunterrichte | 39/1a |
| | **na**chschlagen, er schlägt nach, er hat nachgeschlagen | 112/1c |
| der | **Na**chttisch, die Nachttische | 192/1c |
| die | **Na**del, die Nadeln | 93/6a |
| die | **Na**ht, die Nähte | 174/1b |
| | **na**schen, er nascht, er hat genascht | 88 |
| die | **N**ationalit**ä**t, die Nationalitäten | 28/1a |
| das | **N**atur**pa**radies, die Naturparadiese | 61/5 |
| der | **N**aturschutz (Sg.) | 39/3a |
| der | **N**aturschutzbund (Sg.) | 38 |
| | nebenein**a**nder | 143/7c |
| | nerv**ö**s | 24 |
| das | **N**etzwerk, die Netzwerke | 125 |
| der | **N**euanfang, die Neuanfänge | 76/3a |
| der | **N**eubau, die Neubauten | 42/1c |
| das | **N**eubaugebiet, die Neubaugebiete | 42/1c |
| | n**eu**gierig | 88 |
| die | **N**euigkeit, die Neuigkeiten | 106/1d |
| das | **N**ichtraucherzimmer, die Nichtraucherzimmer | 62/1b |
| die | **N**ietenhose, die Nietenhosen | 174/1b |
| | n**i**rgends | 24 |
| | n**ö**tig | 141/5b |
| | n**o**twendig | 219 |
| | n**ü**tzlich | 174 |

### O

| | | |
|---|---|---|
| | obw**o**hl | 60 |
| die | **Ö**ffentlichkeitsarbeit (Sg.) | 26/1a |
| der | **O**hrring, die Ohrringe | 192/1c |
| | ök**o**logisch | 11/2b |
| | ök**o**nomisch | 11/2b |
| das | **O**livenöl, die Olivenöle | 177/4d |
| die | **O**nline-Bewertung, die Online-Bewertungen | 63/4 |
| die | **O**rangenschale, die Orangenschalen | 89/5 |
| die | **O**rient**ie**rung, die Orientierungen | 143/7b |
| | origin**a**l | 88 |
| | origin**e**ll | 92/2a |

### P

| | | |
|---|---|---|
| die | **P**alme, die Palmen | 115/7a |
| die | **P**ampa (Sg.) | 28/2a |
| die | **P**andem**ie**, die Pandemien | 112/1c |
| der | **P**ap**ie**rfilter, die Papierfilter | 162/1b |
| | paral**y**mpisch | 138 |
| das | **P**at**e**nt, die Patente | 174/1b |
| der/die | **P**endler/in, die Pendler / die Pendlerinnen | 140/2b |
| die | **P**ens**io**n, die Pensionen | 63/2 |
| | perfektion**ie**ren, er perfektioniert, er hat perfektioniert | 174/1b |
| das | **P**erson**a**l (Sg.) | 62/1b |
| die | **P**erson**a**labteilung, die Personalabteilungen | 124 |
| die | **P**ersönlichkeit, die Persönlichkeiten | 113/3c |
| | **pfl**anzen, er pflanzt, er hat gepflanzt | 162/1b |
| die | **P**hantas**ie** (Fantas**ie**), die Phantasien (die Fantasien) | 24 |
| der/die | **P**hilos**o**ph/in, die Philosophen / die Philosophinnen | 10 |
| die | **P**hys**i**k (Sg.) | 191/5d |
| das | **P**latt (Sg.) | 111/4 |
| das | **P**lätzchen, die Plätzchen | 90/1b |
| | **Pl**eiten, Pech und Pannen | 174 |
| das | **P**lus, die Plus | 124 |
| die | **P**oes**ie**, die Poesien | 115/7b |
| | pol**i**tisch | 221 |
| das | **P**orzell**a**n, die Porzellane | 174/1b |
| der/das | **P**oster, die Poster / Posters | 141/7a |
| die | **P**raxis (Sg.) | 11/4a |
| der/die | **P**reisträger/in, die Preisträger / die Preisträgerinnen | 39/3a |
| | **pr**oben, er probt, er hat geprobt | 25 |
| | probl**e**mlos | 125 |
| die | **P**rodukti**o**n, die Produktionen | 25 |
| der/die | **P**roduktmanager/in, die Produktmanager / die Produktmanagerinnen | 126/1b |
| | produz**ie**ren, er produziert, er hat produziert | 92/2a |
| die | **P**rogn**o**se, die Prognosen | 188 |
| | programm**ie**rbar | 179/5b |
| die | **P**rogramm**ie**rung, die Programmierungen | 179/5b |
| der | **P**rojekttag, die Projekttage | 141/4a |
| | protest**ie**ren (gegen), er protestiert (gegen), er hat protestiert (gegen) | 42/1a |
| das | **P**rotok**o**ll, die Protokolle | 124 |
| das | **P**ublikum, die Publika | 25 |
| der | **P**ulli (Abk. von der Pull**o**ver), die Pullis | 91/4b |
| der | **P**unsch, die Punsche | 89/6a |
| die | **P**uppe, die Puppen | 91/4b |
| die | **P**yram**i**de, die Pyramiden | 88 |

### Q

| | | |
|---|---|---|
| die | **Q**ualifikati**o**n, die Qualifikationen | 126/1b |
| | qualifiz**ie**rt | 125 |
| die | **Q**uelle, die Quellen | 91/4b |
| | **qu**ietschen, er quietscht, er hat gequietscht | 176/2b |

## R

| | | |
|---|---|---|
| die | Rampe, die Rampen | 141/7a |
| der | Rand, die Ränder | 143/7c |
| der | Rasierschaum | 176/2b |
| der | Rat, die Räte | 13/3c |
| das | Räuchermännchen, die Räuchermännchen | 88 |
| die | Raumfahrt, die Raumfahrten | 191/5d |
| | rechnen, er rechnet, er hat gerechnet | 80/1a |
| | rechnen (mit), er rechnet (mit), er hat gerechnet (mit) | 11/2b |
| die | Rechtschreibung, die Rechtschreibungen | 112/2 |
| | recyceln, er recycelt, er hat recycelt | 162/1b |
| die | Rede, die Reden | 38 |
| der/die | Redner/in, die Redner / die Rednerinnen | 43/2a |
| der/die | Referent/in, die Referenten / die Referentinnen | 178/2a |
| | reformieren, er reformiert, er hat reformiert | 113/3a |
| der | Regenwald, die Regenwälder | 84/12c |
| die | Regieanweisung, die Regieanweisungen | 28/3a |
| die | Regionalbahn, die Regionalbahnen | 61/4b |
| der/die | Regisseur/in, die Regisseure / die Regisseurinnen | 25/1c |
| | regnerisch | 164/2a |
| | rein | 14/1b |
| der | Reisebericht, die Reiseberichte | 61 |
| die | Reiselust (Sg.) | 62/1 |
| der/die | Reisende, die Reisenden | 78/1a |
| die | Relativität, die Relativitäten | 190/1b |
| der/die | Rennfahrer/in, die Rennfahrer / die Rennfahrerinnen | 188 |
| die | Reportage, die Reportagen | 12/3a |
| der/die | Reporter/in, die Reporter / die Reporterinnen | 160/5a |
| der | Rest, die Reste | 25/2a |
| | retten, er rettet, er hat gerettet | 39/3a |
| die | Rezeption, die Rezeptionen | 62/1b |
| | richtig liegen, er liegt richtig, er hat richtig gelegen | 189 |
| | riesengroß | 89/6a |
| | riesig | 25/2a |
| | riskant | 106/1d |
| der | Roboter, die Roboter | 189/4b |
| der | Rollstuhlbasketball, die Rollstuhlbasketbälle | 139/3a |
| die | Rolltreppe, die Rolltreppen | 140/2b |
| | romanisch | 111 |
| das | Röntgen (Sg.) | 174/1b |
| die | Rosinen (Pl.) | 88 |
| | rösten, er röstet, er hat geröstet | 164/2a |
| die | Rückfahrkarte, die Rückfahrkarten | 78/1a |
| das | Rückflugticket, die Rückflugtickets | 78/1a |
| der | Ruf, die Rufe | 111 |
| die | Ruine, die Ruinen | 111 |
| der | Rum, die Rums | 89/5 |
| | runterbringen, er bringt runter, er hat runtergebracht | 13/4a |
| | russisch | 28/1a |

## S

| | | |
|---|---|---|
| der | Saal, die Säle | 25 |
| die | Sauberkeit (Sg.) | 62/1b |
| | saugen, er saugt, er hat gesaugt | 90/2a |
| die | Schallwelle, die Schallwellen | 143/5b |
| das | Scharnier, die Scharniere | 176/2b |
| das | Schauspiel (Sg.) | 26/1a |
| der | Scheinwerfer, die Scheinwerfer | 25/1c |
| der/die | Schiedsrichter/in, die Schiedsrichter / die Schiedsrichterinnen | 40/2a |
| der | Schiffsbauch, die Schiffsbäuche | 78/1a |
| das | Schirmchen, die Schirmchen | 93/5 |
| die | Schlafmöglichkeit, die Schlafmöglichkeiten | 63/5 |
| das | Schlafsofa, die Schlafsofas | 63/2 |
| | schlagen, er schlägt, er hat geschlagen | 79/6a |
| die | Schlagsahne (Sg.) | 89/5 |
| das | Schloss, die Schlösser | 60 |
| der | Schluck, die Schlucke/Schlücke | 28/3a |
| das | Schlusswort, die Schlussworte | 26/1c |
| | schmal | 61/4b |
| | schmerzfrei | 141/6b |
| | schminken (sich), er schminkt sich, er hat sich geschminkt | 25/1c |
| | schmücken, er schmückt, er hat geschmückt | 90/1b |
| die | Schnecke, die Schnecken | 143/5b |
| die | Schneekugel, die Schneekugeln | 92/3 |
| der/die | Schneider/in, die Schneider / die Schneiderinnen | 174/1b |
| der | Schock, die Schocks | 138 |
| | schonen, er schont, er hat geschont | 60 |
| die | Schönheit, die Schönheiten | 114/1a |
| die | Schublade, die Schubladen | 192/2 |
| | schütteln, er schüttelt, er hat geschüttelt | 115/7a |
| | schwach | 160/5b |
| die | Schwerhörigkeit, die Schwerhörigkeiten | 142/1a |
| der | Secondhandladen, die Secondhandläden | 157/2h |

## WORTLISTE

| | | |
|---|---|---|
| der | Seehund, die Seehunde | 61/1 |
| die | Seele, die Seelen | 164/2a |
| | sehenswert | 78/1a |
| | selbstbewusst | 11/2b |
| | selbstklebend | 174/1b |
| die | Selbstpräsentation, die Selbstpräsentationen | 127/5 |
| | selbstverständlich | 62/1b |
| | sensationell | 188 |
| | servieren, er serviert, er hat serviert | 63/2 |
| das | Sightseeing | 64/1c |
| das | Signal, die Signale | 143/5b |
| das | Silber (Sg.) | 179/5b |
| der | Sinn (Sg.) | 25/2a |
| die | Sitzungsleitung, die Sitzungsleitungen | 128/2b |
| der | Sitzvolleyball (Sg.) | 141/4a |
| | sogenannt | 143/7b |
| | solange | 11/4a |
| | solcher, solche, solches | 92/2a |
| | somit | 60 |
| | sorgenfrei | 141/6b |
| | sorgenvoll | 114/1b |
| | soziologisch | 191/5b |
| | spalten, er spaltet, er hat gespaltet | 92/2a |
| | spektakulär | 189 |
| der | Spiegel, die Spiegel | 176/2b |
| die | Spielplanung, die Spielplanungen | 26/1a |
| die | Spielzeit, die Spielzeiten | 24 |
| | spinnen, er spinnt, er hat gesponnen | 206/1d |
| das | Spray, die Sprays | 65/2a |
| das | Sprichwort, die Sprichwörter | 38 |
| | sprühen, er sprüht, er hat gesprüht | 176/2b |
| das | Spülmittel, die Spülmittel | 57/2b |
| die | Spur, die Spuren | 84/12c |
| die | Spurensuche, die Spurensuchen | 75 |
| das | Stadion, die Stadien | 40/1b |
| der | Stadtrand, die Stadtränder | 42/1c |
| das | Stadttheater, die Stadttheater | 25/2a |
| | ständig | 57/2a |
| die | Station, die Stationen | 113/3b |
| der | Staub, die Staube/Stäube | 90/2a |
| | stechen, er sticht, er hat gestochen | 64/1c |
| | stecken, er steckt, er hat gesteckt | 115/7a |
| die | Stellenanzeige, die Stellenanzeigen | 124 |
| der | Stichpunkt, die Stichpunkte | 178/2b |
| der | Stiel, die Stiele | 174/1b |
| die | Stille (Sg.) | 143/5a |
| die | Stimme, die Stimmen | 113/5 |
| das | Stipendium, die Stipendien | 11/3 |
| die | Stofftasche, die Stofftaschen | Ü/13a |
| der | Strahl, die Strahlen | 174/1b |
| der | Straßenlärm (Sg.) | 62/1b |
| das | Streichholz, die Streichhölzer | 174/1b |
| | stressfrei | 141/6b |
| die | Strophe, die Strophen | 93/6c |
| das | Stückchen, die Stückchen | 111 |
| das | Studentenwohnheim, die Studentenwohnheime | 11/2b |
| die | Studienberatung, die Studienberatungen | 12/1b |
| das | Studienfach, die Studienfächer | 11/2b |
| der | Studiengang, die Studiengänge | 11/4a |
| | stürmisch | 78/2a |
| die | Suppenküche, die Suppenküchen | 39/4a |
| der | Swimmingpool, die Swimmingpools | 63/3a |
| der/die | Systemadministrator/in, die Systemadministratoren / die Systemadministratorinnen | 126/1b |

### T

| | | |
|---|---|---|
| die | Tagesordnung, die Tagesordnungen | 128/2a |
| der | Tagesordnungspunkt, die Tagesordnungspunkte | 128/2b |
| das | Tal, die Täler | 112/2 |
| die | Tanne, die Tannen | 93/6a |
| der | Tannenbaum, die Tannenbäume | 88 |
| der/die | Tänzer/in, die Tänzer / die Tänzerinnen | 25/4a |
| der | Taschenrechner, die Taschenrechner | 192/1c |
| die | Tat, die Taten | 112/2 |
| | tätig sein, er ist tätig, er war tätig | 39/1a |
| | tatsächlich | 125 |
| | tauchen, er taucht, er hat/ist getaucht | 143/7c |
| die | Teamarbeit, die Teamarbeiten | 26/1a |
| die | Teamfähigkeit, die Teamfähigkeiten | 115/5c |
| der/die | Teamleiter/in, die Teamleiter / die Teamleiterinnen | 127/3b |
| die | Teamsitzung, die Teamsitzungen | 128/2 |
| | technisch | 25/1c |
| die | Technologie, die Technologien | 124 |
| die | Teilnahme (Sg.) | 43/2b |
| der | Tesafilm, die Tesafilme | 174/1b |
| die | Theateraufführung, die Theateraufführungen | 60 |
| die | Theaterprobe, die Theaterproben | 111/5a |
| die | Theaterwissenschaften (Pl.) | 26/1a |
| die | Theorie, die Theorien | 11/4a |
| das | Ticken (Sg.) | 142/3a |
| der | Tierschutz (Sg.) | 39/3a |
| der | Tiger, die Tiger | 191/5d |
| der/die | Tischler/in, die Tischler / die Tischlerinnen | 74 |
| die | Tischlerei, die Tischlereien | 74 |
| | toasten, er toastet, er hat getoastet | 163/3a |
| der | Tod, die Tode | 75/3 |
| der | Todestag, die Todestage | 111 |

| | | |
|---|---|---|
| der **Ton**, die Töne | | 13/4c |
| das **Tor**, die Tore | | 115/7a |
| die **Trainerlizenz**, die Trainerlizenzen | | 41/4a |
| der **Trank**, die Tränke | | 31/4a |
| die **Traumreise**, die Traumreisen | | 60 |
| **treffen** (auf), er trifft (auf), er ist getroffen (auf) | | 11/4a |
| *trendig* | | 160/3b |
| **trocknen**, er trocknet, er hat getrocknet | | 179/6a |
| das **Trommelfell**, die Trommelfelle | | 143/5b |
| **tropfen**, er tropft, er hat getropft | | 177/4c |
| der **Trost** (Sg.) | | 93/6b |
| *trotz* | | 78/1a |
| das **Tuch**, die Tücher | | 176/2b |
| der **Turm**, die Türme | | 111/5a |
| das **Türmchen**, die Türmchen | | 93/5 |

## U

| | |
|---|---|
| *überarbeitet* | 177/3b |
| **überdenken**, er überdenkt, er hat überdacht | 174 |
| die **Überfahrt**, die Überfahrten | 78/1a |
| *übermorgen* | 90/1b |
| die **Übersee** (Sg.) | 75 |
| die **Überseereise**, die Überseereisen | 78/1a |
| die **Überstunde**, die Überstunden | 125 |
| **überwachen**, er überwacht, er hat überwacht | 189 |
| **überzeugen**, er überzeugt, er hat überzeugt | 11/2b |
| *umgangssprachlich* | 28/2c |
| **umgehen** (mit), er geht (mit) um, er ist (mit) umgegangen | 125/4b |
| **umrühren**, er rührt um, er hat umgerührt | 160/2 |
| **umsehen** (sich), er sieht sich um, er hat sich umgesehen | 25 |
| *umsonst* | 64/1c |
| *umweltbewusst* | 162/1 |
| *unbefristet* | 124 |
| *unbekannt* | 174/4a |
| *unberührt* | 60 |
| *undeutlich* | 142/3a |
| *unglaublich* | 28/1a |
| *unklar* | 129/3a |
| *unkompliziert* | 162/1b |
| *unordentlich* | 129/3a |
| *unpersönlich* | 142/3c |
| die **Unterhaltungselektronik**, die Unterhaltungselektroniken | 91/4b |
| die **Unterkunft**, die Unterkünfte | 61 |
| *unterrichtsfrei* | 141/6b |
| die **Unterrichtssprache**, die Unterrichtssprachen | 127/3b |
| **unterschreiben**, er unterschreibt, er hat unterschrieben | 106/1g |
| die **Unterstützung**, die Unterstützungen | 13/3c |
| die **Urgroßmutter**, die Urgroßmütter | 81/5a |
| der **Urgroßvater**, die Urgroßväter | 28/2a |
| der/die **Urlauber/in**, die Urlauber / die Urlauberinnen | 60 |
| der/die **Urlaubsgast/Urlaubsgästin**, die Urlaubsgäste / die Gästinnen | 63/4 |
| der/die **Urlaubsreisende**, die Urlaubsreisenden | 62/1b |

## V

| | |
|---|---|
| die **Vase**, die Vasen | 92/3 |
| *vegan* | 128/2a |
| *veraltet* | 24 |
| der/die **Veranstaltungstechniker/in**, die Veranstaltungstechniker / die Veranstaltungstechnikerinnen | 25/1c |
| die **Verantwortung**, die Verantwortungen | 39/3a |
| *verantwortungsvoll* | 158/3c |
| **verbessern**, er verbessert, er hat verbessert | 124 |
| **verbieten** | 169/6a |
| die **Verbreitung**, die Verbreitungen | 93/6a |
| **vereinen**, er vereint, er hat vereint | 79/6a |
| **vergehen**, er vergeht, er ist vergangen | 190/1b |
| das **Vergnügen**, die Vergnügen | 161 |
| das **Verhalten**, die Verhalten | 10 |
| **verkleiden** (sich), er verkleidet sich, er hat sich verkleidet | 114/1a |
| die **Verliebtheit** | 114/3 |
| **vermarkten**, er vermarktet, er hat vermarktet | 127/3b |
| **vermeiden**, er vermeidet, er hat vermieden | 162/1b |
| *vermüllt* | 39 |
| **vermuten**, er vermutet, er hat vermutet | 193/3b |
| *vermutlich* | 54/2a |
| die **Vermutung**, die Vermutungen | 12/1a |
| die **Veröffentlichung**, die Veröffentlichungen | 63/5 |
| **verpacken**, er verpackt, er hat verpackt | 90/2a |
| **verraten**, er verrät, er hat verraten | 26/1c |
| **verreisen**, er verreist, er ist verreist | 64/1a |
| *verschieden* | 138 |
| die **Version**, die Versionen | 15/4a |
| **verspäten** (sich), er verspätet sich, er hat sich verspätet | 190/1a |

# WORTLISTE

| | | |
|---|---|---|
| das | **Verständnis**, die Verständnisse | 129/2a |
| | **verständnisvoll** | 158/3c |
| die | **Verwandtschaft**, die Verwandtschaften | 28/2a |
| die | **Verzeihung** (Sg.) | 129/2a |
| | **verzichten**, er verzichtet, er hat verzichtet | 64/1c |
| die | **Vielfalt** (Sg.) | 88 |
| die | **Viertelstunde**, die Viertelstunden | 129/3a |
| die | **Vision**, die Visionen | 188 |
| das | **Vögelchen**, die Vögelchen | 92/1a |
| | *völlig* | 206/1d |
| | *vollständig* | 113/3a |
| die | **Vollzeit** (Sg.) | 126/1b |
| die | **Voraussetzung**, die Voraussetzungen | 12/1b |
| | **vorbei** | 190/2b |
| | **vorbeigehen**, er geht vorbei, er ist vorbeigegangen | 25/3b |
| die | **Vorbereitung**, die Vorbereitungen | 178/2b |
| das | **Vorbild**, die Vorbilder | 138 |
| die | **Vorfreude** (Sg.) | 88 |
| der | **Vorgang**, die Vorgänge | 139 |
| | **vorgestern** | 188 |
| der | **Vorhang**, die Vorhänge | 25 |
| | **vormittags** | 160 |
| | **vorschlagen**, er schlägt vor, er hat vorgeschlagen | 12/1a |
| | **vorsichtig** | 138 |
| | *vorstellbar* | 91/4b |
| die | **Vorstellung**, die Vorstellungen | 43/2c |
| das | **Vorstellungsgespräch**, die Vorstellungsgespräche | 124 |
| | *vorübergehen*, es geht vorüber, es ist vorübergegangen | 24 |
| der | **Vorwurf**, die Vorwürfe | 129/3a |

## W

| | | |
|---|---|---|
| die | *Waffel*, die Waffeln | 89/6a |
| die | **Wahl**, die Wahlen | 125 |
| der | **Wahnsinn** (Sg.) | 89/6a |
| | **während** | 28/3a |
| die | **Wahrheit**, die Wahrheiten | 31/4a |
| | *wahr* | 40/2a |
| | wahrscheinlich | 174 |
| die | *Walachei* (Sg.) | 28/2a |
| die | **Wärmflasche**, die Wärmflaschen | 179/6a |
| die | **Wartezeit**, die Wartezeiten | 190/2c |
| der | **Wasserhahn**, die Wasserhähne | 177/4c |
| das | **Watt**, die Watten | 60 |
| das | **Wattenmeer**, die Wattenmeere | 60 |
| | weder ... noch ... | 111 |
| | wegen | 78/1a |
| | **wegfahren**, er fährt weg, er ist weggefahren | 28/2a |
| | **weiblich** | 10 |
| der | **Weihnachtsbaum**, die Weihnachtsbäume | 88 |
| die | **Weihnachtsdekoration**, die Weihnachtsdekorationen | 88 |
| das | **Weihnachtslied**, die Weihnachtslieder | 88 |
| der | **Weihnachtsmann**, die Weihnachtsmänner | 89/1 |
| der | **Weihnachtsmarkt**, die Weihnachtsmärkte | 88 |
| die | **Weihnachtsmarkttasse**, die Weihnachtsmarkttassen | 88 |
| die | **Weihnachtspyramide**, die Weihnachtspyramiden | 88 |
| das | **Weiterbildungsangebot**, die Weiterbildungsangebote | 126/1b |
| die | **Weiterbildungsmöglichkeit**, die Weiterbildungsmöglichkeiten | 142/1b |
| | **weiterentwickeln** (sich), er entwickelt sich weiter, er hat sich weiterentwickelt | 40/2a |
| der | **Wellness-Bereich**, die Wellness-Bereiche | 62/1b |
| | **weltberühmt** | 174/1b |
| der | **Welterfolg**, die Welterfolge | 174/1b |
| | **wenden** (sich) (an), er wendet sich (an), er hat sich gewendet (an) | 76/3b |
| die | **Werbeaktion**, die Werbeaktionen | 128/2a |
| der/die | **Werkstudent/in**, die Werkstudenten / die Werkstudentinnen | 124 |
| | **wert** | 60 |
| die | **Wichtigkeit** (Sg.) | 62/1c |
| | *wickeln* (um), er wickelt (um), er hat gewickelt (um) | 143/7c |
| | **wiedererkennen**, er erkennt wieder, er hat wiedererkannt | 92/2a |
| | *wild* | 60 |
| | *winzig* | 174/1b |
| | **wirken**, er wirkt, er hat gewirkt | 88 |
| die | **Wirtschaft**, die Wirtschaften | 127/3b |
| | **wirtschaftlich** | 218 |
| | *wischen*, er wischt, er hat gewischt | 57/2b |
| der | **Wischer**, die Wischer | 57/2b |
| die | **Wissenschaft**, die Wissenschaften | 61 |
| | **wöchentlich** | 39/3a |
| | **wofür** | 77/4c |
| der | **Wohnraum**, die Wohnräume | 63/2 |
| | *wohnungslos* | 38 |
| der | **Wolkenkratzer**, die Wolkenkratzer | 189 |
| | **worum** | 76/3b |

# WORTLISTE

| | | |
|---|---|---|
| | wundervoll | 114/1a |
| das | **Würmchen,** *die Würmchen* | 93/5 |

## Z

| | | |
|---|---|---|
| | zahlreich | 60 |
| der | **Zauberwürfel,** *die Zauberwürfel* | 192/1a |
| der | **Zeitdruck** *(Sg.)* | 127/5 |
| der/die | **Zeitforscher/in,** *die Zeitforscher / die Zeitforscherinnen* | 189/4b |
| das | **Zeitgefühl,** *die Zeitgefühle* | 190/1a |
| die | **Zeitkapsel,** *die Zeitkapseln* | 192/1c |
| die | **Zeitreise,** *die Zeitreisen* | 78/1a |
| der | **Zeltstoff,** *die Zeltstoffe* | 174/1b |
| die | **Zimmertür,** *die Zimmertüren* | 140/1a |
| der | **Zimt** | 89/5 |
| | **zitieren,** *er zitiert, er hat zitiert* | 38 |
| der | **Zitronensaft,** *die Zitronensäfte* | 89/5 |
| die | **Zuckertüte,** *die Zuckertüten* | 77/5a |
| der | **Zufall,** *die Zufälle* | 174 |
| | zufällig | 174 |
| die | **Zufallserfindung,** *die Zufallserfindungen* | 174 |
| | zuletzt | 77/4c |
| | **zumachen,** *er macht zu, er hat zugemacht* | 13/4d |
| | zunächst | 125/4a |
| | **zurückbewegen** (sich), *er bewegt sich zurück, er hat sich zurückbewegt* | 191/5b |
| | **zurückschicken,** *er schickt zurück, er hat zurückgeschickt* | 128/2a |
| | **zusammenpassen,** *er passt zusammen, er hat zusammengepasst* | 26/1c |
| | **zusammensitzen,** *er sitzt zusammen, er hat/ist zusammengesessen* | 190/1b |
| | zusätzlich | 179/5b |
| | **zwar ..., aber...** | 92/2c |

# QUELLENVERZEICHNIS

**Bildquellen**
**Cover** Cornelsen/Anja Rosendahl, Daniel Meyer; **U2** (PagePlayer-App Logo) Cornelsen/ Raureif; (Badge Google Play) Google Play and the Google Play logo are trademarks of Google LLC.; (Badge Apple App Store) Apple and App Store are registered trademarks of Apple Inc.; **U4** Cornelsen/Anja Rosendahl, Daniel Meyer; (Nicos Weg Logo): © DW.com/nico;
**S. 4** (Sterne, Aufgaben mit GeR-Bezug) Cornelsen/werkstatt für gebrauchsgrafik; **S. 5** (Filmstill 1–2) Cornelsen/Gunnar Rossow Cinematography; (Filmstill 3) © DW.com/nico; (PagePlayer-App Logo) Cornelsen/Raureif; (Badge Google Play) Google Play and the Google Play logo are trademarks of Google LLC.; (Badge Apple App Store) Apple and App Store are registered trademarks of Apple Inc.; **S. 6** (1) stock.adobe.com/EdNurg; (2) Shutterstock.com/Jonas Petrovas; (3) stock.adobe.com/benjaminnolte; (Theatermasken) Shutterstock.com/Oxy_gen; **S. 7** (4) stock.adobe.com/Eduard; (5) stock.adobe.com/holger.l.berlin; (6) stock.adobe.com/Fotowerk/hailey_copter; **S. 8** (7) © Bad Hersfelder Festspiele/S.Sennewald; (8) stock.adobe.com/StockPhotoPro; (9) Shutterstock.com/Dan Race; **S. 9** (10) Shutterstock.com/amenic181; (11) Shutterstock.com/Parinya; (12) Shutterstock.com/Corona Borealis Studio; **S. 110** (Kurhaus) Shutterstock.com/Sina Ettmer Photography; (Festspiele in der Stiftsruine) © Bad Hersfelder Festspiele/S.Sennewald; (Deutschlandkarte) Shutterstock.com/Nook Hok; (Lullusbrunnen) stock.adobe.com/Branko Srot; (Duden-Denkmal) Torsten Wiegand, Bad Hersfeld; (Lingplatz) stock.adobe.com/Jan Kirchner JHK Fotografie/jan3007; (Fußspuren) Shutterstock.com/Lovecta; **S. 110/111** (Hintergrund) stock.adobe.com/André Franke; **S. 112** (Duden-Cover und Auszüge) © 2020 Bibliographisches Institut GmbH (Duden), Berlin; (Urduden-Cover und Auszüge) Prof. Dr. Hermann Funk; **S. 113** (Konrad Duden) akg-images; **S. 114** (wortreich Logo und Foto) wortreich in Bad Hersfeld; **S. 116** (1) © Bad Hersfelder Festspiele/S.Sennewald; (2) stock.adobe.com/Branko Srot; (3) Shutterstock.com/Sina Ettmer Photography; (Lullusfest) Torsten Wiegand, Bad Hersfeld; **S. 118** (Filmstill) © DW.com/nico; **S. 120** (oben links) Shutterstock.com/Julia_585; (Fisch) Shutterstock.com/a9photo; (Fleisch) Shutterstock.com/PhotoEd; (unten links) Shutterstock.com/Norbert Braun; **S. 121** (Mitte rechts) wortreich in Bad Hersfeld; (1) Shutterstock.com/Heru Anggara; (2) Shutterstock.com/WAYHOME studio; (3) Shutterstock.com/WAYHOME studio; (4) Shutterstock.com/Krakenimages.com; **S. 122** (Filmstill) Cornelsen/Gunnar Rossow Cinematography; **S. 124** (Parvati) stock.adobe.com/Seventyfour; (Christoph) stock.adobe.com/Robert Kneschke; (Merle) stock.adobe.com/StockPhotoPro; (Jan) stock.adobe.com/Gorodenkoff Productions OU; **S. 125** (Kopfhörer) Shutterstock.com/Alexander Lysenko; **S. 127** (Foto) stock.adobe.com/fizkes; **S. 129** (1) stock.adobe.com/Racle Fotodesign; (2) stock.adobe.com/pressmaster; (3) Shutterstock.com/ALPA PROD; (4) stock.adobe.com/Dan Race; **S. 130** (1) Shutterstock.com/G-Stock Studio; (2) Shutterstock.com/Rido; (3) Shutterstock.com/Ikonoklast Fotografie; (4) Shutterstock.com/Africa Studio; (5) Shutterstock.com/Antonio Guillem; (6) Shutterstock.com/Tyler Olson; (7) Shutterstock.com/Iakov Filimonov; (Parvati) stock.adobe.com/Seventyfour; (Christoph) stock.adobe.com/Robert Kneschke; (Merle) stock.adobe.com/StockPhotoPro; (Jan) stock.adobe.com/Gorodenkoff Productions OU; **S. 131** (Foto) Shutterstock.com/Roman Samborskyi; **S. 134** (oben rechts) Shutterstock.com/Nenad Aksic; (Mitte rechts) stock.adobe.com/fizkes; **S. 135** (oben rechts) Cornelsen/Gunnar Rossow Cinematography; **S. 136** (Foto) Shutterstock.com/ESB Professional; **S. 138** (Aktion Mensch Logo) Aktion Mensch e.V.; (Foto) Shutterstock.com/Dan Race; (Sport-Icons) stock.adobe.com/rashadaliyev; **S. 139** (Foto) stock.adobe.com/Mak; (Medaillen-Icon) Shutterstock.com/notbad; **S. 140** (1) stock.adobe.com/ANDRII BILETSKYI/bilanol; (2) Shutterstock.com/Mumemories; (3) Shutterstock.com/TairA; (4) Shutterstock.com/zoff; **S. 141** (unten links) Shutterstock.com/Photo Win1; **S. 142** (Foto) Shutterstock.com/Kzenon; **S. 143** (oben links) Shutterstock.com/Axel_Kock; (Schnecke) Shutterstock.com/Oksana Zavadskaya; **S. 144** (Foto) Shutterstock.com/Dan Race; **S. 145** (a, d) stock.adobe.com/rashadaliyev; (b, c, e) Shutterstock.com/Leremy; (f) Shutterstock.com/Leremy; (g) stock.adobe.com/rashadaliyev; (h) Shutterstock.com/Mr. Rashad; (i) Shutterstock.com/K3Star; (j) Shutterstock.com/Leremy; **S. 146** (Silhouette) Shutterstock.com/Viktorija Reuta; (unten links) Shutterstock.com/Gino Santa Maria; **S. 147** (oben links) stock.adobe.com/E. Zacherl; (unten rechts) Shutterstock.com/worldvectors; **S. 148** (Bilderrahmen) Shutterstock.com/Seeker1983; (gerahmte Schrift) Shutterstock.com/AnnHirna; **S. 149** (A) stock.adobe.com/Aleksej; (B) stock.adobe.com/EyeEm/suriyapong koktong; (C) Shutterstock.com/SmartPhotoLab; (D) stock.adobe.com/Photographee.eu; **S. 150** (Warnzeichen) Shutterstock.com/Adisak Panongram; (unten rechts) Cornelsen/Gunnar Rossow Cinematography; **S. 153** (unten rechts) Cornelsen/Inhouse; **S. 154/155** (Hintergrund) Shutterstock.com/Richman21; **S. 156** (Nicos Weg Logo, Filmstills) © DW.com/nico; (Zirkel-Icon) Shutterstock.com/RaulAlmu; (Zoohandlung-Icons) Shutterstock.com/SNicky; (Fahrschule-Logo) Shutterstock.com/Kilroy79; **S. 157** (Filmstill) © DW.com/nico; (Erdkugel) Shutterstock.com/ixpert; (unten) stock.adobe.com/Siberian Art; **S. 158** (Nicos Weg Logo, Filmstills) © DW.com/nico; (DW Logo) Deutsche Welle; **S. 160** (Foto) Shutterstock.com/amenic181; (Kaffeebohne-Icon) Shutterstock.com/alionaprof; (Tasse-Icon) Shutterstock.com/kornn; **S. 161** (Kaffee 1) stock.adobe.com/Danko Natalya/nndanko; (Kaffee 2) stock.adobe.com/Kondratova Ekaterina/nblxer; (Kaffee 3) Shutterstock.com/Ruslan Semichev; (Kaffee 4) Shutterstock.com/pick; **S. 162** (a) stock.adobe.com/rdnzl; (b) stock.adobe.com/svitlini; (c) stock.adobe.com/hectorfabio; (d) stock.adobe.com/Rawf8; (e) stock.adobe.com/MICROGEN@GMAIL.COM/Microgen; **S. 163** (Malik) stock.adobe.com/Krakenimages.com; (Evelina) stock.adobe.com/Rawpixel Ltd./Rawpixel.com; **S. 164** (oben rechts) stock.adobe.com/Javier Sánchez Mingorance/javiindy; (Steffi) stock.adobe.com/pikselstock; (Café Musli) stock.adobe.com/kichigin19; **S. 166** (Foto) stock.adobe.com/Nomad_Soul; **S. 167** (Foto) stock.adobe.com/Creativemarc; **S. 168** (Foto) stock.adobe.com/Gerhard Seybert, all rights reserved; **S. 169** (Foto) stock.adobe.com/welxx; **S. 171** (oben rechts) stock.adobe.com/pikselstock; (Kaffee) stock.adobe.com/Danko Natalya/nndanko; (Filmstill unten rechts) Cornelsen/Gunnar Rossow Cinematography / Still enthält Abb. von (Kaffee-Icon) Shutterstock.com/visualrocks, (Hafer) Shutterstock.com/ifong, (grünes Label) Shutterstock.com/Pavlo S; **S. 172** (Foto) Shutterstock.com/Dean Drobot; **S. 175** (Porzellan) Shutterstock.com/Tobik; (Jeans) stock.adobe.com/setthaphat; (Eis) Shutterstock.com/Parinya; (Röntgenbild) Shutterstock.com/LuYago; (Tesafilm) Shutterstock.com/MAKSYM SUKHENKO; (Streichhölzer) Shutterstock.com/New Africa; (Klettverschluss) Shutterstock.com/raksapon; (Currywurst) Shutterstock.com/stockcreations; **S. 176** (Filmstills) Cornelsen/Gunnar Rossow Cinematography; **S. 177** (Kletten) Shutterstock.com/Nehris; (Verbotszeichen) Shutterstock.com/Arcady; **S. 178** (Foto 1) stock.adobe.com/Gorodenkoff Productions OU; (Foto 2) stock.adobe.com/alfa27; (Foto 3) stock.adobe.com/engel.ac; (Foto 4) stock.adobe.com/BalanceFormCreative; **S. 179** (T-Shirt) stock.adobe.com/Naypong Studio; (Föhn) Shutterstock.com/dmytro herasymeniuk; (Wärmflasche) stock.adobe.com/Asier; (Schokolade) stock.adobe.com/Racamani; **S. 181** (Teebeutel) Shutterstock.com/nuu_jeed; (Zahnpasta) Shutterstock.com/New Africa; (Aspirin) Shutterstock.com/Shane Maritch; **S. 182** (Kaffeefilter) Shutterstock.com/Farknot Architect; (Grace Hopper) mauritius images/Science Source; **S. 184** (Foto) Shutterstock.com/Fotos593; **S. 185** (oben rechts) Shutterstock.com/Syda Productions; (Mitte rechts) Cornelsen/Gunnar Rossow Cinematography; **S. 186** (Tablet) Shutterstock.com/CLIPAREA l Custom media; **S. 188** (Passenger Drone) Shutterstock.com/Chesky; (Landeplatz) Shutterstock.com/Corona Borealis Studio; **S. 189** (Roboter) Shutterstock.com/Phonlamai Photo; (Kristallkugel-Icon) Shutterstock.com/Kamil Abbasov; (unten links) Shutterstock.com/Corona Borealis Studio; **S. 190** (Albert Einstein) Shutterstock.com/art_rj; **S. 191** (unten rechts) Shutterstock.com/Redshinestudio; **S. 192** (Kassette) Shutterstock.com/aopsan; (Ohrring) Shutterstock.com/Photo Win1; (Schlüssel) Shutterstock.com/yamix; (Ticket) Shutterstock.com/infografick; (Taschenrechner) Shutterstock.com/Vitaly Korovin; (Zauberwürfel) Shutterstock.com/JIANG HONGYAN; **S. 194** (Passenger Drone) Shutterstock.com/Chesky; **S. 195** (1) Shutterstock.com/Ekaterina Pokrovsky; (2) Shutterstock.com/A_stockphoto; (3) Shutterstock.com/Phonlamai Photo; (4) Shutterstock.com/aappp; (5) Shutterstock.com/liewluck; (6) Shutterstock.com/fizkes; **S. 196** (Standuhr) Shutterstock.com/Roman Belogorodov; **S. 197** (Kuchenstück) Shutterstock.com/Sudowoodo; (Filmstill) Cornelsen/Gunnar Rossow Cinematography / Still enthält Abb. von (Skyline-Illu) Shutterstock.com/BibiDesign, (Steg) Shutterstock.com/Amir Bajric, (Schildkröte) Shutterstock.com/Shane Myers Photography, (UK-Karte) stock.adobe.com/Nata Savina; (Taschenuhr) Shutterstock.com/Varavin88; **S. 198** (Foto) stock.adobe.com/Lapping Pictures; **S. 202** (Würfel) Shutterstock.com/igra.design; (Spielfiguren) Shutterstock.com/MichaelJayBerlin; (Narrenkappe) Shutterstock.com/Panda Vector; (Regenbogen-Icon) Shutterstock.com/Jambronk; (Feuerwerk-Icon) Shutterstock.com/Iantapix; **S. 204/205** (Hintergrund) stock.adobe.com/GD schaarschmidt; **S. 210** (Nicos Weg Logo, Filmstills) © DW.com/nico; **S. 211** (Smiley) stock.adobe.com/Ivan Kopylov; (Zweiradmechatroniker) Shutterstock.com/FXQuadro; (Filmstills) © DW.com/nico; **S. 212** (Nicos Weg Logo, Filmstill) © DW.com/nico; (DW Logo) Deutsche Welle; **S. 217** (Papierhintergrund) Shutterstock.com/alwaysloved afilm; **S. 218** (Papierhintergrund) Shutterstock.com/alwaysloved afilm; **S. 219** (Papierhintergrund) Shutterstock.com/alwaysloved afilm; **S. 220** (Papierhintergrund) Shutterstock.com/

alwaysloved afilm; (Gänsebraten) Shutterstock.com/Alexander Raths; **S. 226** (Mitte) Shutterstock.com/Visual Generation; **S. 227** (oben) Shutterstock.com/Nowik Sylwia; **S. 230** (Foto) stock.adobe.com/wodicka@aon.at/Erwin Wodicka/Gina Sanders; **S. 231** (oben links) Shutterstock.com/wavebreakmedia; (Verkehrsschild) stock.adobe.com/fotomek; **S. 232** (Foto) Shutterstock.com/AnnaStills; **S. 234** (Foto) stock.adobe.com/RRF; **S. 238** (wortreich Logo) wortreich in Bad Hersfeld; **S. 239** (oben links) Shutterstock.com/koya979; (oben rechts) stock.adobe.com/jo.pix; **S. 241** (Foto) Shutterstock.com/Jacob Lund; **S. 242** (Orangensaft) Shutterstock.com/Wildeside

**Textquellenverzeichnis**
**S. 154** Lydia Dimitrow; **S. 206/207** Ilse Aichinger, Das Fenster-Theater. Aus: dies., Der Gefesselte. © S. Fischer Verlag GmbH, Frankfurt am Main 1954.